ヴェーバーの心情倫理

国家の暴力と抵抗の主体

内藤葉子

風行社

〈目　次〉

第二部 心情倫理と抵抗の主体

目　次

目次

［凡例］

一、本書で引用・参照した文献は、すべて巻末の文献一覧に掲げられている。注では原則として、著者（編者）・発表年・頁数の順で表示している。ヴェーバーの著作に関しては、著者・文献一覧に記した略語・頁数の順で表示している。

二、著書・雑誌等には『　』を、論文等には「　」を用いている。

三、原書からの引用は既存の翻訳には必ずしもしたがっていない。

四、文中の傍点、〈　〉は筆者による強調、引用文中の〔　〕は筆者による補筆である。

五、原文中のイタリックや太字の語を引用する場合は、原則として傍点を付している。

序章　本書の課題

マックス・ヴェーバー（Max Weber, Maximilian Carl Emil Weber, 1864-1920）は、近代国家の特質を特定の領域内部で「正当な物理的暴力行使の独占（das *Monopol legitimer physischer Gewaltsamkeit*）」を（実効的に）要求する人間共同体と簡潔に定義した[1]。彼は、国家と成りうる政治的共同体が、他の政治的・社会的諸集団との複雑で重層的な権力闘争から暴力／権力（Gewalt）を独占していく様子を描いた。権力追求をめぐる政治的・社会的集団間の闘争という観点から政治秩序の形成を捉える「闘争の力学」が、彼の政治分析の要である。さらに、そこに現れる剥き出しの暴力が「正当性（Legitimität）」の獲得によっていかに安定したものとなっていくかを論じたように、ヴェーバーの関心は、伝統的・カリスマ的・合法的支配の三類型に整理されていくところの正当性をめぐる支配（Herrschaft）の問題にも向かう。暴力の独占と正当性の獲得が、とりわけ近代国家の形成過程において重要な指標として捉えられるのである[2]。彼の国家観はこのかぎりでは――アーレントのように、政治を市民たちの公共的・共同体的な事柄とする古代ギリシア由来の政治観から捉えなおし、暴力（violence）と権力（power）を明確に区別しようとする系譜ではなく[3]――その政治の指標に闘争と物理的暴力、内部における垂直的な支配－服従関係を内包している点で、ホッブズ的な国家観の系譜に連なるといってもよいだろう[4]。

一方で、ヴェーバーの国家観にはこの政治社会学的観点からだけでは十分に捉えきれない奥行きがある。「政治の倫理的故郷はどこにあるのか」[5]と問いかけるように、ヴェーバーは近代世界に生きる人間は国家の暴力行使に巻き込まれざるをえないという認識のもと、近代国家に内在する暴力という契機が近代人の生と思考と行動にいかなる影響を及ぼすのかを問う。暴力を内在させる政治に対して人間は倫理的にいかなる態度を取りうるのか――これこそが「責任倫理（Verantwortungsethik）」と「心情倫理（Gesinnungsethik）」[6]というテーマを生み出す根源的問いである。政治と倫理の緊張関係は彼の政治哲学を貫く主旋律である。本研究が取り組むべき課題は、ヴェーバーの思想において、近代国家を特徴づける暴力がいかなる内容をもつものと解釈できるか（第一部）、また近代国家の暴力との関連において政治と倫理の緊張関係が近代的主体をどのように構築し、またどのようにその存在を規定していくかを問うことである。この問題に対しては、とくに彼の「心情倫理」に着目して接近する（第二部）。

心情倫理は『職業としての政治』において、責任倫理の対抗的倫理として最終的に定式化された概念である。ヴェーバーは、第一次世界大戦直後の政治的・社会的状況において、「無品位」な政治行動をとる当時の革命主義者や平和主義者を「心情倫理家」として批判することで、心情倫理を批判的に用いた。それゆえ先行研究は概ね、責任倫理を重視する観点から、決断力や責任感や意志を備えた強靭な政治的主体をヴェーバーの思想から導きだしてきた[7]。そのニュアンスを肯定的に捉えるか否定的に捉えるかの温度差はたしかに存在する。否定的に捉える場合には、自らが選択した価値に徹底して準拠する心情倫理を責任倫理へと反映させ、権力思想を内包した、政治的責任を自己へと遡及させる決断主義的な主体として描写された[8]。肯定的に捉える場合には、心情倫理との差異を強調する形で、合理的な政治的思考と科学的明晰性を備えた理性的な主体や[9]、意志と判断力を備えた主体として読み込まれた[10]。そのさい責任倫理は、目的と手段、結果とその副作用を冷静に分析する明晰性や判断力など、個人の能力や資質と結びついたものとみなされてきた。また責任倫理は、近代西洋市民の自律や自立と積極的に結びつけられてきた[11]。さらに権力政治への接近に際して、プラグマティックな政治的思考とドイツ国民への政治教育の必要性をヴェーバーが強調したという見解は、ヴェーバー研究史のなかで繰り返されてきたテーマでもある[12]。それは、ドイツ国民国家の覇権的地位の確立と強靭な精神をもつ国民の創出が彼の政治的課題であったことと結びついている。責任倫理を中軸に、政治の倫理化を拒否して政治を政治としてリアルにみつめ、政治と倫理の相克にも耐えうる強靭な精神を具備した「政治的人間」を強調する見方は、リベラリズムの伝統に則った、自由かつ自律的で責任を担いうる近代的主体をヴェーバーの思想から積極的に引き出してきたのである。そしてこの観点から、心情倫理への批判も同時に為されてきたといえるだろう[13]。

ただしこうした見解の問題点は、ヴェーバーの主体像の中核に責任倫理が置かれ、心情倫理は責任倫理の「引き立て役」になりがちであること、また心情倫理概念を最初から責任倫理の対概念として想定していることにある。実際のところ、E・ハンケや牧野が指摘するように、ヴェーバーが責任倫理を導入したのは最晩年の講演「職業としての政治」の加筆原稿においてである[14]。厳密にいえば、ヴェーバーは責任倫理の内容について多くを語ったわけではない。ここには、それまで使っていた「結果倫理」や「結果に対する責任」や「〈権力〉責任政治」ではなく、なぜ最終的に「責任倫理」という概念を導入したのかという問いが現れるだろう。

また心情倫理をいったん『職業としての政治』から切り離して見直すことも必要である[15]。というのも、心情倫理は『職業としての政治』以前に宗教社会学研究を通じてすでに用いられていたからである[16]。この宗教社会学研究において、ヴェーバーが心情倫理を「世界の脱魔術化（Entzauberung der Welt）」という西洋独自の発展経路に深く関連していると見ていた点は重要である。心情倫理は『職業としての政治』においては低い評価を受けているものの、先行する宗教社会学研究においては分析概念として用いられており、何らかの価値評価をされているわけではなかった。従来の研究において、この評価の変化、ないし心情倫理でヴェーバーが表現しようとした内容の奥行きに対して十分な説明を試みた研究は、決して多いとはいえないだろう。こうした研究状況において、ヴェーバーの宗教社会学研究と心情倫理との関係に注目した先行研究、[17]トルストイや「愛の無世界論(Liebesakosmismus)」[18]と心情倫理との関連性を指摘した先行研究、[19]カントやニーチェと心情倫理との関係を論じた先行研究などは、[20]政治と倫理の緊張関係に注目する上で多くの示唆を与えるものでもある。

さらに、ヴェーバーが『職業としての政治』において問いかけた「倫理と政治の本当の関係」、いいかえれば、国家権力の外面性と個人の内面性の緊張関係に焦点をあてた研究群が、ヴェーバー研究史の一翼を形成してきたことも指摘しておかねばならない。[21]政治と倫理の関係を原理的に考察しようとする場合、丸山眞男が述べるように、キリスト教が提示した、政治的共同体のエートスに還元できない「人格の次元」、あるいは「政治権力の固有な存在根拠と、クリスト教の人格倫理との二元的な価値の葛藤」を無視することはできないからである。[22]またこの立場に関連して、ヴェーバーが心情倫理をとくにキリスト教平和主義と結びつけたことに対して、キリスト教平和主義の側から批判が投げかけられてきたことも、心情倫理の問題を見るさいに重要である。[23]これらの先行研究をふまえ、本研究は責任倫理からではなくあえて心情倫理から見ることによって、ヴェーバーの政治思想から別様の近代的主体の姿を析出することを試みる。

それでは心情倫理から抽出される近代的主体の特質とはどのようなものなのか。心情倫理を中心にヴェーバーのテキストを検討するなかで見えてくるのは、政治と倫理の緊張関係は近代国家の暴力性に諸個人が対峙するところにこそ先鋭に現れてくるということである。政治のもつ暴力性がいかに近代的主体を服従的主体へと構築し、また抵抗的主体へと構築するのか、そのせめぎあいと緊張関係は、心情倫理に注目することによってこそ明らかにできるだろう。逆に、ヴェーバーの権力政治への志向や政治的思考の優位性を強調し、合理的で理性的な主体像を抽出する見方は、自律や責任や自由を強調することによって、近代的主体が内包する根源的不安定さを後景化してしまうことにもなる。ワースは、ヴェーバーの倫理概念に、近代が抱える諸問題を解決したり克服したりする要素ではなく、むしろ「近代の諸問題の部分」「近代の危機の構成要素」を見てとる。[24]本研究が心情倫理の分析から照射しようとするのは、まさに国家の暴力性に対峙することから倫理的であらざるをえないように主体化される近代人の姿である。国家権力や政治との関わりにおいて人格性や倫理性はどうなるのか、またどこまで、どうやってそれは保持しうるのか――倫理的であることの意味をめぐる問いと心情倫理の関係こそ、本研究が焦点を定めようとする問題領域である。

先取りするならば、心情倫理は国家の暴力性・非人間性と根本的に敵対・対峙・抵抗するところに生じる倫理的な思考と態度であり、またそれは価値の多元的分裂状況（「神々の闘争（der Kampf der Götter）」）下の近代世界において、人間の人格形成に深く関係するものである。そこで形成される近代的主体は、倫理的・人格的な生の意味と可能性をつねに探求し続ける存在であると同時に、矛盾や逆説や意図せざる結果に翻弄される不確実で不安定な存在でもある。ヴェーバーはその点に心情倫理の積極的意義と深刻な問題性の両方を読みとっている。このような心情倫理の特質を明らかにすることを通じて、暴力という固有法則にしたがって展開する政治的領域に対して人間はいかなる倫理的態度を取りうるのか、またそのことがいかなる意味をもつのかという問いに接近する。この作業によって、心情倫理の特質、心情倫理と愛の無世界論との関係、心情倫理と責任倫理との関係、および責任倫理の意義について問い直し、従来のヴェーバー研究において提示されてきたリベラルな近代的主体像に対する修正を試みるつもりである。[25]

以上により本書では、心情倫理を中心に検討することを通じて、近代的主体が国家の暴力性に対して倫理的抵抗主体として確立されると同時に、そうした主体が根源的な不安定さを内包したものであることを明らかにする。彼の政治哲学を特徴づける政治と倫理の緊張関係が近代国家と近代的主体との関係をどう特徴づけているかを、第一部においては近代国家に内在する暴力との関連で、第二部ではとくに心情倫理を通して明らかにする。

第一部では近代国家の暴力について政治社会学的観点と政治哲学的観点から考察する。

第一章では、決定権力として近代国家を捉えるC・シュミットと対比させて、ヴェーバーの近代国家規定（「正当な物理的暴力の独占」）を政治社会学的観点から扱う。ここでは、諸集団の利害関心が重層的にせめぎあうなかで、近代国家による暴力の独占と正当性の獲得がなされてくること、またそれが近代国家の重要な指標として捉えられる点を確認する。さらに第一次世界大戦期のヴェーバーのドイツ新秩序構想が――シュミットの新秩序構想と対比されることで――官僚制的支配への批判と政治的指導者や市民層による闘争の力学を重視した、民主的かつリベラルな政治秩序を志向するものであったことを明らかにする。

第二章では、近代国家に内在する暴力という指標を愛の無世界論とトルストイを対抗軸にしながら検討し、近代国家の暴力性と人間の倫理性との緊張関係を政治哲学的観点から照射する。それによって、ヴェーバーの国家規定に現れる暴力という概念には、支配のための物理的暴力という意味だけが含まれているのではなく、暴力を完全否定し友・敵の境界線をも無化する愛の無世界論という原理的対抗概念が織り込まれている点を詳らかにする。

第二部では、政治と倫理の緊張関係を心情倫理から見ることによって、国家の暴力性・非人間性と根本的に敵対・対峙するところに生じる倫理的な思考と態度の様相を明らかにし、近代的主体の意義と特質について考察する。

第三章では、心情倫理概念が集中的に用いられた宗教社会学研究に焦点をあて、古代ユダヤ教からプロテスタンティズムの系譜に現れる「世界の脱魔術化」との関連から心情倫理的主体の意義と特質を検討する。さらに『職業としての政治』において心情倫理が否定的に捉えられたのは、「神の後退」「神の死」と称される倫理的規範の動揺と、科学的思考による世界の事象の客体化という近代西洋文化世界特有の状況と関連していることを論じる。本章では心情倫理に着目することによって、自律的かつ意志的で決断力を有するリベラルな主体ではなく、より複雑で不安定な近代的主体の姿を読みとることを試みる。

第四章と第五章では、「職業としての政治」講演の為される時代状況との関連から、第三章で提示された問いに具体的な事例を挙げて取り組む。それによって、心情倫理を軸にした近代的主体形成の様相とその問題点を浮かび上がらせる。まず第四章では、ヴェーバーによって心情倫理家とされ、「山上の説教」や「善と悪の関係」の解釈をめぐって対立したキリスト教平和主義者F・W・フェルスターに注目して、心情倫理的主体の特質と問題性に接近する。政治事象の「悪」をつねに自らの「魂の試練」と捉え返すフェルスターの思考を辿ることで、ヴェーバーが心情倫理の何を問題としたのかを分析する。

第五章では、ドストエフスキー『カラマーゾフの兄弟』を補助線に、「善い行いが善い結果をもたらすとは限らない」という心情倫理に内在する倫理的パラドックスの問題を扱う。倫理的に合理的な世界像という理念に照らして「現世の倫理的非合理性」の最終的解決をめざそうとするとき、目的の倫理性と手段の非倫理性は解決不可能なジレンマに陥りかねない。本章ではヴェーバーが、イヴァン・カラマーゾフの思考と彼の作中劇である「大審問官物語」のなかに、心情倫理のこうした問題性を読み込んだことを明らかにすることで、心情倫理の特質にさらに迫っていく。

第六章では、シュミットが、ヴェーバーの「神々の闘争」（価値の多元的分裂状況）は「価値の序列化」を生み出し、「目的は手段を正当化する（Der Zweck heiligt die Mittel）」というテーゼのまかりとおる独善的な事態を引き起こすと批判したことを取り上げ、ヴェーバーの立場から反論と再批判を試みる。この試みを経て、心情倫理的主体に現れる意義と問題性を「世界の脱魔術化」および「神々の闘争」をふまえて再検討し、あらためて責任倫理の意義について考察を加える。

以上の作業を通して、①「正当な物理的暴力」を独占する近代国家のもとで現れる政治と倫理の緊張関係、②心情倫理を通じた近代的主体の思考および行動の論理、③世界の脱魔術化と「神々の闘争」によって特徴づけられる近代世界における心情倫理の意義と問題性、④心情倫理の問題性を前提にして見えてくる責任倫理の意義と可能性について考察することになる。本研究を通して、近代国家の暴力性との関係において個人が心情倫理的に主体化される点にこそ、近代という世界の本質が露わになること、それが近代世界に生きる人間の人格形成に深く関係すること、さらには、そこで形成される近代的主体が世界に対して動的な変革の力を内在させつつも、不確実で不安定な要素を帯びたものであることを明らかにする。最後に、政治と倫理の緊張関係が近代的主体に深く刻み込まれていることを見るなかで、責任倫理がどのように再解釈されうるかをあらためて検討することになる。

また補論においては、以上の議論とは視座を若干変えて、現代的状況を扱う。本書で明らかにするように、心情倫理は古代ユダヤ教とプロテスタンティズムにその源流をもつ概念である。ヴェーバーの思考の枠組みが近代西洋文化世界という時代と場の制約を伴うことは明らかであるが、その限界について宗教の世界的復興という現代的状況から考察する。ここではヴェーバーの思考が現代においてなおもちうる意義と可能性を検討し、とくに人びとを分断する差異の根源的承認や和解の根拠に対して責任倫理および愛の無世界論からのアプローチを試みる。

［注］

（1）Weber, MWG I/17, S. 158-159（「政治」九頁）.

（2）ドイツ語の Gewalt には、第一に「暴力」、第二に「権力」の意味がある。この点については、たとえば『職業としての政治』の邦訳においても、文脈によって「暴力行使」「権力」「力」「暴力」と使い分けがなされている（例として「政治的支配権力（die politisch herrschenden Gewalten）」、「権力政治家（Gewaltpolitiker）」、「〈暴力に対して愛を〉（»Liebe gegen Gewalt«）」などを挙げることができる）。英訳の『職業としての政治』においては、この語は violence/force に訳し分けされている（cf. Owen and Strong 2004）。〈暴力 Gewalt/violence〉として解釈する場合、身体への直接的な暴力の行使または威嚇的行使が含意され、〈権力／強制力（Macht/force）〉として解釈する場合、英語の the force に軍隊や警察の意味が現れるように、暴力の構成的・制度的編成の含意を帯びてくるだろう。暴力から権力／強制力への移行はもちろん漸次的であり、このグラデーションにおいてヴェーバーのテキストを理解する必要がある。A・アンターは、「『形式的に見て近代国家の特徴』とは物理的力（physical force）の独占のみならず、行政的・法的秩序の独占でもある」と述べて、国家機能の点に着目して、〈暴力〉だけではなく〈権力／強制力〉にも比重をおいてヴェーバーを解釈しようとする（Anter 2014, p. 12）。しかしもちろんこの〈権力〉は〈暴力〉に裏打ちされたものである。本書第一章において論じるヴェーバーの「政治」や「国家」概念については、Gewalt の漸次的で流動的な意味合いを意識している。他方、第二章以降においては、国家の〈暴力〉に対する〈愛〉との対比を強調しているため、〈暴力〉という語を使用している。〈愛〉の概念については序章注（18）および第二章注（42）参照。

（3）H・アーレントの政治観、権力や暴力の概念については以下を参照。Arendt 1958（一九九四）; Arendt 1963（一九九五）; Arendt [1969] 1972（二〇〇〇）.

（4）W・ヘニスのように、ヴェーバーを社会契約論的自由主義の系譜から切り離し、アリストテレス以来の共同体主義の伝統に位置づけようとする場合、ホッブズの系譜からヴェーバーは切り離されることになる（Hennis 1987, S. 233-234＝一九九一、二八二―二八三頁）。ヘニスは、ホッブズ的国家観を社会契約によって構築された国家内部における「平和」状態を重視したものと捉えてヴェーバーとホッブズを切り離すが、本研究では支配‐服従の連関構造が維持される点、また政治の標識としての闘争と暴力という要素に着目して両者を関連づけている。ヴェーバーのリベラリズムの質をめぐっては、たとえば佐野誠はイェリネクとの関係から人権思想の影響を重視しているが、雀部幸隆はヘニスの立場に近く、その観点からモムゼンを批判して、ヴェーバーの立場は公共善を重視するものであったと論じる（佐野二〇〇七、雀部二〇〇七）。

（5）Weber, MWG I/17, S. 230（「政治」八二頁）.

（6）Gesinnungsethik の訳語については「心情倫理」「信条倫理」「信念倫理」「心意倫理」「心術倫理」等統一されているわけでは

ない。しかしこの言葉がカントのいうGesinnungを前提にしたものであることは押さえておくべきである。つまり、行為の実質や成果に関わりなく「行為の本質的善を為すもの」とするカントの定言命法の意味内容を踏まえることが重要である。その場合、「信条」は信仰箇条や信仰告白の意味合いが強く、「信念」は自己の掲げるものを信じる考えや気持ち、「心情」も心のなかにある思いや感情といった程度の意味あい、「心意」や「心術」は日常語としてはあまり馴染みがない。カント研究において採用されている訳語であること、および外的な行為の結果とは関係なく、道徳や最高善と結び付いた内面や精神や心の在り様を表現しうるという点で、「心意」「心術」もしくは「心情」という訳を採用するほうがよいと考える。横田理博は「心情」は方向性なきその場その場の感情という誤解を生みやすいとして「心意倫理」を採用し、内田芳明はカントを踏まえて「心術倫理」を採用しているが、ヴェーバー研究の蓄積のなかで「心情倫理」が一定程度用いられてきたこと、どちらにせよGesinnungというドイツ語を適切に表現しうる日本語がない以上、本書では「心情倫理」の訳を採用する。ただし本研究において見ていくように、ヴェーバーの心情倫理概念は宗教社会学研究において集中的に使用されており、カント的文脈にのみ限定されるわけではない。

Gesinnungの訳しづらさに加え、厳密にはEthikも訳しきれない概念である。「倫理」はethics、Ethik、éthiqueに対する訳語であるが、日本語の「倫理」とEthikは厳密には重なるものではない。Ethikの語源はギリシア語の「タ・エーティカ」(エートスに関する事柄)から、倫理的生としての「エートス」に遡る。エートスとは、第一に内面的・個人的な意味として「倫理的性状(性格)、人となり、特質、気質、気性」を指す。同時に、こうした倫理的性格にはその生得的な素質だけではなく、訓練や習慣など外的環境も作用する。個人の性質や特性が磨かれるためには社会的なものとの関わりが必要となる点で、エートスは「慣習、慣例、慣行、習慣」という外面的・社会的意味ももつ(ドイツ語のSitteに対応する側面であろう)。アリストテレスは、エートスについて「行為をなすひとが一定の仕方においてありつつこれらの行為をなしていることが必要」として、第一に知識、第二に行為への選択、そして第三に「自己の安定的な不可変的な『状態』に基づいて行為しているものなることを要する」としている。エートスと行為は、行為をなす者のエートスが反映しているとみなされることによって関連づけられている。そしてそこには「徳はこれ〔非選択的な怒りや恐怖〕に反して一種の『選択』」であるとして、徳としてのエートスと「選択」が結びつけられている(アリストテレス 一九七一、六五―六七頁)。ヴェーバーのGesinnungsethikもこうした知的背景を負っていると見てよいだろう。要するにエートスとは、「個人の内に備わる倫理的能力であると同時に、自らが倫理的実践によって形成しつつ獲得する性格」に力点を置いた概念である。日本語の「倫理」という言葉には、規範・秩序・法則という客体的意味はあるが、実践的能力という主体的意味はないという（有福 一九九九、v頁、枡形 一九九九も参照）。ただしヴェーバーの Gesinnungsethik においては、外的環境（現世秩序）は「罪の容器」とみなされ、その改革へむけての介入を促す場として現れている。それはすでに、公的・社会的な環境が個人の倫理的性格の教育的・陶冶的作用をもたらすという古代ギリシア的な文脈からは離れたものであろう。

（7）ヴェーバー研究に大きな影響を与えたW・J・モムゼンは、「決断主義的責任倫理」にもとづいた「自律的な価値選択」を「人格の本質」と捉えた。それは合理化の進展する諸制度に対抗するリベラルな主体の特質である（Mommsen［1959］1974, S. 46-51＝一九九三、九七—一〇四頁、Mommsen 1974, S. 104-105＝一九七七、一五四頁）。モムゼンは政治と暴力の問題に対するヴェーバーの鋭敏な感覚を酌み取りながら、その政治的思考を丹念に追い、責任倫理を政治的人格としての「カリスマ的政治家」と結びつける。そしてこの観点からヴェーバーの政治観を権力政治にひきつけて解釈する。西ドイツ（ＢＲＤ）におけるナチズムとの対決および市民的民主主義の地固めという課題の下で、モムゼンはヴェーバーの反民主主義的・反自然法的側面を強調することにより、彼を帝国主義的な権力政治的思想家と位置づけ、また新秩序ドイツ構想のなかで練られた彼の人民投票的指導者民主主義論を、カール・シュミットを経由して、ナチズムの「指導者原理」と関連させた。その見解に対する賛否両論が巻き起こり、ヴェーバー研究のその後の展開に大きな影響を与えることになった。

（8）モムゼンは決断主義的責任倫理に、心情倫理から引き出される倫理的厳格主義と決断主義的要素を色濃く内面化させ、またそれを権力政治との関連において描き出した。カリスマ的政治家の政治的決断の究極の根拠は、彼自身の「究極的価値への信仰」に求められる（Mommsen［1959］1974, S. 48-49＝一九九三、九九—一〇一頁）。

ヴェーバーのこうした決断主義的要素を強調し批判する形で、J・ハーバーマスやK＝O・アーペルはコミュニケーション的理性にもとづいた公共性論を構築した。ハーバーマスは『コミュニケーション的行為の理論』においてヴェーバーを次のように評する。「理性それ自体が価値領域の複数性のなかへと分解していってしまい、自己の普遍性を破壊してしまうのである。このような意味の喪失をヴェーバーは、社会の秩序のなかではもはや創出されえない統一性を、その時々の自らの生の記録という私的なもののなかで、絶望の勇気によって、つまり希望なき者の不条理なる希望によって創出せよという、個々人に対する実存的要求として解釈するのである」（Habermas 1982, S. 337＝一九八五、三三九頁）。指導者のカリスマのなかに実践的合理性（目的合理的行為志向を価値合理的な形で根拠づける合理性）を見出せないならば、孤独な個人の人格性のなかにそれを見出すしかない。しかもこのように英雄的に防御されねばならない内的自律性は、それに対応する正当な秩序がないためにつねに存立を脅かされる――ハーバーマスは決断主義に内在する不条理さを強調する形で、ヴェーバーの近代的主体像を描いたといえるだろう。

アーペルもまた決断主義的要素を強調してヴェーバーを批判する。彼は核の時代の幕開けとともに環境危機という新しい問題が生じてきたこと、また、世界経済のグローバリゼーションと結びついて、先進諸国と第三世界のあいだに巨大な格差と不均衡を伴った政治的・経済的・文化的敵対関係という問題が生じてきたことから、われわれの行為の結果、またわれわれの集合的行動の結果に対してさえ、共同責任を引き受けなければならないと訴える（Apel 2001, p. 29）。ところが彼の見るところ、今日における科学と倫理の理論的状況がこの緊急の課題を阻害している。つまり、「客観的科学か主観的価値決断かの二者択一の論理」が「事実」と「価値」の峻別を正当化しているため、主観的価値を間主観的共有価値へと転換することを不可能にしている（Apel 1973, S. 373＝一九八六、二三七頁）。アーペルはこの二者択一の論理の提唱者の一人として、ヴェーバーを〈科学時代における倫理の合理的基礎づけ〉というテーマへの挑戦者と位置づける（アーペル 一九八六、五〇頁）。彼によると、ヴェーバーの責任倫理は、決断状況のなかで自らの神を選ぶべしという公準の下、個人の良心に基づいた決断だけが自己に対して道徳的責務を要求できるというものである。ヴェーバーの限界は、価値と事実のあいだに乗り越えがたい深淵を設定し、ひたすら個人の非合理的な決断の領域に入り込んでいくことで、その責任倫理の根拠づけを放棄してしまった点にある。

（9）W・シュルフターは、モムゼンおよびハーバーマスやアーペルへの批判から、決断主義を責任倫理から切り離して心情倫理にのみ結びつけ、責任倫理と価値自由から「公の論議」の空間を開こうとした（Schluchter 1971＝一九八四）。シュルフターは、ヴェーバーの責任倫理と心情倫理の対比構造が責任倫理を優位におく形で定式化されているとみなし、この落差を用いて、ヴェーバーを心情倫理的決断主義モデルから引き離そうとする。シュルフターは価値自由を、科学と政治、すなわち、事実と価値を架橋する原理とみなしている。価値自由は、科学が政治に対して批判的な距離を維持することを保証し、同時に、科学を政治のなかにつなぎとめる。その結果、科学は政治家の実践的行為を批判的に検討するだけでなく、一つの政治的決断に対して具体的に責任を負うべきものは何かを政治家や世論に意識させる。またそれは責任倫理的心情（verantwortungsethische Gesinnung）を市民や政治家にまで拡大して「社会的意識」を育むことにもなる（ibid., S. 49＝五六―五七頁）。つまり、科学と政治が峻別されているのではなく、価値自由を媒介に連関していると考えることで、ある政治的決断が一人の政治家の個人的決断のレベルにとどまらずに、「社会的意識」にまでなりうることが示されているのである。そのさい、政治家が自らの主体的決断を人びとの批判の前にさらすという側面が重視される（ibid., S. 52＝六〇頁）。ここに、責任倫理的政治家が人びとの承認を得るよう闘うことで、主観的価値を間主観的共有価値へと変えていく可能性が開かれる。責任倫理的政治家は決して決断主義的に自己にのみ還元されていくのではなく、合理的批判にさらされる空間へと自己を開示していくのである。シュルフターはこのように論じて、価値自由と責任倫理によってヴェーバーから合理的批判の可能な討議の場を引き出そうとした。

(10) ヘニスは、近代リベラリズムを特徴づける啓蒙主義や人権思想とは「異質な思想的伝統」、すなわちアリストテレス、マキアヴェリ、ルソー、トクヴィルら古典古代以来の政治的共同体と主体との関連を重視する政治思想家の系譜にヴェーバーを位置づける。そのヴェーバー解釈には、たとえばルソーに見出されるような、強固な意志と判断力をもつ共同体主義的な主体像が色濃く現れている。彼は「判断力」や「冷静な距離感」を古典古代的な徳として責任倫理に読み込むのである。ヴェーバーを契約論的リベラリズムから引き離そうとするヘニスの意図は、モムゼンのヴェーバー解釈がナチズムの負の遺産に向き合う戦後ドイツの政治的課題という特定の状況で為されたことへの批判にあった（Hennis 1987＝一九九一）。

　こうした見解に隣接するものとして雀部の研究がある。彼によると、モムゼンのヴェーバー論が立脚する政治思想史的・政治学的視点は、自然法的民主主義・社会契約説的国家観・議会至上主義の三位一体的観点であるのに対し、ヴェーバーの立脚するそれは、国益・国家の統治可能性・国家の歴史的地政学的諸条件の考量からなる公共善論の三位一体的観点であったとする。そのうえでモムゼンのヴェーバー理解のズレを批判し、ヴェーバーをアリストテレス以来のレース・プーブリカ論の系譜に置く（雀部 二〇〇七、三〇頁、七九頁）。また仲内英三もヘニスがヴェーバーを古典古代以来の政治的伝統に位置づけたことをふまえて、ヴェーバーにおける「政治の『倫理』」に古代ギリシアのポリス世界を淵源とする「エートス」を見てとる（仲内 一九九八）。

(11) 大塚久雄は、西欧的近代主義対アジア的封建主義・伝統主義の対立軸を前提に、「共同体的人間類型」に対する「近代的人間類型」の構築に強い関心を寄せた（大塚 一九六九、一六三―一六〇頁、大塚 一九七七、二二〇―二二一頁）。彼にとって近代人とは、「内面的自発性」、「公平」さ、「近代科学成立の基盤たる合理性」、「近代精神を根底的に特徴づけている〔……〕社会的関心」、「自己の人格的尊厳」によって特徴づけられる存在である（大塚 一九六九、一七一―一七二頁）。そうした「近代的・民主的人間類型」創出のために「教育」が重視され、その指南書として『プロテスタンティズムの倫理と資本主義の精神』が取り上げられた。またそうした人間類型は「経済人ロビンソン・クルーソウ」をモデルに、「現実的な計画を立て」、「経済的余剰」と「再生産の規模」の増大に向かって「合理的に行動する人間」として描き出された（大塚 一九六六、一一四頁）。安藤英治もまた、近代社会を創り出してきた近代市民に普遍的に見られる精神を「ヴェーバー的主体」と表現する。それは「情熱」と「明晰性」とを「責任感」によって統一する「自立した人間」である。責任倫理という言葉が出てくる回数は少ないものの、ヴェーバーの精神の根底にあるものこそが「責任」「責任感」であると安藤は繰り返し強調する（安藤 一九七二、九七頁）。「ニーチェとヴェーバー」という視角を日本において主導した山之内靖は、ヴェーバーを「近代知の限界点」に立っていたと解釈する。彼は、ヴェーバーが現世の「不当な苦難」の不公平な配分を強調していたことに着目して、「苦難の普遍性」を現代世界の特質とし、この状況に抗しうる者として、古代ギリシアの騎士的・戦士的市民層の精神に責任倫理を重ね合わせた強靭な主体像を提示する（山之内 一九九七）。山之内の解釈に対して、牧野雅彦は古代ギリシアではなく、西洋都市市民とそれを基盤とする政治的指導者層の系譜に責任倫理の起源を見る（牧野 二〇〇〇）。またK・レヴィットは、人間の理念を「責任のエートス」に支えられた自由と（目的と手段の適合性という）合理性によって捉える（Löwith［1932］1988＝一九六六）。

(12) 脇圭平は、第一次世界大戦から一九二〇年代のワイマール期の政治的状況に現れる「ドイツ的思考様式」の特徴を、現実の政治をリアルに見ることのできない、政治的プラグマティズムを欠いた思考様式と説明する。これに対してヴェーバーは「伝統的なドイツの思想圏で殆んど類例のないラディカルな思考の改革者、例外的プラグマティスト」であり、「ドイツ的思考様式」の例外とされる（脇 一九七三、一九二頁）。「複眼的思考」（ibid. 一九一頁）をもつ政治的プラグマティスト、かつドイツ国民に対する政治的教育者というヴェーバー理解は、ヴェーバーの責任倫理から導かれる一つの典型的な像であろう。大林信治も「ウェーバーの思想ないし思考の統一性」を「その時々の具体的状況に対するウェーバーの対応の仕方のなかに求めるべき」として、「バランシング・シンカー」、「例外的プラグマティスト」としてのヴェーバー像を肯定している（大林 一九九三、一六六頁）。笹倉秀夫も、ヴェーバーは職業政治家のみならずドイツ国民に主体的な自立と自己責任の自覚を促すことに力点があったと主張する。笹倉はそのさい、モムゼン以来のヴェーバー研究が戦後ドイツの政治体制とファシズムとの関係に規定されすぎた点、および大衆民主主義や官僚制論など現代社会の危機との関連で論じられがちな点を批判して、ヴェーバー自身は「（リーダーによる上からの統合と国民の自由・主体化と、両項を媒介する団体自治を求める）一九世紀ドイツ自由主義の精神に属していた」と強調する（笹倉 二〇一二、三〇六頁、三一四頁）。

(13) たとえばシュルフターは、恣意的に下される決断を自覚と事実認識に結びつける点に科学の役割を見ているが、「知性の犠牲」を強いる心情倫理は科学とは相容れないという。心情倫理の問題点は、それが合理化プロセスのもとでの要請たる科学を承認しないために、決断主義モデルへと近づいてしまう点にあるからだ（Schluchter 1971, S. 27-34＝一九八四、三一―四〇頁）。またヘニスは責任倫理にヴェーバーが掲げた「判断力」や「冷静な距離感」といった要素を捉えたが、こうした要素は心情倫理家には見出せないとして心情倫理を切り下げている（Hennis 1987, S. 229-230＝一九九一、二七八―二八八頁）。E・ヴァイラーはバイエルン革命に関与した「文筆家たち（Literaten）」は、政治的意図の道徳的正当性とその「善なる」作用を「真理」でもって保証することに「責任」を見出したが、行為の結果への自覚はなかったと指摘する。「文学は革命家にとって政治的無思考の一つの決定的要因」であったとして、文筆家たちの心情倫理がもつ問題性の様相を描きだしている（Weiler, 1994, S. 242）。山之内は心情倫理を人間の行為とその結果の不確実さという「苛酷な運命」を認めようとしない「身勝手」な在り方と評した（山之内 一九九七、二〇六―二〇七頁）。権力への参与に対する責任を自覚した責任倫理を権力政治と関連づける上山安敏は、「倫理的リゴリズムで凝り固まった心情倫理」のみで政治行動を一貫させようとすることへのヴェーバーの警戒を指摘した。ただし上山は、ヴェーバーは政治行動から心情倫理を排除したわけではなく、バランス感覚の欠如を非難しているのであって、心情倫理の否定ではないと述べる（上山 一九七八、二二四―二二六頁）。モムゼンは、「カリスマ的・非合理的要素」としての「心情倫理の要素」がヴェーバーの政治的権力思想に含まれていると強調する（Mommsen [1959] 1974, S. 48-49＝一九九三、九九―一〇一頁）。ただしモムゼンは、責任倫理概念に規範倫理への兆しが潜んでいることは認めるが、ヴェーバーはそれを故意に発展させなかったと指摘する。またヴェーバーが責任倫理を政治家に固有の倫理と認めたからといって、責任倫理が心情倫理に勝るという実質的な結論を引き出すべきではないと、シュルフターを牽制している（Mommsen [1959] 1974, S. 471-472, Anm. 70＝一九九四、七七八頁、七九一頁、注七〇）。

追記すると、責任倫理と心情倫理の対比という形式そのものを政治的・経済的観点から批判する見解も示されてきた。たとえばR・アロンは、責任倫理と心情倫理の極端でラディカルな形式が、道徳家の非難を軽蔑する「偽の現実主義者」を、また政治を見境なく非難する「偽の理想主義者」を正当化するという危険をもたらしてしまうと批判する（Aron 1965, S. 118-119＝一九七六、一九二頁）。またD・ビーサムは、ヴェーバーは二つの倫理を区別することで政治道徳の普遍的問題を強調したが、この区別はむしろ「彼の政治的敵対者を非政治性のカテゴリーへと追放するための有用な装置」として道具的に機能したと見る。さらにヴェーバーが心情倫理批判を社会主義一般へと広げたことに対して、ビーサムは、政治的行為の結果として「長期的な効果と短期的な効果のいずれが考慮されるべきかについての相違としても示すことのできるものを、道徳的範疇の差異として示したこと」がヴェーバーの議論の問題点だと批判する。心情倫理家たちが「魂の救済」よりも「現世内での成果」を考慮するならば、「結果に関する経済的議論の地盤に立つべきだ」というヴェーバーの批判は正しいが、社会主義経済の可能性を否定したことに関しては、「その結果については正しい見解がただ一つしかありえないかの如くに語った点で彼は誤っていた」と判定する（Beetham［1974］1985, pp. 174-176＝一九八八、二一八—二二三頁）。

（14）「職業としての政治」講演段階のメモには「結果に対する責任」「〈権力〉責任政治」という語が見出されるが、「責任倫理」が登場するのは加筆後に出版された『職業としての政治』においてである。本書第五章注（53）および該当本文参照。本書では講演については「　」で括り、テキストについては『　』で括って表記する。Cf. 牧野二〇〇〇、一七四頁、Hanke 1993, S. 196. ただしE・ハンケはE・バウムガルテンのテキストに依拠している。バウムガルテンは、ヴェーバーが「権力の倫理（Ethik der *Macht*）」から「責任の倫理（Ethik der Verantwortung）」に書きかえたと指摘しているが、『マックス・ヴェーバー全集』（MWG I/17）に解読されて掲載された講演メモには「権力の倫理」という語は見当たらない（Baumgarten, 1964, S. 614, Anm. 1）。

ここで『職業としての政治』のテキスト成立史について素描しておく。「職業としての政治」講演は一九一九年一月二八日にミュンヒェンの自由学生団の招きに応じて行われた。ヴェーバー自身のメモ書きはコピーのみ残されているが（cf. MWG I/17, S. 138-155）、講演の速記メモや清書は現存していない。その清書をもとにヴェーバーによって大改訂がなされ、三月三日デュンカー&フンブロート出版社宛に「職業としての学問」と「職業としての政治」の原稿が送られた（この原稿も残されていない）。五月に印刷に回され（校正ゲラも残されていない）、六月末から七月初め小冊子として出版された。Geistige Arbeit als Beruf. Vorträge vor dem Freistudentischen Bund. Erster Vortrag: Prof. Max Weber（München）, *Wissenschaft als Beruf* – München und Leipzig: Duncker & Humblot 1919; Geistige Arbeit als Beruf. Vier Vorträge vor dem Freistudentischen Bund. Zweiter Vortrag: Max Weber, *Politik als Beruf* – München und Leipzig: Duncker & Humblot 1919. ヴェーバーの死後、マリアンネ・ヴェーバーによって『職業としての学問』は『学問論集』（*Gesammelte Aufsätze zur Wissenschaftslehre*, Tübingen: J. C. B. Mohr（Paul Siebeck）, 1922）に、『職業としての政治』は『政治論集』（*Gesammelte Politische Schriften*, Tübingen: J. C. B. Mohr（Paul Siebeck）, 1921）に収められた。現在『マックス・ヴェーバー全集』（MWG I/17）では、両論文が『学問論集』と『政治論集』から切り離され、あらためて一つの巻にまとめられて刊行されている。Cf. MWG I/17, Wissenschaft als Beruf: Editiorischer Bericht, S. 65-67, Politik als Beruf: Editiorischer Bericht, S. 136-137. Max Weber, Brief an Else Jaffé vom 4. März 1919, in: MWG II/10, S. 497; Weber, Karte an Verlag Duncker & Humblot vom 5.

PSt März 1919, in: MWG II/10, S. 506; Weber, Brief an Marianne Weber vom 5. Juli 1919, in: MWG II/10, S. 676.

(15) 責任倫理と心情倫理を最初から対抗的対概念とすることに慎重な研究として、たとえば横田は宗教社会学研究における心情倫理概念の形成を重視する（横田 二〇一一）。また、H・ギルデンフェルトは、心情倫理は宗教社会学的問題設定、したがって歴史叙述的視座にあり、責任倫理は支配社会学と法社会学研究の領域、したがって制度分析的視座のもとにあるとして、両倫理の区別は非体系的に発展したものだと述べている（Gyldenfeldt 1993, S. 135-136）.

　とはいえ、心情倫理と責任倫理の原型に当たる「心情倫理」と「結果倫理」は、一九世紀末には新カント派哲学においてすでに概念上区別されて論じられていた。ヴェーバーはW・ヴィンデルバントを通してカントの心情倫理に通じていたし、P・ヘンゼルによる功利主義批判からの心情倫理と結果倫理の区別も念頭にあったであろう（佐野 二〇〇七、一九―二三頁、Waas 1994, S. 37ff.)。『職業としての政治』以前のヴェーバーのテキストに目を向けると、「ロシアにおける市民的民主主義の状態において」（一九〇五年）において「結果倫理（Erforgsethik）」と「汎道徳主義（Panmoralismus）」が登場する（本書第二章注（35）参照）。また『社会学および経済学の「価値自由」の意味』（一九一七／一八年）では、「予見できる行為の結果に対する責任」と「〈純粋意志〉あるいは〈心情〉（»reine Wille« oder die »Gesinnung«）」が、「中間考察」では「結果に対する責任」と「行為を支える心情の価値」が対比されて登場している。L・ワースは、ヴェーバーが「結果倫理」を使用しなくなったのは、道徳哲学の重荷と、トライチュケ流の「現実政治」を想起させることから離れるためであったと指摘している（Waas 1994, S. 48, S. 54）。ヴェーバーの関心が哲学的な形式的概念ではなく、政治的文脈において価値選択を行う主体の実践的・倫理的態度にあったことが、「責任倫理」の導入に関わってくるだろう。

(16) 詳細については第三章を参照。

(17) ヴェーバーの宗教社会学研究に焦点をあてて心情倫理の意義を指摘する研究動向において、H・ティレルは、「倫理的に非合理な世界」における善と悪の予見（不）可能な関係性に着目して心情倫理と責任倫理に言及する（Tyrell 2001）。H・G・キッペンベルクは、一九世紀半ばから二〇世紀前半にかけての宗教史を分析するなかで、心情倫理こそ西洋の合理化を理解するさいの鍵概念と捉えている（Kippenberg 1997, S. 235＝二〇〇五、二六一頁）。横田は、従来の責任倫理と心情倫理を対比させる形式そのものに疑義を呈し、「心意倫理」の本質的議論は宗教社会学研究にこそあり、『職業としての政治』は、固有価値か結果かという〈形式〉の対照と、福音の倫理か政治家の倫理かという〈実質〉の対照という異なる類別を無理に接合した「〝講演〟という場だからこそ許された臨機的処置にすぎない」時事論文であるとする（横田 二〇一一、一〇二―一〇三頁）。本研究は近代西洋世界における近代的主体と心情倫理の関係に着目するものであり、『職業としての政治』における心情倫理の低評価を「臨機的措置」として捉えることには慎重であるべきと考える。その他宗教社会学研究における心情倫理に注目した研究としては以下も参照。Kippenberg, 2001; Hanke, 2001. ハンケは心情倫理概念が「救済宗教」概念の倫理的対応物であると指摘している（ibid., S. 216）。

（18）Liebesakosmismus の訳語については、「愛の無差別主義」「愛の無世界論」「愛の無宇宙論」などがあり、どの訳語が適切かという問題がある。またこの概念を理解するさいの問題は三点あり、第一に Kosmos/Kosmismus と Akosmismus が何を意味するのか、第二に Liebe が何を意味するのか、第三になぜ Liebe と Akosmismus とが結びつけられているのかという問いである（この意味する内容の奥行に本研究は十分に踏み込めたとはいえない）。以下では第一の問いについて述べるが、第二、第三の問いについては、本書第二章注（42）に譲る。

哲学史的に見るとこの概念は、ヘーゲルが、スピノザ哲学を無神論（Atheismus）とみなす見解を批判するさいに、「スピノザの体系においてはむしろ世界は本当の実在を持たぬ現象として規定されており、したがってこの体系はむしろ無世界論（Akosmismus）とみられなければならない」と述べた個所に登場する（ヘーゲル［一九五二］二〇〇五、一九三頁）。スピノザにおいて Kosmos とは、無限定な唯一の実在である神に対して、「世界と呼ばれている有限な事物の集合体」（ibid., 一九四頁）であり、実在をもたない仮象ということになる。ヘーゲルがスピノザ哲学を「無世界論」と評したのは、すべてのものを唯一実体たる神の変容として捉える一元的思考が、個物性・個体の存立基盤を喪失せしめ、究極的には無化してしまうこと、いいかえれば、「積極的に存在するものという意味では世界は存在しないこと」になるからである。そこでは個物の存在、個物の配列に現れる法則／秩序、個物の総和からなる世界／宇宙としての Kosmos が無化／無差別化されるのである（cf. 深澤一九九五、六一―一〇頁）。

ただしヴェーバーがヘーゲルのスピノザ解釈に依拠してこの言葉を用いたという積極的な証拠は見出せていない。この点についてはなお検討が必要である。ヴェーバーは――本書第二章Ⅲにおいて記述されるように――カルヴィニズムに対してロシア思想を特徴づけるさいに、Liebesakosmismus の語を用いた。その後、宗教社会学研究のなかで神秘主義（Mystizismus）や同胞関係（Brüderlichkeit）という用語に近接させながら用いている。この語は、対内道徳と対外道徳とを区別し、同じ集団仲間に対してのみ限定される同胞関係が、その境界を越えて普遍主義的に、「誰彼を問わない任意の人への愛」にまで昇華され、自己を顧みずに相手に献身すること自体が自己目的化する「献身そのものへの献身」という絶対的善意の境地を表す言葉となる。それに対してKosmosとは、慈善的・倫理的要請を通じて人格を統制することのできない「即物化された世界」を意味する。カルヴィニズムに依拠すれば、合理的な社会的秩序世界こそが神意に適うのであり、またそれは救済される者と救済されざる者との区別／差別を組み込んだ秩序世界でもある。筆者はこの観点から「秩序世界／Kosmos」を捉えており、それを踏まえてかつてAkosmismusを「無‐秩序世界主義」と訳した。しかし汎神論や神秘主義、神と〈世界／現世〉との関係など、より広がりをもって解釈しうる概念であることを考慮して、本書ではLiebesakosmismusを「愛の無世界論」と訳する。

(19) 心情倫理を、暴力を固有法則とする政治的領域と原理的に対立する「愛の無世界論」に関連する倫理として描いたものに、「トルストイの倫理」に注目したハンケやJ・ダヴィードフの研究がある。

ハンケは、ヴェーバーが一九一〇年頃ロシア文化に注目することで心情倫理を見る視点を「急進化」させ、とくに「中間考察」(『社会科学・社会政策雑誌』(一九一五年)、『宗教社会学論集』第一巻(一九二〇年)に改訂版所収)以後は「文化プロテスタンティズム」の文脈から離れて、現世逃避的キリスト教とその系譜の「トルストイの倫理」に心情倫理概念を集約させたと解釈する(Hanke 1993, S. 208; Hanke 2001, S. 224)。彼女によると、近代世界に生きることと「トルストイの倫理」との絶対的アンティノミーは、近代文化的価値と宗教倫理的義務の厳格な対極化を意味し、ヴェーバーとトルストイはそれぞれ逆の価値観点から同じ認識に接近した(Hanke 1993, S. 206)。またドイツの文脈においてトルストイの理念は、一方では倫理的‐美的社会主義者やアナーキストらによって、ブルジョワ的思考構造・文化の全面改革への参照点とされたが(そしてトルストイの理念にもかかわらず、暴力の使用を伴う革命的ユートピアへと突き進み失敗したのだが)、他方、プロテスタント市民層においてそれは――ヴェーバーが現世逃避的な心情倫理とみなしたように――実践的・政治的に用いられる方向には向かわなった。しかし西洋世界以外では、たとえばガンディーによってトルストイの理念が継承されたように、「原理的‐倫理的・平和主義的努力の抵抗形態」として、政治の新しい形態を実現したとハンケは評価する(Hanke 1993, S. 212)。ハンケのいうように、たしかに心情倫理へのロシア思想の影響は無視できないのだが、心情倫理概念はむしろ、当時の宗教学の影響を受けて進められた古代ユダヤ教研究のなかでこそ、脱魔術化と結びつけられて深化したのではないか。

ここで「文化プロテスタンティズム(Kulturprotestantismus)」についても言及しておく。それはゲッティンゲン大学のA・リッチュル(Albrecht Benjamin Ritschl, 1822-1889)を中心とした神学傾向のことであるが、リッチュルの次世代には「宗教史学派」と呼ばれる神学者グループが形成され、ヴェーバーの友人E・トレルチ(Ernst Troeltsch, 1865-1923)がそこに属している。ハンケは、雑誌『キリスト世界』に集ったこの新旧世代の神学者たちを文化プロテスタンティズムと称し、この集団のトルストイ理解を検討している（Hanke 1993, S. 65ff.）。上山によると、ヴェーバーは神学者ではないため宗教史学派や文化プロテスタンティズムに直接属してはいないが、政治的志向においては共通の圏域に属している。またとくに彼の古代ユダヤ教研究はこのグループとの関係を無視できない。さらにリッチュルがヘーゲル主義からカント主義に接近したことと、ヴェーバーが新カント派の認識論に接近したことに両者の接点があると指摘されている（上山 二〇〇五、一六一―一六七頁）。

ダヴィードフは、トルストイの「愛の倫理」の観点からヴェーバーのトルストイ理解を批判した。彼は、ヴェーバーのトルストイ理解は心情倫理の理念型を構築するさいに限定的に抽出されたものであり、心情倫理とトルストイの「愛の倫理」はまったく異なるものだと考える。彼はトルストイの愛の倫理に「存在の強固さ（Unzerstörbarkeit）への確固たる信仰」、「生き生きとした精神的な宇宙である、普遍的な『合一性（Einigkeit）』の『モデル』」を見出す。信仰の行為とは愛の行為と同じであり、それが純粋であり真実であればあるほど現実的な影響をもつものであるから、ヴェーバーの主張とは逆に、結果や成果を無視するものとはならない。また神への信仰は他者・隣人への実践的な行いと結び付き、他者の自己変革を促すという成果をもつ。だから「無世界的な愛の達人たち」の王国はこの世のものではないというヴェーバーの見解はトルストイにはあてはまらず、愛の倫理は一貫してこの世のものであるとも主張する（Davydov, 1995, S. 64, S. 67-68）。

ヴェーバーの「神々の闘争」の世界は宗教と倫理が分離し、倫理の相対化を引き起こす価値の「多元化」が混入した世界である。ダヴィードフはヴェーバーを批判しながらも、絶対的価値としての神に言及できないという近代世界の様相を的確に把握している。心情倫理の核心部には、自らが選択した価値に対する意志的な信仰、意志によって媒介された世俗的信仰が存在する。この意志的行為によって、信仰は実際に倫理的性質や道徳的純度を失い、個人の人格やその個人的決定に「信仰」を結びつけることを強調するような、純粋に手続き的に合理的な「心情的存在（Gesinntsein）」に変わってしまう（ibid. S. 60）。ダヴィードフは、ヴェーバーのこの心情倫理がトルストイから抽出されたという点を、「愛の倫理」の恣意的な形式化として非難するのである。

そしてダヴィードフの心情倫理解釈はそのまま責任倫理の解釈にも流れ込む。ヴェーバーの責任倫理に内在する究極的心情の要素を、ダヴィードフは「汝自身であるところのものを為せ」、つまり、「根本的に個人化された人格に『定言命令』を与えること」だとする（ibid. S.61）。彼は責任倫理にもカント倫理学の強い影響を受けた自己に課す義務の強力な圧力を読みとる。トルストイの愛の倫理が「存在の強固さ（Unzerstörbarkeit）」という「不死の相貌」を帯びるものであったのに対し、ヴェーバーの責任倫理には「存在の脆さ（Zerbrechlichkeit）に関する認識」「死の相貌における存在」という認識が支配している。それは「個別に特定され、それゆえ有限な（『死すべき』）人格の『モデル』」を志向したものである（ibid., S. 64）。心情倫理においてみられたところの個人の意志を根拠にせざるをえない「危なっかしさ（Unbeholfen）」は責任倫理にも色濃く反映しており、この存在論的な不安定さから、責任倫理にも「個人的－『人格的』存在の絶対的な脆さ」が内在するとみなされるのである（ibid., S. 62）。

ダヴィードフの解釈は、心情倫理のみならず責任倫理にも人格的存在の不安定さや脆さをはっきりと描いた点で際立っている。近代的主体を強靭な意志主体として捉えるのではない別様の解釈がここには開かれている。しかし彼のヴェーバー批判は、トルストイ的愛の倫理を含む無世界論的な「達人倫理」は近代的秩序世界のなかではもはやありえないというヴェーバーの近代認識を、ダヴィードフ自身が共有していないからこそ為されているものでもある。「神遠く預言者なき世界」というヴェーバーの近代に対する根本的時代診断を共有しないで為される批判は、心情倫理のみならず責任倫理についても閉塞的な解釈を導くだけになってしまう。逆にこの時代診断を共有せずに「愛の倫理」に基づく信仰を唱えることは、ヴェーバーが達人的な愛の無世界論に見出した「最強度の貴族主義」へと、また「神秘的な生活という隠された国（hinterweltlich Reich）か、あるいは個々人が互いに直接的な関係をもつ同胞関係へと引きさがっていく」事態になるのではないだろうか（Weber, MWG I/17, S. 109-110＝「学問」七一頁）。なお、ダヴィードフの紹介と彼によるヴェーバーのトルストイ理解について論じ、かつそこにある種のズレがあると指摘したものとして以下も参照。小島二〇〇〇、小島二〇〇二、三四頁以下。

（20）政治的観点からなされた心情倫理批判とは別の観点から心情倫理に注目した諸研究も存在する。たとえば、ヴェーバーの心情倫理が人格性や良心や原罪に関わる問題圏に根ざしている概念であることを注視し、その概念の源としてカントや新カント派との関連に注目するシュルフターやワースの研究がある。

シュルフターは「倫理の類型論」を発展史的に再構成し、倫理的義務や心情の価値の合理的な根拠づけにこだわるカント（形式的・認知主義的心情倫理）やハーバーマスに対して、理性によってそれらを根拠づけることはできないと考えるヴェーバーを「批判主義的・対話的責任倫理」に位置づける。そして「批判主義的責任倫理」は、「個人および集合体の実践の諸結果」も倫理的判断の形成のさいに考慮されうる、「適切な自己理解・他者理解・状況理解」が可能な倫理であると主張した（Schluchter 1988a, S. 336＝一九九六、一七二頁）。ワースは、新カント派の影響圏にあるヴェーバーがそれと距離をとって導入した心情倫理と責任倫理を、義務論と目的論の先取りと位置づける。ただしヴェーバーが両倫理を政治的文脈に持ち込んだことで、責任倫理の優越という印象を植え付けたと批判する（Waas, 1994）。

牧野は、ニーチェの影響からヴェーバーが人格性に関心を向けたことを重視して心情倫理に注目し、心情倫理から責任倫理へのヴェーバーの重点移動をニーチェからの距離と関連づける。大林は、「ニーチェ以後」の人間であるヴェーバーにとってカントのように絶対的基準に照らして心情倫理を唱えることはもはやできないため、「神々の闘争」という絶対的基準なき時代にあっては、実践倫理としての責任倫理が適合的であると解釈する（牧野 二〇〇〇、大林 一九九三）。

(21) 中村貞二は、いわゆる「マキアヴェリ問題」からヴェーバーの責任倫理に道徳に対する鋭敏さを見てとる。マキアヴェリによる宗教からの政治の解放は、「精神的・宗教的なものと肉体的・政治的なものとの葛藤、つまり二重道徳という厄介な問題」を惹き起こした（中村 二〇〇三、三二九頁）。ヴェーバーの時代、この問題は、たとえば戦争を含む国家権力の自己保存を国家の「道徳的な力」の発露と位置づけたトライチュケの議論に端的に表れた。トライチュケのように政治と道徳の一元化によって「二つの掟」問題を解消することに対して、ヴェーバーはその二律背反を解消しない立場に立つ。「手段の道徳性にかんする繊細で鋭敏な感覚」をもつヴェーバーは、二重道徳による権力の承認に安住するのではなく、個人道徳のレベルにおいて倫理的に許容される政治的行為のあり方を探ろうとする。この模索が責任倫理へといたるのだが、ヴェーバーはその前に平和主義からの異議申し立てを乗り越えなければならなかったと指摘される（中村 一九八七、一二八頁、一三二頁）。

山田高生は、ヴェーバーがキリスト教平和主義からの異議申し立てを、政治と倫理との間に内在するパラドックスの問題として真剣に受け止めたと指摘する。ドイツ女性団体連合（ＢＤＦ）の代表であったゲルトルート・ボイマーとキリスト教平和主義者のスイス人ゲジネ・ノルトベックが戦争をめぐって国家理性と個人道徳の優劣を問うた論争に対して、ヴェーバーは「二つの律法のはざま（Zwischen zwei Gesetzen）」という短い文章を『女性（Die Frau）』誌に寄稿した。山田はこの問題に対して、ヴェーバーが「キリスト教倫理と現世の法則のアンティノミー」を拒否することも解消することも選ばない立場をとったことの意味を考察する（山田 一九七〇）。

佐野は、『職業としての学問』において学者に要請された「目的合理性」「予測可能性」「明晰性」のうち、明晰性のなかに「政治を権力現象として冷静に観察し、政治と倫理、権力と自由、国家と個人の間にある逆説的な関係を自覚すること」が挿入されると読み込む（佐野 二〇〇七、二六頁）。この三つの属性は『職業としての政治』においては、人間の平均的欠陥を考慮にいれていること（＝目的合理性）、自分の行為を予見していること（＝予測可能性）、そして修練によって生の現実を直視すること（＝明晰性）に対応するとされる。『職業としての学問』と『職業としての政治』の連関において、学者と政治家がもつべきエートスとしての責任倫理が提示される。また心情倫理家とは「外界の現実的状況を直視せず、自己の信念にのみ基づいて行為する人間」であり、心情倫理とは「『自己の内なる声』への頑なまでの信仰に基づく倫理」と説明される（佐野二〇〇七、二六一―二八頁）。他にも、G・ルカーチの思想と行動を責任倫理と心情倫理の文脈で分析した住谷一彦、政治的価値と宗教的価値との対立こそが「個人の価値の選択」可能性を開いたとする柳父圀近らの研究を挙げることができるだろう（住谷一九七〇、柳父二〇一〇）。

R・メーリンクがいうように、ヴェーバーは「同時代の心情的ラディカリズムを過小評価したのではなく、まさに心情倫理を『宗教的倫理の純化』であるがゆえに、それを倫理的にも真剣なものと受け止めていた」のである。そのうえでメーリンクは、ヴェーバー自身は責任倫理が「この世の国」の政治倫理であるのに対して、心情倫理は宗教的・形而上学的な「あの世の国」に由来するという見方を際立たせ、あらためて宗教的かつ心情倫理的な「現世の脱価値化」に異論を唱えたと評している（Mehring 1990, S. 611-612）。

(22) 丸山一九九五、二六七頁、二七八頁。

(23) 政治に一切関わらないという態度を貫く場合にしか平和主義も認めないというヴェーバーの厳格な立場は、特定の政治的状況において、平和主義の観点から政治的行為に関与することの意義を縮減してしまうものと批判されてきた。たとえばG・ロートは、ヴェーバーは平和主義者と社会主義的革命家をむりやり同一視していると指摘する（Roth 1987, S. 206-207）。ロートは、国民国家と現実政治に観点をおいたヴェーバーの《歴史の前でのわれわれの責任》（Unsere Verantwortung vor der Geschichte）はもはや今の時代には成り立たず、《歴史に対するわれわれの責任》（Unsere Verantwortung für die Geschichte）が必要だと主張する。人間の生存に価値をおいた「責任に関する新しい概念」、心情倫理と責任倫理の調和した平和主義が要請されるため、「ヴェーバーの二つの倫理の区別はその政治的使用可能性を失っている」と判定する（Roth 1987, S. 226）。

また宮田光雄は、ヴェーバーが「山上の説教」を「行為から生まれる結果を考慮することのない心情倫理」として位置づけたことを痛烈に批判した。政治の世界では行為の結果が予見できた以上、結果に対する責任は自らが負うべきであり他人に転嫁することはできない。こうしたヴェーバーの立場からは、キリスト教倫理は結果に対する責任を引き受けようとしないという解釈が引き出されかねない。しかし宮田によると、ヴェーバーの主張は、F・ナウマンやO・バウムガルテンら自由主義神学の山上の説教の理解と同質であり、そのナショナリスティックな権力観から来る「誤った解釈」である（宮田一九八八、四六―五一頁）。山上の説教を個人の心情倫理に限定して捉える解釈は、ヴェーバーが信仰と世俗領域の固有法則性を分離させるドイツ・ルター主義の思考図式を踏襲しているからに他ならないのである（宮田 一九九六a、一四四頁）。

宮田の解釈においてヴェーバーは、二重道徳の問題（「マキアヴェリ問題」）に関してルターの二国論の系譜に位置づけられ、政治的領域に倫理が及ぼす力を退けた思想家ということになる。しかし中村や山田の問題提起に見たように、ヴェーバーの思考の特徴は、政治権力の法則と個人的倫理の法則のあいだの二元論的対立を、どちらの陣営からでも一元的に解消しうるし、またそうすべきだとする思考を拒否した点にあると見るべきであろう。とはいえこうした解釈も、宮田の立場からすれば、なんらかの倫理的価値に基づく政治権力への抵抗を抑制する言説として機能すると批判されるかもしれない。宮田は「責任（Verantwortung）」を「神の恵みの言葉（Wort）に対する人間の応答（Antwort）」と捉え返すことで、山上の説教を責任倫理へと結びつけようとする（宮田 一九九六a、一七八頁）。こうした責任概念の解釈はD・ボンヘッファーにもすでに見られるものである（ボンヘッファー 一九六二、二五一―二五三頁）。責任倫理の一つの解釈として興味深いが、ヴェーバー自身が〈責任〉に神への応答という含みをもたせていたかどうかは検討の余地がある。宮田自身の立場が、国家権力に対して〈良心〉を根拠に批判や抵抗を為す点にある以上、それはヴェーバーの思考からみればやはり心情倫理として位置づけられるだろう（ただし本研究は、ヴェーバーが心情倫理を過小評価したという宮田の主張を共有しているわけではない）。また、佐野が指摘するように、「神々の闘争」を前にしては、キリスト教倫理も価値系列の多元性における一つの価値にすぎない（佐野 二〇〇七、三八頁）。価値の多元化する世界においては、倫理的に合理的な世界像もまた一つではありえず、その倫理的正しさを究極的に保証しうるものはない。諸価値の競合しあう近代世界において、選択された価値に基づいて政治権力と対峙するという態度にこそ、心情倫理に基づいた近代的主体の本質を見てとることができるだろう。

キリスト教平和主義の観点からはさらに踏み込んで、ヴェーバーの責任倫理に疑問を呈する見解もある。L・フロイントは、ヴェーバーの責任倫理概念が無数にありうる行為とその結果に対して政治家がどう判断するのか、明確な基準を提示したわけではないと批判する。またヴェーバーの責任倫理は政治的指導者層にのみ関連づけられた規範にすぎないが、政治道徳の問題は政治的共同体すべてが取り組むべき問題である。フロイントは、キリスト教の絶対的な道徳的命題と政治の現世的諸形式および課題を一致させることの困難さに対するヴェーバーの認識を全面的に承認しながらも、R・ニーバーに依拠しながら、「キリスト教信仰と政治的課題のあいだの結びつき」を承認しないヴェーバーを批判し、宗教意識から芽生える「寛容」という特性が政治社会に対してもつ経験的な作用を指摘する（Freund 1961, S. 285-313）。同様に、D・ワーナーも、ヴェーバーの二つの倫理はカリスマ的政治家が自らの大義に対してのみ責任を負うという意味でしかなく、「他者に対する責任」という観点が欠けていると批判する（Warner, 1991）。W・シュルツも、責任という概念は「隣人に対する釈明」や「隣人への配慮」という意味合いをもつものであるにも関わらず、ヴェーバーの「責任倫理」は政治家を対象にした、「結果に対する責任」を負うだけの狭義の意味しかもたないものと批判した（Schulz 1972, S. 717＝一九八〇、一四八頁）。W・フーバーはヴェーバーの責任倫理を再解釈してそこに宗教的痕跡を読みとろうと試み、「共生の可能性」を問おうとした（Huber, 1983）。

（24）Waas 1994, S. 227. ワースは、ヴェーバーの二つの倫理の「調停しがたい」区別を出発点に、この区別が二〇世紀にとってどんな意味をもつのかを問う。「矛盾、アンビヴァレンツ、アポリア、対立」こそが近代の姿であり、それは心情倫理と責任倫理の区別を用いる以外に正確に見定めることはできないという。

（25）本研究は心情倫理の思想的解釈に重点を置くが、それは責任倫理の意義を軽視することでも、ヴェーバーが心情倫理を優位においた、もしくは彼自身が心情倫理の立場に立ったと主張するものでもない。心情倫理からいかなる近代的主体像を導き出せるかを考察するものである。

第一部　近代国家の暴力

第一章　闘争の力学とリベラリズム

I　はじめに

本章では、マックス・ヴェーバーの近代国家に対する見方について、とくに「正当な物理的暴力の独占」という定義が導かれたことを政治社会学的に検討する。この簡潔な国家規定において、ヴェーバーは近代国家と暴力の関係をどう捉えていたのだろうか。この問いに対して、カール・シュミット（Carl Schmitt, 1888-1985）の政治観・国家観と対比させることで、ヴェーバーの国家観と政治観を明らかにする。シュミットを対置させる理由として、彼らが近似の問題意識を抱えていたことが挙げられる。第一次世界大戦（一九一四―一九一八年）によって敗北したドイツが帝政から共和政へと政体の変化を余儀なくされた時代に、両者は「新秩序ドイツ」をそれぞれの立場から構想した。また議会に関する集中的な考察や人民投票的指導者の提起など、新秩序構想に関するその共通性が指摘されてきた[1]。さらに近代に対する時代診断に関して、シュミットがヴェーバーから思想的影響を受けている点も無視はできないだろう（第六章参照）。しかし本章では、両者は思想的立場も思考方法も異なっており、むしろ対立的ですらあったという点を際立たせる。ヴェーバーとシュミットは、とくに政治と国家に対する理解において根本的に異なっている。各々の政治的思考の特質および近代国家に対する見方を浮き彫りにすることで、リベラリズム批判を展開したシュミットに対して、ヴェーバーの思想的立場がリベラルな価値に立脚するものであったことを明らかにする。

Ⅱ　第一次世界大戦とドイツの敗戦

第二帝政期（一八七一―一九一八年）に活躍し、ワイマール共和国（一九一九―一九三三年）の初期にこの世を去ったヴェーバー（一九二〇年死去）と、ワイマール期、ナチス期（一九三三―一九四五年）、第二次世界大戦後と冷戦期にいたるまでを経験したシュミットは、厳密には同世代の思想家とはいえない。それでも、第一次世界大戦からワイマール初期は両者によって共有された時代であり、両者のあいだに直接的かつ間接的な接点のあった時期でもあった[2]。両者の関係について論じる前に、この時期が国際政治と政治思想史においていかなる意味をもっていたのかについて素描しておこう。

第一次世界大戦とその戦後は、一九世紀までのヨーロッパ国際政治体制の動揺と変貌が現れはじめた時期である。一九世紀までのヨーロッパ世界は主権国家間の勢力均衡を旨とする体制のもと、戦争の正・不正を問わない「無差別的戦争観」に基づいた主権国家間の「合法戦争」を前提にしていた。戦争は、クラウゼヴィッツのいう「政治の延長」としての合理的な活動でもあった。第一次世界大戦も主権国家が対等に交戦権を行使することで始まっている。しかしこの大戦は、戦争に対する一九世紀的な理解を大きく変える分岐点でもあった。長期戦、国民の労働力と国家の生産力を戦争遂行に全投入する総力戦、「愛国心」の強調、殺傷武器の際限のない進化、非人道的な殺傷方法の採用、巨額の賠償金といった敗戦国に対する懲罰的な戦後処理など、一九世紀的な戦争観とは相容れない事態が現れたのである。

敗戦国ドイツにつきつけられたヴェルサイユ条約には、ドイツの戦争責任と「戦犯」としての皇帝訴追の要件が書き込まれていた（第二二七条）。それは俯瞰的に見れば、「戦争犯罪」概念の精緻化と制度化、また「戦争の原則的違法化」という二〇世紀のその後の流れを規定する動きの始まりであった。(3) しかし第一次世界大戦終結当時、対等な主権国家どうしの戦争として始まった戦争が、戦勝国の正義を謳い敗戦国に戦争犯罪の烙印を押すものへと変化したことは、敗戦国側の人間にとっては国家の体面と名誉を傷つけるものと受けとめられた。ヴェーバーもシュミットも戦勝国主導のヴェルサイユ条約と戦後処理に激しく反発し、国際連盟に不審の目を向けている。この時期の両者のテキストには、そうした戦争観の変化に直面した敗戦国側の人間の困惑と憤り、そしてその意味を理解しようとする努力が生々しく記されている。たとえば、ヴェーバーは一九一九年の講演論文『職業としての政治』のなかで、戦後になって「責任者」を追及することは「品位を欠く」ことであり、「戦争の道義的埋葬は現実に即した態度《ザッハリッヒカイト》と騎士道精神《リッターリッヒカイト》、とりわけ品位によってのみ可能となる」と述べている。(4) こうした主張は現代の観点からするといささか古めかしく聞こえるかもしれないが、戦争が〈原則的に合法〉から〈原則的に違法〉へと変化する過渡期における敗戦国側の立場を反映したものと見るべきであろう。シュミットにおいてこの問題は、イギリスとアメリカが推進した「正義の戦争」および「正戦論」に対する批判的分析へと昇華され、彼のその後の思考を決定的に規定し続けることになる。

この一九世紀的世界観と二〇世紀的世界観の分岐点ともいうべき時期に、ヴェーバーとシュミットはそれぞれの仕方で新秩序ドイツの構想へと向かった。以下では彼らの政治理解と国家観の特質について、両者のテキストに沿って見ていくことにしよう。ヴェーバーについては第一次世界大戦中に執筆される政治的時事論文、シュミットについてはナチス期以前の著作に主に集中することになる。それによってヴェーバーの国家観の特質を詳らかにする。

Ⅲ　ヴェーバーにおける政治と国家

1　物理的暴力と正当性

ヴェーバーの政治に対する理解はどのようなものか。彼は政治現象の根底に「人間の人間に対する支配関係」を見る。(5)「権力（Macht）」と「支配（Herrschaft）」がその中心概念である。この政治的支配には二つの側面があって、一つは物理的暴力（physische Gewaltsamkeit）に支えられた事実上の権力（実力・強制力）に関わる側面であり、(6)もう一つは権威と秩序維持に関わる側面である。いいかえると、前者は物理的暴力という手段を用いた権力をめぐる闘争、後者は政治団体の正当性の問題を扱っている。

ヴェーバーによると、「あらゆる政治の本質は〔……〕闘争（Kampf）である」。(7)権力それ自体を求めるか、別の目的のために権力を求めるかの違いはあっても、「政治を行う者は権力を求める」のであり、権力追求をめぐる闘争がヴェーバーの政治理解の根幹にあるといってよいだろう。また政治とは「権力の配分・維持・変動に対する利害関心」であり、(8)「統治権力の占有または収用または新しい分配または割当」をめざすことである。(9)さらに、政治は権力追求者によってのみ行われるのではなく、彼の目的遂行のために手足となって働く人間を必要とする。したがってそれは「同志と自発的追随者を徴募する活動」でもある。(10)権力追求者は、本来的に自己のものとは確定していない他者の財や労働力を強制的に占有・収用し、それらを自分の部下や追随者にプレミアムという形で分配し、あるいはさらなる富を得るための仕事や地位を割当・斡旋することによって、彼らをつなぎとめようとする。ここに政治団体は、被支配者の財や労働力を強制的に占有・収用することの可能な物理的暴力を背後に控えた団体として立ち現れる。

しかし、たとえ物理的暴力（とくに暴力に裏打ちされた恐怖）によって支配と服従の関係が成り立っていたとしても、それだけでは政治団体の存続と安定は確保できない。支配者と被支配者の根本的に非対等的で垂直的な関係が安定して存続するためには、支配者による物理的暴力の行使が正当なものとみなされることが必要になる。これは、同じ域内に存在する当該政治団体以外の政治団体による暴力行使を規制もしくは非合法化することでもある。こうしたことが可能であるためには、しかも継続的に可能であるためには、当該政治団体に強力な実力があることに加え、権威あるいは正当性への信仰が確立していなければならない。被支配者が支配者を正当と認めていること、あるいは認めているかのように振る舞ってくれることが必要なのである。被支配者がある政治団体の正当性を信じ、その団体から出される命令を自己に対して〈義務づけられたもの〉と主観的にみなすからこそ服従するということが、ある程度当てにできるようになればなるほど、その政治団体は安定して存在することができるのである。[11]

2　近代国家の完成

上記の政治の標識をふまえて、ヴェーバーの近代国家成立に関する議論を見てみよう。近代国家が特定の地域において事実上の権力を掌握し政治的支配を確立していく過程を記述するとき、ヴェーバーは、他の政治的・社会的諸集団との権力追求をめぐる闘争や利害関心のせめぎあいの様相を具体的に描き出そうとする。

中世末期から近代にかけてのヨーロッパ大陸において、君主を戴く家産制国家が、封建領主や中世都市から「それ自身のあらゆる政治活動」と「軍事能力」とを剥奪していく過程が始まる。[12] 中世における政治的諸団体は、行政手段・戦争遂行手段・財政運営手段その他の政治的に利用できるあらゆる種類の物財を君主によって収奪され、自立的な行政権力の担い手たりえなくなっていく。近代国家はこの道程の最終地点において、「ある領域の内部で、支配手段としての正当な物理的暴力行使の独占に成功したアンシュタルト的な支配団体」として完成される。[13] そのさい「アンシュタルト（Anstalt）」は、①本人の合意や言明とは無関係に、出自・出生・居住など純粋に客観的な要件に基づいて特定の秩序に帰属させられ、②人為的な合理的秩序と強制装置とが存在し、それらもまた個々人の行為を規定する団体と説明される（ヴェーバーは、アンシュタルトの例として「国家」と「教会」を挙げている）。[14] また「正当な物理的暴力行使の独占」とは、「国家以外のすべての団体や個人に対しては、国家の側で許容した範囲内でしか、物理的暴力行使の権利が認められない」ことを意味する。国家は「暴力行使への『権利』の唯一の源泉とみなされて」、域内の暴力行使をコントロールする。[15] つまり、国家だけが警察と軍隊（公的暴力）およびその経営手段を独占し、それ以外の暴力を私的暴力として規制や非合法化の対象にしうるということである。ヴェーバーはこうした現象が最終的に確立したのは、国家の支給する軍服着用の一般化、戦争経営の官僚制化が完遂された一九世紀初頭と見ている。[16]

この近代国家の成立過程をさらに詳しく見ていくと、そのときどきの政治的・社会的集団間の権力闘争や利害関心のせめぎあう様相が浮かび上がってくる。ヴェーバーの思考には、こうした集団間の力学を捉えようとする傾向が顕著である。一例として近世の家産制国家において進められた法典編纂を挙げてみよう。それは一義的に統一化・体系化された法によって一定の領域内を支配しようとする試みであるが、こうした法の形式的合理化は当然、中世世界を支配したツンフト法や地域の法を排除していくものであった。この動きを第一に推進したのは「家産君主」である。君主は、封建貴族や司教および都市といった旧い諸勢力に対抗し、彼らから特権を奪っていくことで自らの勢力を拡大するという利害関心をもっていた。この利害関心には、行政技術の合理化（身分的諸特権の支配および裁判・行政の身分制的性格の除去）と法の合理化（形式的・法的平等性と客観的・形式的な諸規範による支配の強化）への欲求が結びついていた。だが君主だけが法の合理化の推進力だったわけではない。「市民層」は計算可能で安定した法が存在していることに経済的な利害関心をもち、「官僚層」は法の統一によって君主の支配領域全土での雇用の道が開かれること、および官職装置が精確に機能する前提として法の「見通し可能性」が存在することに利害関心をもっていた。これらの諸集団もまた法典編纂の推進力として描かれるのである。(17)

このように見てくるとヴェーバーは、近代国家による権力の独占を、その域内の政治的・社会的諸集団からの自立的権力の奪取という大きな流れのなかで、個々の諸集団の利害関係による同調や反発を誘発しながら進展していくものとして描いている。(18) 権力追求のための闘争というヴェーバーの政治理解は、諸集団の利害関心が重層的にせめぎあうなかで新しい政治秩序が確立されていく力学を読みとろうとする、彼の動態的な見方と結びついているのである。

Ⅳ　シュミットにおける政治と国家

1　友－敵の区別と例外状態

それではシュミットの政治に対する理解はいかなるものであるか。彼の政治概念を理解するにあたっては何よりも、「国家という概念は、政治的なものという概念を前提としている」という主張をふまえる必要がある。[19]彼は「政治」と「国家」をはっきりと区別する。実のところ、シュミットを対置すると、ヴェーバーにおいては政治と国家がさほど明確に区分されているものではないことが分かる。シュミットには政治の本質を根源的に問うことへの強烈な自覚と必要性があったといえるだろう。

シュミットは、政治の本質は「友と敵の区別（die Unterscheidung von *Freund* und *Feind*）」であると端的に定義する。敵とは誰か。それは「他者・異質者」であり、「現実的可能性から見て、同様の人間総体と対峙して闘争する人間総体」である。[20]彼の政治概念を特徴づける「敵」には、戦争や内戦などの「例外状態（Ausnahmezustand）」における他者の物理的殺戮という意味での暴力性が刻み込まれている。戦争という極限状況を前提に、物理的暴力でもってその存在を否定する相手こそが敵なのである。

ここに見られるシュミットの思考の特徴は、政治秩序が成立するかしないかの境界線に着目して政治概念を考察する点である。法が機能停止に陥り、従来の法秩序が意味をもたなくなる例外状態にあって初めて、「原理的に無制限の権限」が立ち現れる。それが「主権者（Souverän）」、すなわち「正常な状態が実際に存在するか否かを明確に決定する者」である。[21]シュミットの思考の特徴は、例外状態において友‐敵関係を決定することによって内と外とを区別し、秩序ある「正常な状態」を創出しようとする根源的暴力に注目するものであるといえよう。

2　主権国家の成立と脱政治化

シュミットの国家観は、この主権者の概念を鍵にしながら理解することができる。彼は主権者を「究極的決定の独占者」と位置づけ、ここに国家主権の本質を見出す。すなわち国家の本質は「強制ないし支配の独占

(Zwangs- oder Herrschaftsmonopol) としてではなく、決定の独占 (Entscheidungsmonopol) として、法律学的に定義されるべきもの」なのである。[22] ここには、「強制ないし支配の独占」という観点から論じたヴェーバーのアプローチに明確に距離をおく態度が見られる。[23] それは、社会学的に考察を進めるヴェーバーと法学的・規範的に思考するシュミットとの差異といえるだろう。

シュミットによれば、こうした国家が登場してくるのは、宗教戦争と宗教対立を克服する要請が生まれた一六世紀後半のフランスである。内戦の荒れ狂う初期近代に、中世的な法秩序が後退し例外状態が出現するなかで、主権者が登場する。主権者は友と敵とを決定することで内部と外部とを確定し、内部に対しては「外敵に対する保護」を引き受け、政治的支配への絶対的服従を要請する。友‐敵関係が外部に対する関係であるとすると、ここに見られる「保護と服従の永久連関」は、内部における垂直的な支配関係である。[24] シュミットはボダンやホッブズに依拠しながら、初期近代に成立した「『主権国家』という特殊な組織形態」に、この特質をもっとも鮮明に体現する完全に政治化された国家を見出すのである。[25]

しかしこの国家は、以後に続く技術‐産業時代の精神史的・社会学的前提を創り出すばかりか、新しい技術時代の典型かつ原型でもあった。ヨーロッパ史上における精神的展開でとくに重大な結果をもたらしたものは、一七世紀に起きた伝統的キリスト教神学から「自然」科学の体系 (System einer „natürlichen“ Wissenschaftlichkeit) への移行であるとシュミットはいう。[26] ホッブズの『リヴァイアサン』において国家が「人工の神」「機械」のアナロジーで捉えられたことは、そうした背景と関連している。しかし国家を「機械」のアナロジーで捉えることは――それはホッブズにあってはなお「神話的意義」を保ちえたものであったが、以後の時代にあっては――国家を技術的・中立的道具として捉えることの先駆けでもあった。[27] このことは同時に、主権国家の「脱政治化 (Entpolitisierung)」または「中性化 (Neutralisierung)」の進行をも意味していた。国家機構が機械的に機能することで安全を保障する装置となる過程は、国家が決定の独占者たりえなくなる過程でもある。シュミットにとって近代史の流れは、決定主体として登場した国家が中性化され、政治性を喪失し、終焉していく過程であった。[28]

3　両者の政治理解と国家観の相違

以上をふまえて、ヴェーバーとシュミットを比較検討する。まずその政治の標識に闘争と物理的暴力、支配服従（保護と服従）が内包されている点で両者は一致する。これはたとえばアーレントのように、政治を市民たちの公共的・共同体的な事柄とする古代ギリシア由来の政治観に基づいて考える思想家と対比するならば、ヴェーバーとシュミットは――アーレントとは異なった――同系列の思想家といってもよいだろう。

しかし、両者の思考には根本的な違いも存在する。ヴェーバーは、権力追求をめぐる政治的・社会的諸集団間の闘争の力学のなかに政治秩序の形成を捉える。これに対してシュミットは、政治の本質を非日常的な例外状態のなかで友と敵とを区別し、新しい秩序を打ち立てるための根源的暴力として捉えようとする。彼はヴェーバーのように、秩序形成にいたる動態的なプロセスに政治を見るわけではない。こうした差異は両者の近代国家の捉え方にも反映している。ヴェーバーは、初期近代から一九世紀にかけて、特定領域における支配と権力をめざす闘争のなかから正当な物理的暴力の独占を完遂した政治組織として国家を把握する。対してシュミットはそれを、決定を独占する政治的存在として初期近代に成立したのち、脱政治化・中性化していったものと捉えているのである。

両者の国家観の差異は何に由来するのか。その理由の一つとして、彼らの思想形成の前提となる時代背景の違いがあるだろう。プロイセン主導のもとで国民国家を形成した第二帝政期に思想形成をなしたヴェーバーは、ドイツ特有の領邦国家群立状況の克服と統一的な国民国家の創出というドイツ国家学の課題を共有している。[29]もろもろの政治団体が幾重にも交錯するなかで、国家が他の政治団体を独占的・強制的な秩序形成へと巻き込んでいくこと、ならびに、そうした一元的秩序に対する正当性信仰の創出にヴェーバーは強い関心を向けたと考えられる。これに対しシュミットの思考は、ヴェルサイユ体制のなかで再出発しなくてはならなかったワイマール共和国を前提にしている。ライン地域を占領され非武装化されたドイツを前にして、国家の政治性（友‐敵弁別の決定機能）はもはや自明のものではない。対外的な敵意と内部分裂を抱え込んだ脆弱な国家にいかなる根拠でもって正当性を担保するのか——この問題意識が、国家を論じる前提として、政治の目的とその意味の自覚的探求へと彼を向かわせた。ヴェーバーとシュミットの政治観・近代国家理解は、当時の政治的・社会的状況に規定された問題意識とも結びついていたといえる。それでは、両者にとって近代国家にまつわる問題性とはいかなるものだったのか。またその分析から両者はいかなる新秩序構想に向かったのだろうか。

Ⅴ　近代国家の問題性と新秩序構想

1　官僚制支配への危機意識——ヴェーバー

ヴェーバーにとって近代国家とは、特定の領域内で他の政治的・社会的諸集団との権力闘争や利害関心のせめぎあいを経て、「正当な物理的暴力の独占」を完遂した支配団体のことである。またそれは、単に物理的暴力を独占するだけではなく、その支配が正当とみなされるためにも、一義的に体系化された法による領域内支配をめざすものでもある。たとえば法典編纂事業や法の合理化に現れるように、ヴェーバーは近代国家の標識を官僚制（Bürokratie）と法律の支配にも見出している。

彼の官僚制論の背景には、ヘーゲル以来の保守的かつ古典的な官僚制賛美論——官僚制は本来的に独立の政治的な力であり、英知と公正無私という特質を備え、社会的業務の指揮にもっとも適しているとする見解——がなおも支配的であった当時のドイツに特有の事情がある。ヴェーバーはこうした見解を批判して、官僚制を単なる「技術的手段」とする解釈を提示したのである。[30] また、彼は官僚制を「近代大衆民主主義の不可避的な随伴現象(unvermeidliche Begleiterscheinung der modernen *Massendemokratie*)」として、近代的生活と不可分に結びついたものであるとも見ていた。[31] 国民国家の形成は、国境線のなかに囲い込んだ住民を「国民」として均質化するプロセスを伴っている。一九世紀に入ると初等教育制度や徴兵制が整備されていくが、教育や軍隊あるいは社会保障制度の整備には、大量の事務と行政とを管理・運営する官僚制機構の発達が不可欠である。合理的で専門的な訓練を受けた近代的官吏の職務遂行があって初めて、近代的生活の基本的な前提が保証されるのである。

> 訓練された近代的官吏がいったん支配するところでは、彼の権力はまったく打ち壊しがたいものとなる。というのも、もっとも基本的な生活維持の全組織が彼の職務遂行に合わせて編成されているからである。[32]

現代に生きる人間の生活がこのシステムの延長線上に成り立っているかぎり、現実の官僚制の腐敗や硬直性がいかに批判されようとも、ヴェーバーの近代官僚制分析の意義が減じることはないだろう。近代国家および近代的生活が官僚制を不可避とする以上、合理性を旨とする官僚制の論理の肥大化もまた避けられない。そのことが資本主義経済の活力や個人の自由を抑圧しかねないという危機意識をヴェーバーは抱いていた。彼のこの危機意識をとくに高めたのが、国民の全生活を戦争遂行のために統制する総力戦となった第一次世界大戦である。また、一九一七年に勃発したロシア革命はボルシェヴィキ独裁の政治体制を実現させた。ここでもまた管理統制の一元化と徹底化が図られ、ヴェーバーの危機感を高めることとなる。戦時中に書かれた時事論説のなかで彼は、工場労働におけるような「生命なき機械」による支配と、官僚制組織という「生きた機械」による支配が、一元的統制秩序へと人びとの生活すべてを組み込んでいくと警告した。

生命なき機械は流出した精神である。機械がこのようなものであるということこそが、人間を仕事へと追いやり、実際に工場においてそうであるように、その労働生活という日常を支配的に規定する力を機械に与えているのである。流出した精神はまたあの生きた機械である。それは訓練された専門労働の特殊化、権限の区画、行政規則および階層的に段階づけられた服従関係を伴う官僚制組織を意味する。それは死んだ機械と手を組んで、未来のあの隷従の殻（das Gehäuse jener Hörigkeit der Zukunft）を産出するように作動するのである。[33]

「未来の隷従の殻」とは、闘争という政治性が枯渇し、人間が自らの運命を決定する自由と創造性とを喪失する事態である。W・モムゼンはヴェーバーの著作には「こわばりゆく社会（eine erstarrende Gesellschaft）に対する不安」が貫いていると指摘する。[34] ヴェーバーにとって官僚制支配の進展は、社会を窒息させるものと映ったのである。

2　議会主義と人民投票的指導者および民主化要請

彼はこうした危機意識のもと、こわばりゆく社会のなかに政治のダイナミズムを持ち込む方向で新秩序を構想することになる。ヴェーバーが戦争中から戦後にかけて発表した時事論文では、指導者選抜の場として機能する議会や、政党活動を統率し官僚に対抗できる「人格」を備えた人民投票的指導者を求める議論が展開される。そこには官僚主導の政府に対して脆弱な議会の存在感をいかに高めるか、力強い指導力を発揮する政党指導者の育成基盤をいかに整えるかという問題関心が貫徹している。ヴェーバーが望んだことは、自己の権力追求のための闘争を遂行するなかで、「獲得した権力から生じてくる自己の課題に対する固有の責任」[35]を負う指導者が登場してくることであった。

同時に彼は、民主化（三級選挙法の廃止と男子普通選挙権の要請）も積極的に主張する（当時のドイツでは、帝国のレベルにおいては男子普通選挙権がいまだ成立していなかった）。たしかに一方で彼は、デマゴギーに扇動されやすい大衆の情緒的要素を指摘し、大衆民主主義の危険性を意識していた。しかし、近代国家そのものが作り出した「一種の運命の平等」――「身体的な安全と生きていくための最低生活」から「死を賭けた戦場」にいたるまでの「死の前での『平等』」――を前にして、国民が官僚制支配に対抗できる「唯一の権力手段」は投票用紙しかない[36]。いわば、避けることのできない官僚制支配と身体レベルの生存可能性にまで還元された平等性を前に、普通選挙権というかたちで、国民に最小限の自己決定と自由とを保障する仕組みが不可欠だと考えたのである。佐野が指摘するように、こうした彼の思考には民主化と議会主義とリベラリズムが不可分に結びついていたのである[37]。

3　社会による国家の侵食――シュミットのリベラリズム批判

以上から、個人の生／生存が管理され、社会の活力や個人の自由が国家の論理によって浸食されていく事態に対して、ヴェーバーはリベラリズムの陣営に立って批判を投げかけたといえるだろう。しかし、シュミットは明白にリベラリズムを批判する立場に立った。前節でみたようにシュミットは、主権国家に内在した技術化・中性化傾向は時代を経るにつれていっそう顕著になると考えていたが、彼はその原因をリベラリズムの公私二元論のなかに見出しているのである。

近代主権国家成立の契機となった宗教戦争が終息する過程で、良心の自由や信仰の自由、あるいは寛容論や政教分離の思想が生み出されていく。それらは私的な信仰や思想信条に公の国家が干渉しないことを理論化するものであった。リベラリズムの原点ともいうべき自由権の展開であるが、シュミットにとってはまさにこの公私二元論の展開が、決定の独占という主権国家の本質を掘り崩していくものであった。宗教が「自由に考え、自由に感じ、その心情において絶対的に自由な個人の私的自由の領域」へと「こっそりと移された」結果[38]、今度は逆に、「私的なもの」が「宗教的なもの」として神聖化されるという反転された事態が生じる。さらにこの事態は、リベラリズムの核心にある私的所有権の神聖化をも促してしまう[39]。ここに「私」が「公」に優越する局面が開かれたとシュミットは見るのである。

こうした流れは一九世紀にはいっそう顕著になる。リベラルな勢力は議会を通じて個人的自由権を基礎とする憲法体系をつくる。憲法の保障する自由な私的領域は国家の干渉しえない領域とされ、「社会」の無統制で不可視の諸勢力に委ねられることとなる。「国家」対「国家から自由な社会」という二元性は「社会的多元性」へと変容していく。シュミットはリベラルな勢力をはじめ政党や労働組合や教会など、国家に敵対する多元的な「社会的諸勢力」を「間接権力」として徹底的に批判する。

間接権力の本質は国家の命令と政治的危険、権力と責任、保護と服従の一義的一致を曖昧にし、間接的ではあるとはいえ負けず劣らず強力な支配を無責任に行うことで、政治権力の危険性を負わずにあらゆる利益を手中に収めるところにある。この両得（á deux mains）という典型的に間接的な方法によって彼らは、自らの行動は政治とは別のものだと、つまり宗教や文化や経済であるとか私事であるとかいいながら、国家的なあらゆる利益を自身のために利用し尽くすことができるのである。[40]

間接権力へのこうした批判は、社会による国家の侵食過程として近代史を捉えるシュミットの思考に根ざしたものである。一九世紀には社会は独立のものとして国家と対立する。リベラリズムとマルクス主義がいかにイデオロギー的に対立しようとも、「きわめて多種多様な政治勢力が技術的 - 中立的道具として扱うことのできる装置」として国家を経済的・道具的・技術的に捉えている点で、両者は一致しているのである。[41]「国家的 = 政治的という等置」は意義を失い、多元化の圧力のもと、国家は決定の独占という政治性を決定的に掘り崩されていく。彼はこの認識のもとに国家の政治性を回復する方途を探求するのである。

4　人民投票的大統領制と大衆民主主義の力学

ワイマール共和国の議会は、分裂した諸政党のもと何事をも決定しえない無力さを露呈しており、「エリートを選抜し格づけし、独立の代表を根拠づける」ような選挙を行いうるものではなかった。[42]シュミットにとって、この国家は社会に浸食され末期症状を呈した状態にあった。国家が政治性を回復する方途は、社会のなかに生じるさまざまな対立に引き裂かれることなく、誰が敵かを決定しうる権能を国家が獲得することであろう。

彼の人民投票的大統領制の構想はこの文脈において登場する。それは、人民投票によって「民主主義的正当性」を獲得し、人民の「真」の自我を表現する能力をもった人物を大統領として選出することで、この人物に国家を「代表」させるというものであった。[43]シュミットは大統領制と人民主権をワイマール憲法のなかから選別的に抽出することで、大衆民主主義のエネルギーを利用しつつ、政治性を体現する決定主体を中核にすえた政体を構想した。その制度設計は、例外状態から新しい秩序を創出するさいに根源的暴力がもつ衝撃力を体制のなかに呼び込もうとするものであった。プロイスはシュミットのアプローチを「安全および安定した秩序を求める彼の探求と、大衆民主主義の起伏する脅威的な力学（the wavering and menacing dynamics of mass democracy）に関する彼の体験とを調和させる試み」であったと評している(44)。

VI　おわりに

これまでの議論によって明らかにしたように、ヴェーバーにおいては、近代国家の完成は同時に官僚制の論理の肥大化を招来するものであった。私企業も政党も「経営《ベトリーブ》」である以上官僚制を有する組織であるため、官僚制は厳密には国家の独占物ではない。しかし、戦時体制と革命が現実であった時代に、国家官僚制の肥大化は闘争のダイナミズムを枯渇させ、生／生存の管理による人間性の無化を招くとヴェーバーには思われた。それは国家による「正当な物理的暴力の独占」が完遂された先に現れる、国家による社会の窒息、社会の石化への道と思われたのである。それゆえ彼の処方箋は、市民層の政治教育、議会の活性化、指導者の育成を担う政党の意義の強調など、闘争の力学をもち込むことによって社会を活性化しようとする方向で構想された。ヴェーバーのドイツ新秩序構想は――社会的諸勢力および個人の活力を活かすことや、闘争のなかから政治的指導者が台頭してくることを重視したように――官僚制支配への抵抗として、民主化・議会主義・リベラリズムに立脚した政治社会と自由な市民像を提示したのである。

社会の活力や個人の自由に力点を置こうとするヴェーバーの立場は、シュミットと対比することでより鮮明になる。シュミットは、リベラリズムに代表される間接権力の圧力が国家の政治性を浸食していった結果、ワイマール共和国の決断なき政治状況に帰結したと見る。彼は憲法上の大統領権力を強化することによって、国家の政治性を回復する方途を探ろうとした。決定機能を具現した人民投票的大統領制という彼の新秩序構想は、国家の崩壊を念頭においた国家救済案であったともいえる（ただし、本章では論じる余地はないが、主権国家に基盤をおいた彼の国家論は以後相対化される。ナチス期にはドイツ民族を基盤にした「グロース・ラウム」論、ナチス期末期から第二次世界大戦後にかけては、「海」と「陸」とを対比させながら、グローバル化の推進者たる海洋国イギリスおよびアメリカに対抗しうる「ヨーロッパ公法体系」の議論を展開していくことになる）[45]。シュミットの観点からすれば、社会のなかに闘争の力学を導入しようとするヴェーバーの秩序構想は、間接権力の台頭を許し国家の決定機能を損なうものと映るだろう。逆にヴェーバーから見れば、国家による一元的支配を求めるシュミットの構想は、闘争の力学を過剰に抑制・縮減したものに映ると考えられるのである。

政治を特徴づける標識としてヴェーバーは闘争を強調する。それは複数の集団の利害関心が重層的かつ複雑に作用するなかで、動態的に政治秩序が形成される過程を彩るものである。近代国家はこの闘争の最終段階にまでのぼりつめ、物理的暴力の独占を果たした政治団体と位置づけられる。しかしその国家に対して官僚制批判を展開したように、ヴェーバーは、個々の人間が「隷従の殻」へと囲い込まれることに強い危機意識をも抱いていた。こうした国家の暴力性に対して個々人はいかなる在り方を強いられるのか、またいかなる抵抗の在り方がありうるのか。この問いは、暴力の独占をめざして行われる闘争とそれによる秩序形成という政治社会学的アプローチとは別の観点から問われるべきものであろう。ヴェーバーの政治的思考には、国家の暴力性に対して、その暴力に徹底的に抗する倫理的在り方を対峙させる思考もまた存在する。以下の章においては、彼の国家観・政治観には、政治の暴力性をめぐる倫理との緊張関係が深く刻み込まれていることについて論じる。

［注］

（1）一九六四年に、ヴェーバー生誕百年の記念行事としてハイデルベルクで第一五回ドイツ社会学会大会が行われた。タルコット・パーソンズ、ユルゲン・ハーバーマス、レイモン・アロン、ヘルベルト・マルクーゼ、ヴォルフガンク・モムゼンらが名を連ねたこのシンポジウムでは、戦争責任とナチズムの負の遺産をめぐってヴェーバーを批判する論調が現れていた。たとえばパーソンズがヴェーバーをイデオロギーの呪縛から解放されたリベラリストとして捉えることに対して、ハーバーマスはナチスの桂冠学者と批判されることになるカール・シュミットを「マックス・ヴェーバーの正統な弟子（ein legitimer Schüler）」、そして後に「実子（ein natürlicher Sohn）」といいかえて、パーソンズの楽観的な見方を牽制した。モムゼンもまた、ヴェーバーが倫理的規範と矛盾する場合でも権力行使を正当化した点は、今日のわれわれには承認しがたい点であり、ヴェーバーの国民主義的な帝国主義思想がシュミットの決断主義へと流れ込んだと批判している（Stammer 1965, S. 81, S. 134-135＝一九七六、一二九―一三〇頁、二二三―二二四頁）。

（2）本書第六章Ⅳ-1を参照。

（3）ここでは、第二次世界大戦後のニュルンベルク国際軍事法廷と極東国際軍事法廷、およびユーゴスラヴィア国際軍事法廷、ルワンダ国際軍事法廷を経て、国際刑事裁判所の設立にいたった流れを念頭においている。また戦争（正確には「武力行使」）の違法化は国際連合憲章第二条四項を念頭においている。

（4）Weber, MWG I/17, S. 232（「政治」八四頁）.

（5）Weber, MWG I/17, S. 160（「政治」一〇頁）.

（6）暴力と権力の関係については本書序章注（2）を参照。

（7）Weber, MWG I/15, S. 482（「新秩序」三七九頁）.

（8）Weber, MWG I/17, S. 159（「政治」一〇頁）.

（9）Weber, MWG I/23, S. 212（「基礎概念」八四頁）.

（10）Weber, MWG I/15, S. 482（「新秩序」三七九頁）.

（11）Weber, MWG I/23, S. 183, S. 191（「基礎概念」四七―四八頁、五七頁）; Weber, MWG I/22-4, S. 135（「支配Ⅰ」一一頁）;

Weber, MWG I/12, S. 436-437（「カテゴリー」一一九頁）.
（12）Weber, MWG I/22-5, S. 235（「都市」二六〇頁）.
（13）Weber, MWG I/17, S. 165-166（「政治」一七一一八頁）.
（14）Weber, MWG I/23, S. 210（「基礎概念」八〇一八一頁）; Weber, MWG I/12, S. 431-433（「カテゴリー」一〇八一一一〇頁）.
（15）Weber, MWG I/17, S. 159（「政治」九一一〇頁）.
（16）Weber, MWG I/22-4, S. 198-199（「支配I」一〇四一一〇五頁）. ナポレオン軍に対する敗北後に始まった一九世紀初頭のプロイセンの軍制改革を通じて、軍服の支給は完全に国家的監督のもとに置かれた（cf., MWG I/22-4, S. 199, Anm. 79）。
（17）Weber, MWG I/22-3, S. 566-569（「法社会学」四四七一四五〇頁）.
（18）アンターもまた、ヴェーバーが国家の欲する「秩序」について記述するさい、「諸秩序」と複数形を使用していることに注意を促している。Cf., Anter 2014, p. 17.
（19）Schmitt［1932］1963, S. 20（「政治概念」三頁）.
（20）Schmitt［1932］1963, S. 26-29（「政治概念」一五一一九頁）.
（21）Schmitt［1922］1993, S. 19（「政治神学」二一頁）.
（22）Schmitt 1993, S. 19（「政治神学」二一頁）.
（23）Mehring 1990, S. 617.
（24）Schmitt［1932］1963, S. 53（「政治概念」五九一六〇頁）.
（25）Schmitt 1958, S. 375（「ボダン」一二四頁）.
（26）Schmitt 1938, S. 53（「レヴィアタン」五八頁）; Schmitt［1932］1963, S. 88（「中性化」一五七一一五八頁）.
（27）Schmitt 1938, S. 62（「レヴィアタン」六二頁）.
（28）ハーバーマスは、権威主義的に主権を正当化するシュミットの政治神学を批判して、国家の中性化は信教の自由により初期近代においてすでに始まっており、市民が自己統治能力を得たことが、神聖さのヴェールで被われた超越的権威による政治的支配の正当化を不可能にしたと論じる。Habermas, 2011, pp. 19-22（二〇一四、二〇一二二頁）.
（29）牧野二〇〇七、一一八一一二一頁。
（30）Beetham［1974］1985, pp. 63-65（一九八八、七七一七九頁）.

(31) Weber, MWG I/22-4, S. 201（「支配Ｉ」一〇七頁）.
(32) Weber, MWG I/15, S. 463（「新秩序」三六二頁）.
(33) Weber, MWG I/15, S. 464（「新秩序」三六三頁）.
(34) Stammer 1965, S. 137（一九七六、二二七頁）.
(35) Weber, MWG I/15, S. 468（「新秩序」三六六頁）.
(36) Weber, MWG I/15, S. 372（「選挙法」二八七頁）.
(37) 佐野二〇〇七、一一八頁。
(38) Schmitt 1938, S. 92（「レヴィアタン」七七頁）.
(39) Schmitt［1923］1984, S. 47-48（「カトリック」一五七―一五八頁）.
(40) Schmitt 1938, S. 117-118（「レヴィアタン」九〇頁）.
(41) Schmitt 1938, S. 63（「レヴィアタン」六三頁）.
(42) Schmitt［1932］1958, S. 339（「合法性」一三〇頁）.
(43) Preuss 1999, p. 163（二〇〇六、二四五頁）.
(44) Preuss 1999, p. 160（二〇〇六、二四〇―二四一頁）.
(45) 古賀二〇〇七、六〇―一二〇頁。

第二章　近代国家の暴力と愛の無世界論《リーベスアコスミスムス》

Ⅰ　はじめに

マックス・ヴェーバーの「正当な物理的暴力の独占」という簡潔な国家規定には、政治と倫理の根本的な緊張関係が刻み込まれている。本章の目的は、その様相を「愛の無世界論（Liebesakosmismus）」とレフ・トルストイ（Lew Tolstoi, 1828-1910）へのヴェーバーの関心から接近して明らかにすることである。

愛の無世界論とトルストイがヴェーバーの思想において登場するのは、一九一〇年の第一回ドイツ社会学会における「ストア的 - キリスト教的自然法と近代的・世俗的自然法」（「ストア的＝キリスト教的自然法に関するＥ・トレルチの講演に対する第一の議論講演」）のなかである。(1)ここではロシアの精神文化や宗教性に現れるある種の倫理的態度が原始キリスト教と関連づけられて出てくるが、この文脈に愛の無世界論とトルストイが登場する。ヴェーバーにとってトルストイは、原始キリスト教の「山上の説教」に現れる精神を現代のロシアにおいて体現し、それを近代西洋世界に媒介し、さらにその世界を根本的に批判する存在であった。(2)それだけにとどまらず、ヴェーバーのトルストイに対する関心は生の意味問題や平和主義の問題にまで広がるものでもあった(3)。一方、愛の無世界論は、その後展開される彼の宗教社会学研究のなかにも現れる(4)。宗教社会学研究は、一九一三年頃から第一次世界大戦中、そして一九二〇年の彼の死の間際まで継続する。そのなかでこの概念はロシアの宗教性だけにとどまらず、原始キリスト教、敬虔主義(5)、原始仏教の登場する文脈にわたり、一つの倫理的態度を説明するために用いられることになる。またそこではトルストイも――ドストエフスキーとともに名を挙げられて――ロシアの知識人層に対して「禁欲的ないし無世界論的な個人的生活態度」に影響を及ぼしたと指摘されている(6)。

宗教社会学研究の進展とほぼ同時期、すなわち第一次世界大戦の勃発とドイツの敗戦・革命など社会的・政治的状況が大きく変わる頃、ヴェーバーは積極的に政治活動に関わった。戦時中そして戦後にかけての政治的体験によって、彼は国家の固有法則であり戦争に具現する暴力の問題にいっそう目を向けることになった。本章において注目する愛の無世界論とトルストイは、この国家と暴力の問題を考えるさいの重要な手がかりとなる。結論を先取りすれば、ヴェーバーは、国家を特徴づける暴力性を、愛の無世界論に現れる暴力の完全否定の思想と対峙させることで際立たせたのである。そこには国家の暴力性に巻き込まれ、もはや個人としての死はありえないという状況において、人間の生と死にいかなる意味がありうるのかという倫理的問いかけが織り込まれている。ヴェーバーにとってトルストイは、この問いを考えるさいの重要な触媒であった。

以上から本章では、「正当な物理的暴力の独占」という彼の国家規定には、暴力に決定的に距離をおく倫理的在り方との緊張関係が刻み込まれている点を明らかにすることで、ヴェーバーの政治哲学に接近することになる。以下、Ⅱにおいては、ヴェーバーの近代西洋世界に対する批判的まなざしが、ロシアおよびトルストイへの関心のなかで形成されたことを明らかにする。Ⅲでは、近代西洋世界とロシア世界がカルヴィニズムと愛の無世界論との対比で捉えられていた点を詳らかにする。Ⅳでは、第一次世界大戦中から戦後にかけてのドイツの政治的混乱のなか、ヴェーバーが政治活動に積極的に関わる一方で、最終的には研究の領域へと引きさがる一連の行動を辿っていく。Ⅴでは、国家の暴力性と生／死の意味問題、さらに宗教社会学研究の進展とともに結晶化されていく愛の無世界論が、国家の暴力性に徹底的に否を唱える倫理的在り方であることを明らかにし、彼の国家規定に見られる暴力という概念の内容について考察する。

Ⅱ　近代西洋世界への懐疑とトルストイへの関心

1　近代西洋世界と合理化プロセスへの懐疑

一八九四年にフライブルク大学哲学部国民経済学部門の正教授、一八九七年ハイデルベルク大学哲学部国民経済学教授に就任したヴェーバーは、一八九八年頃から一九〇二年にかけての精神的疲労によってその職から退任せざるをえなくなる。妻マリアンネ・ヴェーバーの伝記によると、彼は学者としての生活はもとより通常の生活もままならない深刻な精神的危機に陥ることになる。(7) 彼は大学教授職に対して一九〇〇年から休暇願を半期ごとに提出し、教育活動への復帰を志しながらも、健康不安のため一九〇三年には退任願いを提出した。(8) この精神的疲弊は一九〇三年から一九〇五年にかけて回復の萌しが見え始め、一九〇四年には彼は国際学術会議出席の名目でアメリカ旅行を敢行した。この北米旅行の前後に「プロテスタンティズムの倫理と資本主義の《精神》」という重要な成果が現れる（以下「倫理」論文と表記）。(9) このテキストの末文のくだりで、ヴェーバーは「鋼鉄のように固い殻」(10) という表現に象徴されるような、近代資本主義に生の意味を決定されてしまう近代人の運命を描いた。神の救いを求めるために世俗において禁欲し徹底的に生活を合理化したピューリタンの行為様式は、資本主義に適合し、富の蓄積を不可避的にもたらすこととなる。やがてその禁欲精神の消え去った後、「職業人たらざるをえない」われわれ近代人は、「機械的‐機構的生産の技術的・経済的条件に結びつけられた近代的経済秩序のあの強力な秩序世界（Kosmos）」にその生活様式を決定され、またおそらく決定され続けることになるだろう、と。[11]

ここには、その後晩年まで続く、近代西洋世界の文化的諸現象と特質に対するヴェーバーの問題関心が現れている。[12]また彼の関心は「世紀転換期の根本的な社会変革状況に特有のアンビヴァレンツ[13]」にも向けられるようになる。音楽、文学、芸術、美術などの分野で起こっていたモダニズムの動きに深い関心を寄せ[14]、詩人S・ゲオルゲ（Stefan George, 1868-1933）に興味を示し、ハイデルベルクに押し寄せたエロス解放思想の動きに私生活においても深く関わるようになった。[15]ヴェーバーはこの文脈で性の共産主義者O・グロス（Otto Gross, 1877-1920）を批判した一九〇七年の手紙において、「愛の無世界論」の言葉を用いている――ただしここでは、現実を軽視してただ愛の掟にのみ従うといったグロスの教えが、自由恋愛と精神病理学などの専門用語に粉飾されたものであることを揶揄するために使われているのだが。[16]「脱魔術化された」近代世界における合理主義の進展そのものが、逆に非合理的なものを惹起する。ヴェーバーの関心は芸術や美術、文学や音楽、そしてエロティークにまで及んで、合理化のプロセスと、それに巻き込まれざるをえない人間が「生」の意味を探し求める態度に向けられた。ヴェーバー自身もまた、病気との格闘や近しい人びととの複雑な人間関係のなかで、この問いと無縁ではいられなかったであろう。こうした問題関心は、のちの『世界宗教の経済倫理』に収められた「中間考察」や『職業としての学問』のなかで、世界の脱魔術化の結果、倫理的‐宗教的価値領域から美および性愛の領域が分離し、各領域の「根本的な否定と相互の排除へと高まっていく[17]」ものとして描かれることになる。

2　ロシアおよびトルストイへの関心

このようなヴェーバーの精神的文化的関心は東方世界にも広がっていく。ヴェーバーの東方へのまなざしがプロイセン東部のポーランドを越えてロシアに向かったのは、一九〇五年のロシア革命の勃発がきっかけであろう。この革命にヴェーバーは強い関心を抱き、一九〇六年に、膨大な時事資料を駆使して記述された第一論文「ロシアにおける市民的民主主義の状態について」（以後「市民的民主主義」論文とする）を『社会科学・社会政策雑誌』（*Archiv für Sozialwissenschaft und Sozialpolitik*）第二二巻に、第二論文「ロシアの外見的立憲制への移行」（以後「外見的立憲制」論文とする）を同誌第二三巻に発表した。ロシア革命という大事件に甚大な関心を寄せたヴェーバーは、キスチャコフスキー（Bogdan Aleksandrovič Kistjakovskij, 1868-1920）を介して、ハイデルベルク大学のロシア人読書室サークルのロシア人学生たちと知り合ったとされる。[18]

革命前後の時代的文脈を素描すれば、ドイツとロシアの政治的・経済的・地理的・歴史的関係、およびロシア国内の諸事情から、一八八〇年代以降、ドイツはロシア人留学生や亡命者の政治活動のための中心地となっていた。[19]ハイデルベルクにもロシア人コロニーがあり、とくにハイデルベルク大学ではロシア人読書室（ピゴロフ読書室）が彼らの拠点となっていた。[20]ヴェーバーはキスチャコフスキーをはじめとするロシア知識人たちと手紙を通じて交流を深め、F・シュテプーン（Fedor Stepun, 1884-1965）らロシア人留学生と知己になり、さらにE・ブロッホ（Ernst Bloch, 1885-1977）やG・ルカーチ（Georg Lukács, 1885-1971）らロシア文学に影響をうけた知識人との交流などから、ロシアについて政治や経済関係のみならず、宗教性や世界観にまで視野を広げることになった。「市民的民主主義」論文は一九〇六年にはすでにロシア語に翻訳されており、ヴェーバーはロシアではかなりの程度の著名人となっていた。[21]彼自身一九一二年にはモスクワからペテルスブルクに向かう旅行を企図してもいた。[22]ホーニヒスハイムもまた、この時期のヴェーバーがロシアに強い興味を示していた様子を伝えている。[23]その文脈のなかで、彼の関心はトルストイにも向けられていたのである。
ヴェーバーのトルストイへの関心は時代的には特殊なことではない。当時のドイツの出版事情に目を向けるならば、その著作は一八七〇年代からドイツ語に翻訳・紹介されはじめ、一八八五年に『アンナ・カレーニナ』『戦争と平和』『わが信仰はいずこにありや』が出版市場で最初のブームをもたらした。『生について』(一八八九年)、『闇の力』(一八八七年)、『クロイツェル・ソナタ』(一八九〇年)、『復活』(一八九九／九〇年)が出版され、一八九〇年代にはトルストイ作品への書評や評論の量が最高潮に達した。また一九〇〇年にはオイゲン・ディーデリヒス出版社が全集を出した。[24] この状況について詳しく分析したE・ハンケによると、トルストイの受容層は年代によって変化する。まず一八九〇年から一九一四年までは市民的‐プロテスタント的陣営を中心に受容された。第一次世界大戦前には文化プロテスタンティズムの側からトルストイのキリスト教理解に関心が寄せられ、またB・ズットナーの『武器を捨てよ!』に代表されるように、市民層の平和運動からも注目された。とくに一八九〇年から一九〇三年はドイツ語圏におけるトルストイ・ブームが最高潮に達した時期であったが、これ以後はトルストイへの批判(「アナーキスト」「精神病者」「社会主義者」等)が徐々に現れはじめ、第一次世界大戦以後中産市民層からの支持は消え去った。一九一四年以降は主に社会主義的‐アナーキズム的陣営に受容された。[25]
ヴェーバーがトルストイに言及しはじめる時期は、ドイツ語圏でのトルストイ・ブームの時期から若干外れて、トルストイが左派ラディカルな知識人や文学者たちの文化的象徴となる頃に重なってくる。ヴェーバー自身は一九〇六年までにはトルストイの『復活』を読んでいることが確認される。[26] これは「外見的立憲制」論文において、ロシアの官僚層の特徴を「レフ・トルストイの非政治主義が彼の『復活』のなかでその恐ろしさを見事に感じさせてくれたような、あの化物じみた不気味な特徴」と描いたことからうかがえる。[27] また「市民的民主主義」論文でも、トルストイは〈無抵抗〉の精神からキリスト教的な倫理的態度をあらたに描き出した人物と位置づけられ、聖書の「悪に抗するなかれ」（マタイ五・三九）という聖句がトルストイとロシアの民衆の魂を捉えていると指摘されている。簡素な農民的生活をおくることや悪への無抵抗、土地の私有財産制の否定、市民的義務や兵役など国家に関わる一切の事柄の拒否、「憲法や人格の自由などといった、根本において西洋的な嫌悪すべき対象（im Grunde westliche Greuel）」への無関心、そして暴力の完全否定など[28]、トルストイの問題提起は宗教のみならず、結婚、性愛、芸術、経済、政治、法、戦争、暴力をめぐる問題にも深く関わるものだった。トルストイは「同時代の切迫した『社会問題』」に対して「統一的な『実践的‐倫理的態度』」を示した象徴的存在となっており[29]、ヴェーバーの問題関心の射程に重なっていたのである。

ヴェーバーはとりわけ晩年のトルストイの思想、すなわち福音書のなかの山上の説教に基づいた生活をおくるべきだという思想に着目しており、一九〇九年から一一年にかけてトルストイ論を書くつもりであったほどに関心を寄せていた[30]。実際に書かれることはなかったのだが、一九一一年一〇月にはロシア語版『ロゴス』にトルストイに関する論文が掲載されることが告知された。それだけではなく、彼はトルストイの歴史哲学と市民道徳への根本的拒絶に関する本を執筆する意図をもっていたという[31]。それではトルストイへのヴェーバーのこうした注目は、いかなる関心のもとに織り込まれていたのだろうか[32]。それは第一に、ヨーロッパの合理主義に対置されるロシア的精神世界を体現する人物としてのトルストイへの文化哲学的関心、第二に、平和主義と現実政治の関係に向けた政治的関心、第三に、生と死の意味問題を考える宗教的‐倫理的関心である[33]。本研究では第一と第三の点に焦点を定め、愛の無世界論と国家の暴力の問題に踏み込んでいこう[34]。

Ⅲ　近代西洋世界とロシア的同胞関係の世界

1　愛の無世界論とカルヴィニズム

「倫理」初版論文でヴェーバーは、近代西洋世界の合理化という運命の軌道を定めたのは、近代資本主義に適合的な合理的・規律的な人間類型を創出したプロテスタンティズムの精神であったと論じた。一方「市民的民主主義」論文のなかで、彼はロシア人に見られる倫理的態度に言及している。それは、積極的行為の指針を無条件な倫理的命令に求め、正義のための闘争、あるいは「聖なる」自己放棄のための闘争以外の闘争は認めないという態度であり、「およそ倫理とは無関係な価値の存在ばかりか、その可能性さえ容認しようとはしない」態度と説明されている。(35)

プロテスタンティズム的な近代西洋世界とロシア世界は、一九一〇年にフランクフルトで開催された第一回ドイツ社会学会において、「ストア的‐キリスト教的自然法と近代的・世俗的自然法」(「ストア的＝キリスト教的自然法に関するE・トレルチの講演に対する第一の議論講演」)に現れるヴェーバーのコメントのなかに、二つの原理的な対立物として現れてくる。ここではロシア正教の精神がカルヴィニズムの精神と対比されることで、両者の違いが先鋭的に描かれている。(36)ヴェーバーはそこで、カルヴァン派教会がゼクテと結びついた教会であるならば、(37)ロシア正教会とは「愛において結びついている教会というゲマインシャフト」であり、「古代的な神秘主義(Mystizismus)」を混入させた、「最高度に古代キリスト教的」な気配をとどめている教会であるという。彼はロシアというこの「東方の地」に「現世の意味の認識、神との神秘的な関係」へと誘《いざな》うような「不滅の信仰」を見出した。(38)この土壌の上で「ロシア文学の生み出した特殊な形姿」に具体化される思想について、ヴェーバーは次のように表現する。

その思想とはボードレールが「魂の神聖な売春（heilige Prostitution der Seele）」と名づけたように、隣人に対する愛、つまり、誰彼を問わない任意の人に対する愛、したがって行きずりの人に対する愛のことである。この無定形の形式をなさない愛の関係（diese amorphe, ungeformte Liebesbeziehung）が、永遠なるもの、無限なるもの、神性なるものの扉へと近づかせる、そういう思想である。(39)

彼はこの宗教性を「愛の無世界論（Liebes-Akosmismus）」と名づける。愛の無世界論に現れる人間像は、完全に無定形の形式を為さない「〈無世界論的な〉人間愛（»akosmistische« Menschenliebe）」に基づいて生きる人間であり、(40)トルストイやドストエフスキーの小説にあらわれるような、原始キリスト教の信仰に基づいて生きる人間である。そこには「政治的、社会的、倫理的、文学的、芸術的、家族的に形式を与えられた生（politisch, sozial, ethisch, literarisch, künstlerisch, familiär geformten Leben）は、それらの下に広がっている基層に対しては事実上、意味を喪失しているというひそかな確信」がある。(41)ここでは、「愛」と「無世界論」がロシア思想へのヴェーバー独自の着眼から結びつけられているのである。(42)

この人間像の対極にはカルヴィニズム的人間が置かれる。それは、「自らの魂の平安のために『神の栄光』を実現するという目的でもって、社会的ゲマインシャフトのなかに入り込んで自己形成すると自覚した」人間である。(43)このように彼はカルヴィニズムと愛の無世界論を二つの極として位置づけ、さらに一方をゲゼルシャフト、他方をゲマインシャフトと位置づけた。

現世で育まれる人間関係とはつねに「ゲゼルシャフト（Gesellschaft）」のことである。すなわち、「社会化（Vergesellschaftung）」であり、「人間的なもの」を捨て去った「文明」の産物であり、交換、市場、即物的な目的団体のことであり、人格的な同胞関係に取って代わることである。それに対してもう一つの別の関係とはつねに、「同胞関係（Brüderlichkeit）」という純粋に人間的な基盤の上に立ったあの愛の無世界論という「ゲマインシャフト（Gemeinschaft）」のことである。(44)

ヴェーバーによると、「自己中心的な（egozentrisch）基盤(45)」に立つカルヴィニズムの精神が徹底して同胞関係への要請を切り捨て、神との関係のみを重視する孤独な個人を育て上げてしまったのに対して、愛の無世界論においては、この同胞関係が原始キリスト教とつながって命脈を保ち、自己と他者との（その境界をも消失させうるような）関係性を重視することになったのである。

一九一〇年の時点でカルヴィニズムと愛の無世界論は鮮明に対比されたが、一九一三年から一四年にかけて執筆された『宗教的ゲマインシャフト』（『経済と社会』「旧稿」第五章）においても――より多くの宗教を比較することによって相対化されてはいるが――この対比は継続している。そこではカルヴィニズムが「伝来の慈善の諸形式をまったく全面的に否定した」ことが、諸宗教との比較において提示されている。物乞いへの喜捨を拒否するように、カルヴィニズムは財の不平等な分配として現れる貧富の格差もまた神の御意に基づいて理由のあることと考える。あるいは貧民救済事業のように、慈善は一つの合理的な「経営」とみなされる。(46)経済的合理化の進展は同胞関係への要請を打ち砕いていくのである。

即物的に合理的なゲゼルシャフト行為による一つの秩序世界は、具体的な人格への慈善的要請を通じては統制されえない。ましてや、即物化された資本主義的秩序世界（der versachlichte Kosmos des Kapitalismus）は決してそのような場ではない。この世界においては、宗教的慈善の要請は〔……〕具体的な個々人の反抗

やその不十分さにおいて挫折するばかりか、総じてその意味を失うのである。(47)

「即物化された資本主義的秩序世界」では慈善的・倫理的要請を通じて人格を統制することはできず、宗教的慈善はその意味を失っている。しかしまさにそのことによって、愛の無世界論は、即物化された秩序世界のなかでますます同胞関係の要請を高めていき、「人間のためではなく献身そのもののための献身」、「魂の神聖な売春」といった絶対的な「善意」要請へと最終的には行き着くようなパラドキシカルな展開を示すのである。(48)ヴェーバーにとって、カルヴィニズムと愛の無世界論は、慈善の要請、すなわち同胞関係への要請をめぐって、対極的な緊張関係に立つものであった。

2　近代西洋文化とロシアへのまなざし

とはいえ、カルヴィニズムを包摂するプロテスタンティズムについて、ヴェーバーの評価は一面的ではない。一方では「人は人間よりも神にいっそう服従すべきである」という神中心の態度に「西洋文化発展に固有の創造的な要素」を見出し、(49)ヨーロッパに起きた宗教改革の計り知れない精神的意義と文化的意義を認めている。またプロテスタンティズムはとくに近代的自由の成立に関する一前提条件として、近代的人間の「倫理的」固有性と「文化価値」を刻印したものとも評されている。(50)しかし他方で、その精神の延長に現れる「鋼鉄の殻」と「精神なき専門人」の陰鬱な像を「倫理」論文末尾に描いたように、近代西洋世界において、経済や政治や科学の非人格的・無倫理的な諸力が人間の生の領域にまで浸透する事態を批判的に捉えてもいた。ヴェーバーの近代西洋世界に対する批判は、当時のロシア世界を対置することによっていっそう鮮明となる。たとえば彼はロシア第一革命を「『根底から』『自由な』文化を築き上げるためのおそらく『最後』の機会」と評した。(51)また無定形な愛の形を示すロシア正教や、「悪に抗するなかれ」という原始キリスト教の精神を現代において体現するトルストイに向けた関心などから、彼の目には、宗教的精神の混在したロシアがプロテスタンティズム的近代西洋世界とは異質の完全なる〈他者〉として映っていたともいえるだろう[52]。

だが、こうした見方に「オリエンタリズム」は胚胎していないのだろうか。C・ウィリアムズは、当時のドイツの若い世代に、ブルジョワ社会の退屈さと同質性から逃れる道としてロシアと「東方」に魅力を見出そうとする傾向があったことを指摘している。「西方は組織され、市民化され、抑圧され、機械化され、非人間化されている。東方は未開で、原始的で、抑圧されておらず、自然で、宗教的で賢明であるというわけだ」。またロシアは「未知の神秘的な国」であり「後進的で危険で、エキゾチックで恐ろしく、ブルジョワ的ヨーロッパを再生させるか破壊するかの力をもつもの」だった[53]。このような表象としてのロシア像にオリエンタリズムを見出すことは十分可能であろう。ロシアのリベラルな知識人たちの多くも、とくにドイツにおいて——ヴェーバーやイェリネクを除いて——個人的な交友関係を築くことはなかったという[54]。ただヴェーバーの場合、ロシアからの留学生や知識人と個人的な交流を通じて、またロシア革命の動きを即時的に追う作業のなかで、トルストイのロシアにおける政治的・倫理的意味をいっそう深く捉えていたことは記しておくべきであろう[55]。また彼の宗教社会学研究も、中国やインドの諸宗教を含むその比較の射程の広さゆえに、西洋合理主義を相対化させうるものであった。仮にこの時期のヴェーバーのロシア観にオリエンタリズムの要素を認めるにしても、そのロシア観が表象のレベルに留まったものとは決していえないだろう。

Ⅳ　第一次世界大戦とヴェーバー

1　宗教社会学研究の進展と政治への積極的関与

一九一四年夏、第一次世界大戦が勃発した。ヴェーバーは『社会経済学綱要』として出版される予定だった草稿（『宗教的ゲマインシャフト』を含む）の執筆作業を中断した。[56] すでに徴兵年齢を外れていたが、八月二日ハイデルベルク駐屯軍の予備役陸軍中尉として志願し、一九一四年九月にはハイデルベルク予備役野戦病院委員会に属して、野戦病院建設と維持管理の行政事務に携わることになった。[57] ヴェーバーは八月二八日付けのK・オルデンベルク宛ての手紙に「結果がどうなるかはどうでもよいのです――この戦争は偉大ですばらしいのです」、一〇月一五日テニエス宛の手紙にも「いかに厭わしくとも、この戦争はまた偉大ですばらしい戦争です」と書いた。[58] そこには愛国的な義務感情の発露とともに、ドイツの外交への懸念と講和への強い関心、親族を含めた近しい人びとのあいだに戦死者が折り重なっていくことへの哀悼の意も見出せる。[59]

一九一五年秋、野戦病院委員会の解散後、ヴェーバーは兵役からの除隊を願い受理された。一九一五年から一六年の冬以降は、最終的に『世界宗教の経済倫理』として集成される宗教社会学研究に集中的に着手することになる。『社会科学・社会政策雑誌』に一九一五年には「序論」、儒教研究、「中間考察」が、一九一六／一七年にヒンドゥー教と仏教研究が、そして一九一七／一八年に古代ユダヤ教研究が公表された。[60] 一九一五年に公表した「序論」の注において、ヴェーバーは第一次世界大戦の体験を指して、「〔戦争による〕中断があまりにも大きいので、以前の時代からもう一度思想系列を取り出してくることは不可能であるか、あるいはひどく難しくなってしまった」と述べている。[61] 第一次世界大戦がヴェーバーに及ぼした衝撃を正確に測ることは難しいにしても、その影響の大きさがうかがいしれる一文である。

この研究活動と同時に、一九一六年から一七年頃にかけてヴェーバーは、内政問題や外交政策を論じた政治的時事評論を主に新聞に精力的に寄稿する。『政治論集』としてまとめられた作品、全集版（MWG I/15; MWG I/16）に収められた政治的時事論文の大半、および『職業としての学問』と『職業としての政治』（MWG I/17）は一九一六年から一九一九年の時期に集中することになる。この時期は、その人生のなかで彼が政治活動にもっとも接近し関与する時期であった。

なかでも注目に値する事柄は以下の二つである。[62] 一つは、フランクフルト新聞編集室にこもって一連の時事論文を書き続けたことである。帝政が崩壊し革命政府ができるという極端な振幅を経験していたドイツに、彼はジャーナリズム的手段を用いて民主主義的新秩序を前面に押し出し、新しい統治形態の指針を与えようと試みた。そしてもう一つはドイツ民主党（Deutsche Demokratische Partei, DDP）の設立に尽力し、一九一九年一月の国民議会選挙のために、一九一八年一一月、一二月、一九一九年一月にわたって選挙演説を各地で繰り返したことである。[63]

選挙演説を通してヴェーバーが語ったことをまとめると以下のようになる。[64] 第一に、「将校による政治指導」という意味での「軍国主義」の根本的除去と、財政的・防衛的理由および国民性の原理からスイス・モデルの民兵システムを取り入れるべきであること。ヴェーバーはドイツ東部地域のイレデンタの必要性も繰り返し主張した。[65] 第二に、君主政から民主共和政への移行。第三に、革命を「ドイツ国民にとってひどい不幸」であったとして否定したこと。とくに革命が軍隊と経済を破壊してしまったことを弾劾した。[66] 第四に、多数派社会民主党と市民層の協調によるドイツ再建を主張し、そのなかで一定の社会化（Sozialisierung）も容認したこと。彼は労兵評議会や多数派社会民主党に高い評価を与える一方で、[67] 現状の社会主義政府は「最悪のディレッタンティズム」として批判し、市民層と肩を組む勇気がない臆病者の政府と罵った。第五に、アメリカの信用を得ることを必須とし、そのために一定の社会化を容認しながらもブルジョワジーの協力が不可欠であると考えたこと。第六に、議会制と憲法制定、そして人民投票的大統領制と連邦制という新秩序ドイツの構想を描いたことである。(68)

戦局は目まぐるしく展開し、一九一八年一一月ドイツの敗戦によって戦争は終結した。その後ドイツは革命の勃発、ワイマール共和国の成立、屈辱的な講和条約の受諾と、混迷の時期を迎えることになる。追い討ちをかけるように、連合国側による過酷な戦後処理によって戦争責任がドイツに重く圧しかかった。一〇月の時点でヴェーバーはバーデン公の政府に登用される可能性がでてきたが、革命騒ぎでそれは潰えてしまった。(69) 現実認識として彼はもはや帝国主義の時代は終わったと考えており、(70) 極左と極右の動きを非難しながら、多数派社会民主党勢力と市民層との同盟という形でドイツ再建の道を模索していた。革命や社会主義政府の誕生という現実の推移を冷静に見据えつつ、議会制民主主義をなんとか新秩序に根付かせようと舵取りを試みていたのである。

2　政治からの後退、学問的作業への没頭

しかし、国民選挙に民主党から立候補したヴェーバーが、社会主義寄りなどの理由によって当選見こみのない順位に位置づけられたこと、あるいはまたヴェルサイユ講和条約会議からの帰途、参謀次長ルーデンドルフに対して自発的に連合軍に出頭して戦争責任をとるようにと説得することに失敗し、戦争の政治的軍事的責任者に対する深い幻滅を感じたことなど、(71) 政治に関わることで生じたさまざまな軋轢や失望は、ヴェーバーに政治から身を引く決心を固めさせた。ほぼ一五年もの間離れていた大学教授職に再従事する機会もめぐってきた。ヴェーバーのもとにはベルリン、フランクフルト、ボン、ミュンヒェンの各大学からの招聘がきていた。彼は政治の中枢になるベルリン、そしてフランクフルト新聞との緊密なつながりのあるフランクフルトを選択せずに、ミュンヒ

エンを選択した。[72] 一九一九年六月にヴェーバーはミュンヒェンに引っ越し、夏学期以降一九二〇年の夏学期にかけて、ミュンヒェン大学で『社会学の基礎概念』に対応する講義、「経済史」、「一般国家学と政治」の講義を行う準備に入った。[73] しかし革命のただなかにあった「軍事的な」ミュンヒェンの地では、そう簡単に政治から離れることはできなかった。[74] ヴェーバーは一九一九年七月には、ミュンヒェン・レーテ政府の指導者として反逆罪にされたE・トラーとO・ノイラートの裁判に関わり、[75] 一九二〇年一月には、K・アイスナーを暗殺したアルコ伯の恩赦を批判したために学生による授業妨害を受け、ミュンヒェン大学を巻き込むまでに発展する騒動の中心人物となった。[76]

一九一九年から一九二〇年の死の直前までヴェーバーは政治に距離を置き、学問的作業に没頭した。この時期に、「プロテスタンティズムの倫理と資本主義の精神」論文の改訂稿、儒教論文の改訂稿、『宗教社会学論集』の「序言」が執筆される。「職業としての学問」「職業としての政治」両講演の印刷にまわす原稿の作成、『宗教社会学論集』の出版に向けた改訂、旧稿『経済と社会』第一部に相当する部分（「社会学の基礎概念」「経済の社会学的基礎カテゴリー」「支配の諸類型」「身分と階級」）の執筆に集中する。一九二〇年六月の死の直前に、『宗教社会学論集』第一巻が印刷に回されることになる。最晩年、彼は『経済と社会』第一部相当部分および『宗教社会学論集』のゲラ刷りを同時に修正していた。[77]「政治について私は何も書きたくありません。〔……〕どん底にはまだ達してないからです。もっとも『まもなく』ですけれども」とM・トープラーに書き送り、長年の同志たるナウマン（Friedrich Naumann, 1860-1919, 八月二四日死去）の追悼演説さえ断るほど、政治から離れようとしていた。[78] 一九二〇年四月には民主党から社会化委員会への協力要請を受けたが、それを拒否するために同党からも脱退した。一九二〇年一月のアルコ事件の騒ぎでヴェーバーが講義の前に、「私がもはや政治に動かされないのはとりわけ次の理由による。――左派から右派まで――狂った連中（Irrsinnige）が政治のなかで好き勝手にしている長い間、ドイツの政治を行うことは不可能だからだ」と、当時の政治的状況を強烈に批判した。[79] C・ペーターゼン宛ての手紙のなかで「政治家は妥協するべきだし妥協しなくてはなりません。けれどもわたしの職業は学者です」[80]と語っており、現実政治と学問との間で揺らいでいたヴェーバーが、学者であることを選択したことをうかがわせている。モムゼンによると、ヴェーバーの政治からの撤退は「一時的」なものであって「永続的」なものではなかったという。[81] ヴェーバーはその直後の六月に急逝するため評価は難しいように思われるが、彼が政治家としての適性をもっていたかについては、たとえば全集版は、「ヴェーバーはたしかに世評ある人物であるがゆえに卓越した政治的人間であったが、根本において、まったく政治によって生きることができる職業政治家ではなかったし、いかなる場合でも政党政治家ではなかった」と結論づけている。[82] 実際に政治から距離を置いたことは、学問の立場、とくに宗教社会学研究の観点から、政治と倫理の関係について彼自身の政治哲学を深めることにつながったと思われる。[83]

V　近代国家の暴力と愛の無世界論

1　生の無意味化、死の無意味化――戦場の死をめぐって

先述したように、ドイツ語圏でのトルストイ・ブームは一九〇三年までであり、一九〇四年以後は左派ラディカルな知識人の陣営に徐々に受容され、第一次世界大戦の勃発とともに市民層におけるトルストイ受容は終焉した。第一次世界大戦以降、ヴェーバーが戦前ロシアに向けた眼差しは冷却し、一九一七年二月から始まるロシア第二革命についての彼の評価も現実政治的かつ敵対的な色合いを帯びるものとなった。[84] トルストイ論については

結局書かれることはなく、ロシア語版『ロゴス』に掲載されることもなかった。しかしトルストイへの関心は、生と死の意味問題という倫理的テーマとしてヴェーバーの思索のなかに沈殿したといえるだろう。たとえば一九一七年の講演を元にした論文『職業としての学問』では、科学と倫理との緊張関係がトルストイを援用しながら語られている。そこではトルストイは、〈生〉の意味問題に応えられない点で学問の無意味性を際立たせた人物として登場する。

生の意味、死の意味を問うヴェーバーの姿勢は、戦争と死の問題にも関連している。各国民の熱狂と支持のもとで始まった第一次世界大戦は、長期化、非人道的な兵器や戦術の科学技術的発展、死傷者数の増大などの点で一九世紀までの戦争とは大きく異なっていた。機関銃攻撃と塹壕戦が兵士の精神と身体に、総力戦体制が銃後の国民生活に最大限の負荷をかけるものとなった。それは、戦時中の時事論文でヴェーバーが述べたように、官僚制組織の「生きた機械」と工場労働における「生命なき機械」が作り出す「未来のあの隷従の殻」のなかで、人間はその生／生存を生物的・物理的レベルにまで還元されて管理される事態の現れであっただろう。[85] ここには、国家が引き起こす戦争とそれがもたらす大量死の問題が横たわっている。以下では戦争と死の関係についてヴェーバーがどのように語っているかを「中間考察」を中心に見ていこう。

「中間考察」は、初出は一九一五年であるがその後も修正が繰り返され、[86] 一九二〇年に『世界宗教の経済倫理』の「儒教と道教」のあとに組み込まれた（『宗教社会学論集』第一巻所収）。ここでは、経済・政治・美・性愛・知の諸領域固有の論理が救済宗教の同胞関係と尖鋭に対立する様相が扱われている。ヴェーバーは「死の無意味化（Sinnlosigkeit des Todes）」と対になっている「生の無意味化（Sinnlosigkeit des Lebens）」というテーマを展開し、救済宗教の観点から見た場合、近代人の生がどれほどこの無意味さにさらされているかを描き出した。現世のなかに価値を見出し、「文化」の獲得ないし創造という意味で自己完成を追求する近代人にとって、「まさに彼の死という『偶然的な』時点で意味ある終末に到達しているかについては何の保証もない」。「意味ある終末」とは、アブラハムや封建社会の領主や戦士のように、「生存の一循環を完了」して「地上的完結に到達」できること、「生きることに飽満して」死ぬことができることだとヴェーバーは表現している。しかし文化的諸価値への奉仕を「天職（Beruf）」と考えて果てしのない自己完成を追求することは、無意味な活動を続けることになる呪われた運命でしかない。近代人とは「破滅的な意味喪失」に向き合わざるをえない存在である。偶然に訪れるであろう死の時点で、自分の生に満足することができない可能性の高さゆえに、近代人は死の無意味化すなわち生の無意味化という運命に落込んでしまう(87)。

この問題に対して、救済宗教は現世的な諸価値などには意味を見出さず、誰にでも不可避的に訪れる死に向き合うことで個々人に死の意味を与えうる。しかし戦争もまた個々人に死の意味を与えることができる。ヴェーバーはこの点に宗教倫理と政治の決定的対立点を見ている。戦争は近代の政治的共同体の内部に「一つのパトスと一つの共同体感情」を創出し、それによって兵士たちに「献身と無条件的な犠牲共同体（eine Hingabe und bedingungslose Opfergemeinschaft）」を呼び覚ます。しかもそれは貧しき者たちへの同情の働きと原生的諸団体のあらゆる制限を打ち破る愛の働きををも、大量現象として呼び覚ます。それによって兵士たちは、「死の意味とその聖化に関する兵士のみに固有な感情」、つまり「不可避的に訪れるにすぎない死」に対して、「戦場における死」は「自分はなにごとかの『ために』死ぬのだということが分かっている、とそう信じることができる」ような感情をもたらしうる。戦争は、救済宗教が取り組んできたもっとも普遍的な意味における死の意味づけが成り立つための前提条件、つまり、なぜ死ぬのか、何のために死ぬのかという問いを成り立たせない。何のために死ぬのかは、兵士にとっては自明のことと考えられてしまうからだ(88)。

救済宗教が取り組む不可避的に訪れる死の意味づけに対して、戦場における死には、なぜ今死なねばならぬのかという不条理さがそもそも欠けている。平時において人びとを隔てている共同体内部の境界線が溶解し、何らかの「大義」のために死ぬがゆえに自分の死には意味があると兵士に信じさせうる点で、戦争はたしかに近代人が陥る呪われた運命から脱出する一つの方法となりうる。しかし死の意味を問わなくてもよい、それは自明であるということは、近代人の運命である死の無意味化からの真の救済たりうるのか。彼は次の一文を書き添えている。

意義深く聖化された一連の出来事のなかにこうした〔兵士たちの〕死を加えることの根底には、結局のところ、暴力を行使する政治団体に固有の威厳を支えるためのあらゆる試みがあるのだ。(89)

政治的共同体と死の関係について、ヴェーバーは第一次世界大戦前に執筆された「政治的ゲマインシャフト」の草稿（『社会経済学綱要』に収められる予定だった一節）のなかですでに論じている。ヴェーバーのナショナリズム論・国民国家論としても読めるテキストであるが、そこでは文化・言語または血統の共同といった要素よりも、生死に結びついた「追憶の共同体（Erinnerungsgemeinschaften）」というパセーティッシュな要素こそが、『国民意識（Nationalitätsbewußtsein）』に最後の決定的な特色を与えるものにほかならない」と強調されていた。(90)

戦争において「何のために死ぬのか」という問いかけが重要になるのは、国民国家の成立とともに、二〇世紀の戦争がイデオロギー戦争の様相を帯びたことと関係するだろう。近代徴兵制の整備は国民化された人びとを強制的に戦地に送り込むことになるが、同時に、何のために戦うのか、何のために命を捧げるのかという問いへの答えを用意できなければ、国家は戦争を遂行することが難しくなる。「愛国心」がその役割をはたすことに成功した第一次世界大戦にあって、ヴェーバーの問いかけは明白な国家批判として機能しているわけではないだろう。だが、国家による戦争遂行と「大義」の創出、そして国家による死の意味づけを関連づけるヴェーバーの視点は、国家と暴力の問題を考えるさいにきわめて示唆的である。

しかも「中間考察」の筆致は、政治と宗教倫理との先鋭な対立という構成をとっているがゆえに、国家の権力と権威の獲得・維持という目的が、その内部に生きる人間の個としての存在を限りなく圧縮し、抹消しさえする事態をいっそう際立たせることになっている。ヴェーバーは次のように述べる。古代や中世における農民、領主、そして戦士ならば、その死は彼自身の名においての死とされたことだろう。彼らは「生きることに飽きて」死ぬことができた。その死は一つの地上的完結であった。しかし、近代国家のなかにおける死は――B・アンダーソンが述べるような無名戦士の墓という現象が端的に示しているように(91)――、個人の名における死ではなく、国家の名における大量の死の一つでしかない。ヴェーバーはとくに戦場の死を想定して「人間は死の前では〈平等〉である」という。それは近代国家が新たに創り出した「運命の平等」である。近代国家において初めて登場した「国家市民（Staatsbürger）」とは、官僚制支配のもとで、肉体的生命維持のために最低限必要な生／生存から戦場における死にいたるまでを管理された、物理的な生存と死のレベルで国家によって平準化された存在である(92)。ここに「個人の名においての死」「生きることに飽きた死」が成り立つ余地はない。

第一次世界大戦中から戦後にかけてのヴェーバーの政治的時事論文や講演論文および政治活動からは、外交や内政問題に対する冷静な分析力と展望、さらに新秩序ドイツの制度構想を知ることができる。同時に、こうした政治活動とともに進展した宗教社会学研究を背景に、国家のもとで即物的に平準化される人間にとっての生と死の意味をめぐる問題もまた展開される。近代的国家秩序のなかでの戦場における死は、個人の死に意味を与えるふりをしながら、実はその尊厳も個性も剥奪しているのではないか。国家の暴力性に巻き込まれてしまう個人に対して、自分自身の死の意味を問わなくてもよいと語りかけるのは、近代人の存在が即物的なまでに「無意味」

であることを隠蔽したものにすぎないのではないか——国家と宗教倫理の対立は、彼の政治哲学のなかで生と死の意味をめぐって先鋭化するのである。

2　暴力プラグマと暴力の完全否定

戦争と死の問題は、国家と暴力をめぐる問題に関連している。「暴力の行使はつぎつぎに暴力を呼び起こす」——ヴェーバーのいう「暴力プラグマ（Pragma der Gewaltsamkeit）」は、暴力を内包する国家にこそ当てはまる法則である。[93] 国家はこの法則性にしたがって動き、権力を獲得・維持・拡大することを自己目的とする。

内政の暴力性はしだいに「法治国家秩序」へと客体化される——宗教的に見れば残忍性のもっとも効果的な擬態の一種に他ならないのだが。しかしながら政治全体は、即物的な国家理性、実務規定、そして内外の権力分配の維持という絶対的な——宗教的に見れば、まったく無意味なものと思われることがほとんど避けがたいのであるが——自己目的に方向を定めるものである。それらによってはじめて政治全体は一つの視点を獲得し、また独自の合理的な〔……〕自己情熱を獲得する。[94]

しかし宗教倫理から見ると、こうした政治的領域に固有の目的が「人間の平均的資質、妥協、策略、その他倫理的に不快な手段の利用、とくに人間の利用、ならびにあらゆる目的の相対化」にある以上、[95] それは倫理的要請と相容れず、同胞関係とはかけ離れたものと映る。宗教的に見ればそれは「残忍性のもっとも効果的な擬態の一種に他ならない」のである。どれほど国家が死の意味づけを為そうとも、戦争に端的に現れるような暴力プラグマは、救済宗教にとっては同胞殺戮を美化するだけの無意味で無価値な事柄でしかない。この暴力を内在させた国家に倫理的に対峙するものとして、ヴェーバーは宗教社会学研究のなかでプロテスタンティズムと愛の無世界論に焦点を当てている。

ただしプロテスタンティズムは、現世秩序に敵対的であったとしても、必ずしも暴力そのものと袂を分かつものではない。たしかに、そのなかには原理的に絶対平和主義をとるゼクテもあることにヴェーバーは留意している[96]。しかしプロテスタンティズムにおいては、カルヴィニズムやクロムウェルの事例に見られるように、「暴力と倫理的野蛮に堕している現世」に対して、「暴力という現世に固有な手段」を用いることで神の命令を実行するという解釈が可能である[97]。むしろそれは「国家を、したがって暴力という手段を、神の装置として絶対的に正当化」しさえする[98]。プロテスタンティズムは固有の暴力を有する国家原理と真っ向から対立するものとはいえないのである。

これに対し国家の暴力性に原理的に対立するのは、その反政治性・非政治性の点で徹底したものとみなされる愛の無世界論であり、トルストイの立場である。先に見たように、ヴェーバーが戦前にロシア思想に関連づけた愛の無世界論は、原始キリスト教との結びつきを想起させるものであった。トルストイと結びつけられた山上の説教、とりわけ「暴力でもって悪に抗するなかれ」、一方の頬を打たれたら「他の頬をも向けよ」という聖句は、宗教社会学研究のなかでは、直接イエスの名を挙げて論じられている。原始キリスト教とイエスに関する記述は『宗教的ゲマインシャフト』においても「パリサイびと」においても未完成に終わっているのだが、そこに現れる「普遍主義的に」適用される隣人愛や、「無条件の許し、無条件の施し、敵に対してさえもの無条件なる愛、災禍に対して力をもって抵抗することもない無条件な不正の甘受」といった態度は、「神秘主義的に支えられた愛の無世界論の産物」と捉えられている[99]。これを体現した態度をヴェーバーは、「一切の政治的行為の免れえない暴力プラグマを避ける」立場と表現する[100]。このラディカルな立場は、「暴力はつねにそのうちから暴力を生み出すものであること」、そして、「不正義に対する暴力行使は、その最終結果において、より偉大な正義の勝利へと導くものではなく、より大きな権力や狡猾さを導くものであること」という一般的に経験される事柄によって生じてきた。[101]「暴力でもって悪に抗するなかれ」と簡潔に表現されるように、愛の無世界論の特質は、暴力の完全否定および同胞関係への徹底という要請に集約されるのである。

3　愛の無世界論と国家原理の対立

『職業としての政治』の後半部分でヴェーバーは、「絶対倫理（absolute Ethik）」に言及している。「絶対倫理」は「真実を述べる義務」や「結果」を問題にしない特質をもつとした上で、当時のバイエルン革命政権のＫ・アイスナーが起こした文書公開事件を批判する流れに登場するため、政治の場において純粋な倫理的規準から行動することがもたらす深刻な結果を際立たせるために用いられた印象を受ける。しかしヴェーバーは、「山上の説教」（「福音の絶対倫理」）は「今日この掟を好んで引用する人びとが信じているよりも、もっと深刻な事柄である」と釘をさしている。この宗教的起源をもつ倫理は本来的には敵に対してさえも抵抗せず、あらゆる不正を無条件に引き受けることを要請する。それは政治の場において、また政治家に対して要請されるものではない。しかしこの世の一切の不条理に耐えることを貫くことができた場合には、ヴェーバーはこの倫理を「尊厳の表現（Ausdruck einer Würde）」と認めることにやぶさかではなかった。その点において彼は、愛の無世界論に現れる倫理的なものにひたすら徹する在り方に敬意を表していたといえるだろう。[102]

無世界論的人間愛（akosmistische Menschenliebe）と善意の偉大な達人たちは、ナザレの生まれであれアッシジの生まれであれインドの王城の生まれであれ、暴力という政治の手段を用いようとはしなかった。彼らの王国は「この世のものにあらず」であったが、しかしこの世に影響を与えてきたし、また今も与えているではないか。プラトン・カラタエフやドストエフスキーの聖人の像は今なおこの達人たちのもっとも見事な再構成なのである。(103)

ここに描かれる愛の無世界論は、暴力を退ける態度を徹底することで、国家の暴力プラグマと原理的に対立する。そしてこの立場こそ、「正当な物理的暴力の独占」というヴェーバーの国家規定のまさに対になるものである。ヴェーバーの国家規定は、このような暴力と倫理をめぐる緊張関係のなかから生み出されたといえる。だからこそ一九二〇年に「中間考察」に加筆された部分は、最終的に国家を次のように定義するのである。

「国家」とは、正当な暴力行使の独占を要求する、そうした団体であり、それ以外に定義しようがない。山上の説教にみえる「暴力でもって悪に抗するなかれ」という聖句に対して、国家は「たとえ暴力によるとも、汝は正義の勝利を助くべし。さもなければ不正の責任は汝自身の負うところとならん」という原理を対置する。それを欠くところに「国家」はなく、平和主義的な「アナーキズム」が生まれてくることになるであろう。(104)

「一切か無か」というように、国家原理と愛の無世界論は、暴力をめぐって両極に立っている。この間に妥協は一切ありえないとヴェーバーは考えた。暴力を一切否定する、すなわち国家を含め世俗的文化世界を一切否定するという選択をしないかぎりは、どんな人間も暴力行使の原理に巻き込まれざるをえない。しかし近代文化世界のなかで生きることから退くのは現実にはおよそ不可能なことである。トルストイですら最晩年にそうできただけであるとヴェーバーはいう。[105] それは彼の次のような言葉にも現れている。

合理的文化の技術的・社会的条件のもとでは、ブッダとかイエスとかフランチェスコのような生き方は、純粋に外面的にも、破綻するほかはないように思われる。[106]

実際この過酷な要請は誰にでも引き受けられるものではない。ヴェーバーはこれを宗教的救済において最強度に貴族主義的であるとみなしてもいた。[107] だからこそ彼は、暴力の永久放棄という一貫した態度をとらない者は誰でも、「権力戦争の可能性と不可避性とを含む現世の法則」に自分が結びついていることを認識せよと唱えた。[108] ヴェーバーが『職業としての政治』において平和主義者やサンディカリストやアナーキストを批判した背景には、倫理的理想を政治の手段によって実現しようとするならば、国家の暴力プラグマに巻き込まれることから逃れられないという根本的事態への洞察がある。[109]

だが、国家の暴力に巻き込まれることは、おそらく生の無意味化、死の無意味化というあの近代人の運命と結びついている。合理的文化の技術的・社会的条件のもとでは、誰もが生の無意味化、死の無意味化という人間存在を無化する圧力にさらされる。生の意味、死の意味、さらには幸福の意味への答えは、トルストイのいうように、一切の暴力を否定した、国家を含め一切の世俗的価値を否定するという原理的・究極的な地点にしか存在しない。実際にそこに立つことは誰にとっても不可能とされるこの極点が、まさに逆説的に国家の暴力性という本質を際立たせる。ヴェーバーの政治哲学を彩る政治と倫理の緊張関係はこのような形で浮かび上がるのである。

Ⅵ　おわりに

以上の考察から、「正当な物理的暴力の独占」というヴェーバーの国家規定には、生と死の無意味化という近代人の呪われた運命を前提に、暴力の完全否定を選択するか、もしくは必然的に暴力に巻き込まれる近代合理主義のなかに生きるかという原理的対立が織り込まれていることを明らかにした。国家とは、人間の生と死を即物化する暴力を内包した倫理的なものとは一切無縁の構成体であることが、とりわけ戦争において極限的な形で露わになる。暴力を独占し独自の法則で作動する国家に対して、宗教倫理は、権力による死の要請は究極的には国家の権威を維持することとしか意味しないという。その敵対的な対立関係をつきつめる先に、愛の無世界論は、暴力を否定し、倫理的・人間的なものにひたすらに寄りそう態度として現れてくる。ヴェーバーは、ロシア世界への注目およびトルストイとの知的格闘を経て、さらに宗教社会学研究を進展させていくなかで、最終的にその国家規定に、暴力を完全否定する原理的な反対概念としての愛の無世界論を対置させたのである。

本書第一章でみたように、ヴェーバーの国家規定は、特定の領域内において他の政治団体の暴力を排除し、一元的に権力／暴力を独占することに成功した近代国家を前提にして抽出されたものである。だが本章で論じてきたように、この暴力という概念には、支配のための物理的暴力という意味だけが含まれているのではない。それは「暴力でもって悪に抗するなかれ」という聖句に表されるような、倫理的・人間的なものに徹底することで一切の暴力を否定するという対極的な在り方を対置させた概念でもある。国家が暴力を体現する存在であり、近代世界に生きる人間にとって国家を完全否定する生き方が不可能である以上、政治の要請と倫理の要請との緊張関係は解消不可能なものとして立ち現れる。この問題がヴェーバーの政治哲学を根本的に特徴づけている。そしてそれは『職業としての政治』において心情倫理を批判する文脈にもっとも先鋭に現れてくる。それゆえ第二部では、心情倫理に焦点をあて、政治と倫理の緊張関係のなかから近代的主体がどのように構築され、いかなる特質を帯びる者として現れるのかを見ることにしよう。

[注]

（1）Weber, MWG I/9, Naturrecht. ただしこの概念は一九〇七年のある手紙のなかですでに用いられている。本章注（16）とその対応本文を参照のこと。

（2）ヴェーバーとトルストイの関係について論じたものには、管見のかぎりでは以下の研究が挙げられる。Mitzman 1970（一九七五）; Diggins 1996, pp. 125-131; Hanke 1993; Davydov 1995; Tyrell 1997; Despoix 1998, S. 36-49; 姜 一九八六、五二―五九頁。ミッツマンは、一九一〇年をヴェーバーの思想的ターニング・ポイントとみなし、これ以後カルヴァンという禁欲の神に対して、貴族主義的審美主義と現世的ヒロイズムの神たるニーチェやゲオルゲ、さらに神秘主義的内在の神たるトルストイに引き寄せられていったと解釈する（第九章を参照）。これに対して姜はむしろ禁欲と同胞関係のアンチノミーを強調する。ハンケは、世紀末のドイツ社会におけるトルストイ作品の翻訳部数や読者層の社会史的・文学史的分析を通じてドイツにおけるトルストイ受容の全貌を明らかにした。ヴェーバーとトルストイの関係については、「トルストイの結論」をラディカルな現世否定的宗教としての心情倫理、責任倫理の対抗的引き立て役と位置づけた。Hanke 1993, S. 208. ティレルはこのハンケの業績を認めつつも、ヴェーバーにおいてはトルストイとドストエフスキーを「二卵性」として扱うことが必要だという。彼は、トルストイを「社会的 - 倫理的」側面から、またドストエフスキーを「神秘的 - 論理的」側面で扱う。ダヴィードフはヴェーバーの二つの倫理の枠組において、トルストイの「愛の倫理」がどのような関係をもっていたかを考察した。本書序章注（19）も参照。デポワは、ヴェーバーが倫理的な関心からロシア文学に接近し、とくにトルストイに注目したことで、美的領域と倫理的領域のあいだの親密さと緊張という複雑な関係への鋭敏な知覚を示したことを指摘する。

また、ヴェーバーが注目したロシア文学には、トルストイのみならず当然ドストエフスキーの作品も挙げられる。実際、ヴェーバーがトルストイとその作品に言及するさいにはドストエフスキーとその作品も挙げているため、彼が両者をロシアの精神文化の代表として捉えていたのはたしかである。しかしヴェーバーの著作においては、たとえば「二つの律法のはざま」（一九一六年）や『職業としての学問』（一九一七年講演、一九一九年出版）ではトルストイの名前のみが挙げられている。ホーニヒスハイムも、ヴェーバーはドストエフスキーよりもトルストイとの対決を火急のものとしていたと述べている（Honigsheim 1968, p. 81＝一九七二、一三一頁）。トルストイとドストエフスキーに対するヴェーバーの関心は重なり合う部分も多いが、必ずしも同質のものではない。本章ではトルストイに焦点を絞り、ドストエフスキーについては第五章で扱う。

（3）ヴェーバーのトルストイへの具体的な言及とトルストイの思想に見出した論点については、本章Ⅱ‐2を参照のこと。

（4）愛の無世界論は、一九一三年の『理解社会学のカテゴリー』（一か所のみ）、『社会経済学綱要』の宗教体系論のために執筆され、一九一三年から一九一四年にかけて成立したとされる『経済と社会　経済と社会的諸秩序および諸力　宗教的ゲマインシャフト』（『旧稿』第五章「宗教社会学」）、および一九一五年から一九一七年にかけて『社会科学・社会政策雑誌』に発表され、その後改訂されて一九二〇年以降『世界宗教の経済倫理』（RS I; RS II; RS III）に収められた「儒教と道教」「中間考察」「ヒンドゥー教と仏教」、未完成稿である「パリサイびと」、さらに一九一九年の講演論文『職業としての政治』に登場する。この概念については本書序章注（18）、本章Ⅲおよび注（42）を参照。

（5）敬虔主義（Pietismus）は、カルヴィニズムを基盤にイギリスやオランダおよび西南ドイツに広がり（改革派敬虔主義）、その影響を受けて一七世紀にはシュペーナー（Phillip Jakob Spener, 1635-1705）によるドイツ・ルター派正統主義（Orthodoxie）に対する改革運動となってザクセン地方を中心に広がった（ドイツ敬虔主義）。「倫理」論文にはその多様な史的展開と特質が詳細に論じられている。Weber, MWG I/18, S 346-379（「倫理」二二三―二五五頁）. カルヴァン派との決定的な違いは、宗教の感情的側面が強調された点である。それによりカルヴァン派の「救済の確証」をもとめての禁欲的・合理的・計画的生活態度と思考に比べて、敬虔主義においてはその徹底性の度合いが弱められた。ちなみにヴェーバーの母へレーネの家系が、父方のファレンシュタイン家、母方のスーシェー家ともに、遡ればユグノー派に属し、西南ドイツの敬虔主義の影響を受けていたという（住谷・小林・山田 一九八七、二四―二七頁）。

（6）Weber, MWG I/22-2, S. 288（「宗教」一七四頁）.

（7）Marianne, Lb. とくに第八章参照。

（8）この間の事情については、野崎 二〇一一、とくに第四章から第七章に詳しい。それによると、ヴェーバーは正教授退任（降格）後、ハイデルベルク大学の正嘱託教授という身分になった。ハイデルベルク大学を「退職」したのは、ミュンヒェン大学に赴任する一九一九年である。

（9）Max Weber, Die protestantische Ethik und der „Geist“ des Kapitalismus I, in: *Archiv für Sozialwissenschaft und Sozialpolitik*, Bd. 20, 1904; Max Weber, Die protestantische Ethik und der „Geist“ des Kapitalismus II, in: *Archiv für Sozialwissenschaft und Sozialpolitik*, Bd. 21, 1905. この論文はのちにヴェーバーによって改訂され、一九二〇年に『宗教社会学論集』第一巻に収められた。本書で「倫理」論文と表記する場合は、原則として改訂版に依拠する。初版と改訂版の内容に差異がある場合は、「倫理」初版論文、「倫理」改訂論文として区別する。引用は全集版（MWG I/9; MWG I/18）から行う。

なお、ヴェーバーの病気と研究活動に関連して野崎は、研究論文を執筆しているからといってヴェーバーが病気から解放されたことにはならず、ヴェーバーの生涯に「病後」は存在しないと述べている（野崎 二〇一一、一三三頁）。

（10）‘ein stahlhartes Gehäuse’ の訳語をめぐる議論については以下の文献を参照。Chalcraft 1994; Kalberg 2002, pp. 245-246; 荒川 二〇〇七。大塚訳「倫理」論文では「鉄の檻」と訳されており、パーソンズの英語訳 Iron Cage の影響を受けた訳語と指摘されている（荒川 二〇〇七、八〇頁）。辞書を見ると、Gehäuse は①容器・ケース・側、②かたつむりや貝などの殻、③果実の芯、④（古）住居・建物とでている。Ge- は集合名詞をつくる接頭語であり（ex., Berg（山）→ Gebirge（山脈））、元来は Haus（家）の集合としての Gehäuse（家々）という意味をもった言葉である（cf. 石川 二〇一二、一六一―一六二頁）。原語に即した場合「檻（cage）」と訳すことの問題性を指摘する観点から、たとえば梶山力訳・安藤英治編『プロテスタンティズムの倫理と資本主義の《精神》』は「鉄のように堅い外枠」（三五六頁）、カールバーグは ‘a steel-hard casing’ と訳しており（Kalberg 2002, p. 123）、シャルクラフトは ‘a steel shell /a shell as hard as steel’ を推奨している。本書では、シャルクラフトの訳および Gehäuse に「保護」と「重荷／抑圧」の両義性を読み込む荒川の解釈をふまえ、「鋼鉄の殻」と訳している。

（11）Weber, MWG I/18, S. 486（「倫理」三六五頁）.

（12）こうした視座は最晩年に執筆された『宗教社会学論集』の「序言」にまで及ぶことになる。「いったい、どのような諸事情の連鎖が存在したために、他ならぬ西洋という地盤において、またそこにおいてのみ、普遍的な意義と妥当性をもつような発展傾向をとる文化的諸現象〔……〕が姿を現すことになったのか」。Weber, MWG I/18, S. 101（「序言」五頁）.

（13）Weiller 1994, S. 30.

（14）Weiller 1994, S. 17ff. ヴァイラーはヴェーバーと文学的・芸術的近代の接点を追求し、ヴェーバーをその時代の矛盾した諸見解の「焦点」と見る（ibid., S. 30）。

（15）一九〇七年頃からハイデルベルクに流れ込んできたエロス解放思想にヴェーバー夫妻の周囲の人びとが関わっており、ヴェーバーも必然的に巻き込まれることになった。この動きの中心になっていたのが、S・フロイトの弟子グロスである。彼は、近代的日常生活のなかに非日常的な愛を持ち込もうとすることで、政治と文化の救済を唱えた。彼の思想は、プロイセンの家父長制的権威主義へのもっともラディカルな抵抗として、母権制神話を取り込む形で培われた。その帰結の一つが「性の共産主義」といわれる一夫一婦制の否定である。ヴェーバーはグロスを拒絶する姿勢を示した。当時ヴェーバーは、自然科学的知が社会的・文化的領域へと一元論的に流入し、「『世界観』の生産者」（Weber, Objektivität, S. 167＝「客観性」六六頁）たろうとする事態を強く警戒しており、価値自由にもとづいた精神科学・文化科学の存在意義の確立を喫緊の課題としていた。グロスの思想は性科学やフロイトの精神医学の知見を生活世界へと転用したものであり、ヴェーバーのこの課題に抵触するものであった。

しかし徐々に彼は、近代西洋文化のなかに生きる人間がその生の意味を問おうとする彼女／彼らの姿勢に理解を示すようになる。このグロスの思想に共鳴し彼の愛人となったのがエルゼ・ヤッフェ（旧姓フォン・リヒトホーフェン）である。マックス・ヴェーバーの教え子、エドガー・ヤッフェの妻、マリアンネ・ヴェーバーの生涯の友人であり、アルフレート・ヴェーバーと共同生活をするパートナーとなり、そして晩年のマックスと愛人関係を結ぶ人物である。エルゼはグロスの子ペーター・ヤッフェを一九〇七年一二月二四日に生んだ。ヴェーバー夫妻、エドガー・ヤッフェ、そしてアルフレート・ヴェーバーを巻き込んだ複雑な人間関係が、エルゼとの恋愛・性愛関係を軸に動くことになる。ヴェーバーはこうした体験から性愛の価値と倫理的価値との緊張関係について思索を深め、その結晶の一つが「中間考察」に現れることになる。そこに見られる論調からうかがえるのは、合理化する近代世界のなかでは、グロスの提起する従来の性的規範の解体によってこうした緊張関係が解消されるなどと、ヴェーバーは決して考えなかったということである。Cf. Green 1974; Sombart 1976; Schwentker 1988（一九九四）; Chohuj 1995; Breuer 1995. またグロスの思想を扱ったものとしては以下を参照。Mitzman 1977.

（16）Weber, Brief an Else Jaffé vom 13. September 1907, in: MWG II/5, S. 402-403.

（17）Despoix 1998, S. 16.

（18）MWG I/10, Einleitung, S. 6-8. キスチャコフスキーはウクライナの民族的自治主義者のグループに属し、ウクライナの「民族的文化自治」を唱えたドラホマーノフの影響を受けていた。一八九五年以降、G・ジンメル、W・ヴィンデルバント、G・イェリネクのもとで新カント派哲学や法学を学ぶ。一九〇一年からハイデルベルクに滞在してイェリネクのゼミナールに参加し、ヴェーバーと親交を結んだ。キスチャコフスキーについては、小島定が詳しく紹介している（小島一九九八a、一七〇―

一七五頁）。また小島は、現代ロシアにおけるヴェーバー研究の動向、一九二〇年代のヴェーバー研究の動向、帝政期におけるヴェーバーと同時代人の交流について包括的に論じている（小島 一九九八ｂ、一九九九、二〇〇〇、二〇〇二）。ヴェーバーとロシアの関係については他にも以下の文献を参照。Pipes 1955; Mommsen 1997; Weiß 1997; 袴田 一九九八、肥前 一九九九、田中 二〇〇一、小島 二〇〇八。また、議会制の導入、皇帝専制体制から権力分立を伴う立憲君主制へ移行を志した一九〇五／〇六年ロシア革命について、改革プランの形成や改革プロセス（議会設置、内閣制度の成立、選挙制度）の観点から辿ったものとして、加納 二〇〇一も参照。

(19) 一八九〇年代までロシアは西方への領土拡大と西洋化のため、ヨーロッパからの移住受入国であった。職業は広範に及んだが、とくに科学アカデミー、芸術院、大学、学校、大工場、諸官庁が外国人の支配するところとなる。「新しいロシアのエリート層の形成は、外国人の血が多量に流れ込むことなしには不可能だった」のである（ヴェイドレ 一九七二、八三頁）。

　この流れが逆流しはじめるのが一八八〇年代である。ロシア政府による強力なロシア化政策の結果、一八六〇年から一八八九年には一二万九〇〇〇人、一八九〇年から一九一五年には、三三四万八〇〇〇人のロシア人が国を去っている。こうした新しい出国移住者のうち半分はユダヤ人であり、大半がアメリカ合衆国に向かった。ヨーロッパにおいてはドイツが最大の移住受入国となっており、ドイツの人口調査によると一八八〇年には一万五〇九七人、一九〇〇年には四万六九七一人、一九〇五年には一〇万六六三九人、一九一〇年まで一三万七六九七人のロシア人がドイツに住んだ。これはヨーロッパ在住ロシア人総数の半分以上を占める数値であった。Cf. Williams 1966, pp. 121-122; Williams 1972. ウィリアムズによると、伝統的にはドイツ思想・ドイツ哲学に引き寄せられた上流階級のロシア人がドイツに留学したが、一九〇〇年以後は、中産階級出身者（その多くはユダヤ人）が中心勢力となった。彼らは医学、科学、技術、法を学んだ。一九〇〇年から一九一四年の間にロシア人学生は三倍に膨れ上がり、また外国人学生のうちの半分を占め、そのうちの大半がユダヤ人だったという（Williams 1966, p. 126）。

(20) ロシア人読書室（Russische Lesehalle）は一八五〇年頃創設されたロシア文化センターである。在独ロシア人の政治討論の場であり、「解放同盟」や「立憲民主党」に近い自由主義者が多かったとされる。Cf. MWG I/10, Einleitung, S. 5ff; Birkenmaier 1995. 当時の読書室の様子については、たとえば次の文献を参照。Stepun 1961, S. 87.

(21) MWG I/10, Einleitung, S. 24-25, Editorischer Bericht, S. 78; 小島 一九九八ａ、一六八―一七〇頁、小島二〇〇〇ｂ、一二四―一二六頁。

(22) Weber, Brief an Hermann Graf Keyserling vom 21. Juni 1911, in: MWG II/7, S. 238.

(23) Honigsheim 1968, pp. 80-82（一九七二、一二九—一三一頁）.

(24) トルストイの反近代的・反教会的・教義から自由なキリスト教思想が、自由宗教運動の担い手ディーデリヒスの志向と合致した点については以下を参照。Hanke 1993, S. 41-42.

(25) Hanke 1993, S. 47-50, S. 57-58.

(26) Weber, Brief an Helene Weber vom 13. oder 14. April 1906, in: MWG II/5, S. 75.

(27) Weber, MWG I/10, S. 677（「外見的立憲制」二四八頁）.

(28) Weber, MWG I/10, S. 124, S. 248, Anm. 79（「市民的民主主義」二二頁、二三一頁、注七九）. トルストイ思想は、一八七〇年以来数十年のうちに広まり、ロシアにおいてはとくに南部農民層を中心に受容され、農本‐革命的な性格を示したという。Cf. Weber, MWG I/10, S. 244（「市民的民主主義」一一二頁）. 小島修一の指摘によると、ヴェーバーはロシアの農業・農民問題について、とくに共同体や生計原理・慣習法に注目する「農民的共産主義」論を精力的に論じたという。また「農民的共産主義」論がトルストイやドストエフスキーらのロシア思想への関心と結びついていた可能性も指摘されている（小島 一九九九、一三四頁、注一四）。

(29) Tyrell 1997, S. 34.

(30) Weber, Brief an Heinrich Rickert vom 11. Dezember 1909, in: MWG II/6, S. 333. ヴェーバーは母へレーネに宛てた手紙のなかで「私は今書いていて（『トルストイ』についてはまだ書いていませんが、まもなく書くでしょう）、春には終わらせなくてはなりません」とある。Weber, Brief an Helene Weber vom 12. November 1911, in: MWG II/7, S. 343; Marianne, Lb. S. 473（「伝記」三五二頁）. ホーニヒスハイムは、すでに戦前においてヴェーバーから直接、いつかきっと自分はトルストイについて原理的に意見を表明しなくてはならないだろうと聞かされたと述べている。Honigsheim 1968, p. 82（一九七二、一二九—一三一頁）. しかしヴェーバーはトルストイ論について書くことはなかった。

(31) Cf. Weber, Brief an Heinrich Rickert vom 24. Juli 1911, in: MWG II/7, S. 250, Anm. 1; MWG I/10, Einleitung, S. 24.

(32) ヴェーバーがトルストイを見出す以前のトルストイ的テーマとしては、アメリカの神学者W・チャニング（William Ellery Channing, 1780-1842）に対する彼の関心を挙げることができる。伯母イダ・バウムガルテンの推薦からチャニングを読みはじめ、彼の著作によって宗教に「客観的という以上の興味」を呼び起こされたにもかかわらず、ヴェーバーはチャニングの国家観、とくに彼の平和主義には徹底して反発した。ヴェーバーは、チャニングのように戦争を唾棄すべきものとみなし職業軍人を人殺しと同列に置くならば、戦争は人間性を獲得することは決してないと批判する。この種の議論は、「神の秩序」たるキリスト教の要請を「人間の秩序」たる国家や社会のなかで唱えることで、解決不能な矛盾を誘発するものである。この矛盾の解決を求めて努力することは、個人に内的な力を意識させうるが、社会秩序を考慮しない結果となり、「自分の自我」に依拠することになる。ここには、晩年のヴェーバーにまで続く、「人間の秩序」と「神の秩序」の間の緊張関係に対する見解、および心情倫理概念へと昇華される見解の萌芽が見てとれるだろう。Weber, Brief an Helene Weber vom 8. Juli 1884, Brief an Helene Weber vom 6. Dezember 1885, in: Jb. S. 120-121, S. 191-193（「青年時代」一三二―一三三頁、二〇八―二一〇頁）. Marianne, Lb. S. 91-97（「伝記」七〇―七四頁）.

（33）ハンケは、ヴェーバーのトルストイへの注目を三つの局面に整理している。すなわち、①生に対する意味づけの問題に関わる倫理的アプローチ、②ヨーロッパの合理主義とロシア正教的な同胞関係の対比としての文化哲学的アプローチ、③ロシアの理念にヨーロッパの救済可能性をみる倫理‐革命的打開策である（Hanke 1993, S. 180）。本章では、①と②の局面が関わってくる。③については、トルストイというよりもドストエフスキーとの関連で扱われるべき問題と考えられるため、本研究では第五章で扱うことになる。

（34）第二の問題については、戦前のドイツ平和運動にトルストイが与えた影響、平和主義者が「文学的デザート（literarisches Dessert）」としてトルストイを消費することへのヴェーバーの批判（cf. Weber, Brief an Heinrich Simon vom 15. November 1911, in: MWG II/7, S. 348）、戦争をめぐるキリスト教平和主義と祖国愛との葛藤についてのノルトベックとボイマーの論争に対して、「トルストイの結論（die Konsequenz Tolstois）」に立たない者は誰でも闘争を内包する「現世の法則」に結びついているというヴェーバーの見解などが関わってくる。Weber, MWG I/15, S. 97-98（「律法」一六三―一六四頁）. 政治的文脈においてヴェーバーは、政治のなかに道徳的要素を持ち込む態度を徹底して批判するためにトルストイに言及している。本研究ではこの点について論じる余裕がないが、参考文献としては以下を参照。Bäumer 1915; Nordbeck 1916. この論戦に関してはマリアンネ・ヴェーバーも「倫理的問題としての戦争」を一九一六年に『女性』誌に発表している（Marianne Weber 1916; ibid 1919, S. 157-178）。ボイマーとマリアンネ・ヴェーバーはドイツ女性団体連合（ＢＤＦ）の幹部であり、『女性』はＢＤＦ機関紙である。山田 一九七〇、中村 二〇〇五、佐野 二〇〇七、二九―三九頁参照。

（35）Weber, MWG I/10, S. 124（「市民的民主主義」二一二頁）. ヴェーバーはソロヴィヨーフ（Vladimir Solovyov, 1853-1900）の思

想を引合いに出して、「結果倫理（Erforgsethik）」を絶対的に拒否する「汎道徳主義（Panmoralismus）」という概念を提示する。後年の責任倫理と心情倫理の原型という評価もなされる。だが少なくとも後年のヴェーバーは、心情倫理をロシア人の傾向を説明するものとして使用したわけではない。ロシア論に登場する汎道徳主義と心情倫理は、重なる要素はあるにしても必ずしも同質の概念とはいえないのではないか。その理由は以下のとおりである。「ソロヴィヨーフ的汎道徳主義」という言葉が出てくるように、「汎道徳主義」はソロヴィヨーフの思想と関連づけて理解されている。彼はロシア皇帝を戴く東方正教会とローマ法王を戴くカトリック教会が統一された、神政制の普遍公教会を唱えた宗教哲学者である。その理念追求のために、ロシア民族は人類を内面的に統一する普遍的使命を担うと主張した。たとえばセルゲイ・レヴィーツキイはソロヴィヨーフの汎神論のなかに世界悪に対する鈍感さを見てとっている（レヴィーツキイ 一九九四、二六〇頁）。またルカーチは、トルストイとドストエフスキーの文学的な具象性と対応し補完するような哲学的・思想的な具象性を期待しているのに、ソロヴィヨーフの思想にはそれが見出せないこと、「個人主義の克服されるべき問題性、つまり自己喪失や孤独や神に見捨てられていることの悲劇性」がどこにも強烈な表現を見出せないことを指摘している（Lukács 1916/17, S. 979= 一九七五、二四〇頁）。この点と関連して、「倫理とは無関係な価値の可能性すら容認しようとしない態度」というのは、つきつめれば政治その他の領域との緊張関係を認めない立場にもなりうる。しかし本書第三章で見ていくように、心情倫理はまさにその緊張関係を内在させる倫理である。それは、倫理的に非合理な罪に満ちた世界に対して、まさに倫理的主体としての個人の在り方に焦点をあてる概念なのである。

(36) 他の箇所でヴェーバーは、別の視角からロシア正教会について分析している。①この教会が西洋におけるように国家権力の対抗相手にはなりえず、つねに国家権力の介入にさらされていたこと、②ローマ教皇制とはちがって、独自の「統一的で権威のある裁判権」をもたなかったこと、③さらに禁欲の合理化を推進しうる修道会制度が欠如したことを挙げている。その結果として、ロシアの民主化を主張する自由主義的知識人たちのバックボーンにはなりえないことを指摘している（Weber, MWG I/10, S. 155-163=「市民的民主主義」四四―四六頁）。ただし一九〇九年には『道標』論文集（ブルガコフ、ストルーヴェ他 一九七〇）が刊行されるなど、この時期には知識人によるロシアの宗教文化の見直し、宗教回帰の動きも見出せる。「道標」グループ（ネオ・スラヴ派）にはセルゲイ・ブルガーコフらが属しており、ソロヴィヨーフがその思想的シンボルであった。キスチャコフスキーも一九〇九年の論文集には寄稿しているが、その後このグループから距離をおいた。ヴェーバーはロシア革命論のなかでこのグループの思想動向にも大きな関心を寄せていた。「道標」グループについては以下を参照。根村 一

九九二、小島一九九八a、一九五―二一一頁、小島二〇〇〇b。

(37) カルヴィニズムの貴族主義的・カリスマ的原理からゼクテとの内面的近接性を指摘したものとして以下も参照。Weber, MWG I/22-4, S. 670（「支配Ⅱ」六四六頁）.

(38) Weber, MWG I/9, Naturrecht, S. 756.

(39) Weber, MWG I/9, Naturrecht, S. 757.

(40) Weber, MWG I/9, Naturrecht, S. 762.

(41) Weber, MWG I/9, Naturrecht, S. 756-757.

(42) Liebesakosmismus という概念について、Liebe が何を意味するのか、またなぜ Liebe と Akosmismus が結びつけられたのかという問いがある（本書序章注（18）参照）。本文で見るように、Liebe 概念にはロシア宗教思想やロシア文学の影響が強く推定される。これがどのような「愛」なのかを解釈するにあたって――すでに深澤が指摘していることだが――ルカーチ「精神の貧しさについて（Von der Armut am Geiste）」が示唆を与えてくれるだろう（cf. 深澤一九九五）。この小品のなかでは「愛」ではなく「善」が語られているのだが、ヴェーバーのいう「永遠なるもの、無限なるもの、神性なるもの」に近づく「無定形の形式をなさない愛の関係」と共鳴する内容が含まれている。ただし、ヴェーバーの議論は一九一〇年であるが、ルカーチの作品はハンガリー語版が一九一一年、ドイツ語版が一九一二年に発表されており、彼自身がヴェーバー・クライスに参加するのも一九一二年からである。よって両者は邂逅前にそれぞれの立場からロシア文学に接近し、「愛」や「善」についての考察を加えていたことになる。ヴェーバーは一九一四年にはルカーチのこの作品を読んでおり、そこではドストエフスキー『カラマーゾフの兄弟』とルカーチのこの作品が同じテーマを扱っていると指摘している（Weber, Brief an Marianne Weber vom 5. April 1914, in: MWG II/8, S. 595-596）。ただしここでのヴェーバーのドストエフスキーへの関心は「愛の無世界論」にあるというよりは、善き行為と結果とのパラドックスに向けられており、そのテーマは『職業としての政治』にも流れ込んでいる。

　ルカーチは作品のなかで、「倫理」は「生の混沌」から人間を「義務」という「形式」へと枠づけるが、それに対して「善」はその「形式」を破壊することができるという。この善の内容について彼はソーニャ、ムイシュキン、アリョーシャといったドストエフスキーの作中人物の名を挙げつつ次のように述べる。「善良な人間は、もはや他人の魂を解釈したりはしません。かれは、自分自身の魂を読むのと同じように、他人の魂を読むのです。かれは他人になったのです。だからこそ、善良さは奇跡なのです。恩寵であり、救済なのです。天国が地上に降りてくることなのです。こう言ってよければ、真の生、生きた生なのです――。〔……〕それは倫理を脱却することなのだ。善良さとは、倫理的カテゴリーなどではないのだ」。Lukács 1912, S. 71-75（一九七五、一八二―一八五頁）.

倫理／義務／形式と善との対比は、ヴェーバーによる「政治的、社会的、倫理的、文学的、芸術的、家族的に形式を与えられた生」と、その基層における世界の意味が喪失するような混沌とした無定形な生との対比と相似している。「生の混沌」や無定形な生の基層にヘーゲルのいう無世界論との接点を見出せるかもしれない。ただし、ヘーゲルがスピノザを規定した無世界論は、神だけが唯一実体として在り、世界の個物性はその存立根拠を消失していくという知性主義の産物であった。しかしロシア思想と関連づけられた無世界論に知性主義は見出しがたい。反知性というよりは無知性であり、ルカーチの言葉でいえば、われわれの生を規定するもろもろの「形式」を破壊する「純粋さ」である（ここでいわれる愛は家族的な愛、性愛的な愛ではない。家族もまた形式であり、性愛的な愛も、形式を破りうる力を秘めているとはいえ、特定の誰かを愛の対象として限定する）。無知性と純粋さとを内在させる無世界論は、世界の諸秩序を形成し差別化し階層づける境界線、また自我と他我とを区別する一切の境界線を踏み越え消去させ、混沌とした無形式の基層へと目を向けさせるものである。それゆえに、「誰彼を問わない任意の人」、この世界においてもっとも虐げられ見捨てられた不特定の他者へと向かう力をも内包しているといえるだろう。

（43）Weber, MWG I/9, Naturrecht, S. 762.

（44）Weber, MWG I/9, Naturrecht, S. 762-763.

（45）Weber, MWG I/9, Naturrecht, S. 762.

（46）Weber, MWG I/22-2, S. 384-385（「宗教」二七四―二七五頁）.「倫理」論文においても、カルヴィニズムによる慈善の排斥は「隣人愛」に対する独特の解釈が関わっていたと指摘されている。カルヴィニズムでは「隣人愛」が神の栄光への奉仕と捉えられ、神の栄光を増すためには、非人格的で社会的実益に役立つ職業労働に勤しむことが必要だと考えられた。「被造物神化と人格的な人間関係への執着に対する激しい嫌悪」がカルヴィニズムを特徴づけており、そこでは隣人に対する「人間性」は廃棄されてしまった。Weber, MWG I/18, S. 288-294, Anm. 116（「倫理」一六五―一七二頁、注一）. その事例として挙げられる、孤児たちが道化師の格好で行進させられたというオランダの孤児院の様子については、以下も参照。Weber, Brief an Marianne Weber vom 14. Juni 1903, in: MWG II/4, S. 102.

（47）Weber, MWG I/22-2, S. 379（「宗教」二七一頁）.

（48）Weber, MWG I/22-2, S. 385-386（「宗教」二七五―二七六頁）.

（49）Weber, Brief an Hermann Graf Keyserling vom 21. Juni 1911, in: MWG II/7, S. 238.

（50）Weber, MWG I/10, S. 271（「市民的民主主義」一三六頁）.

（51）Weber, MWG I/10, S. 273（「市民的民主主義」一三九頁）.

（52）主知化・合理化の進展する近代西洋文化世界に対して、異なる可能性を秘めた国としてのロシアが対置され、そのロシア精神を体現する人物の一人としてトルストイが取り上げられる――こうした構図はヴェーバー以外にも見出すことができる。たとえば、思想的な立場は異なるとはいえ、カイザーリンク（Hermann Graf von Keyserling, 1880-1946）――一九〇〇年にハイデルベルクに留学し、一九一一年前後ヴェーバー家を訪問するなど、ヴェーバーと交流があったバルト・ドイツ人――は次のように論じている。「いまや人間は自分の望みを経営のなかで、自分の理想を現実の諸力のなかで変換しようとする。それゆえわれわれにあっては、愛と正義は制度のなかに、知は技術のなかに客体化される。可能なるものが組織や工場のなかに客体化されるのである」。このプロセスが、「あらゆる生の諸力の完全なる客観的形式を生み出」し、「その結果、主体性一般は考慮の対象にならなくなり、あらゆる自由な努力は、自動機械を通じて先取りされてしまうだろう」。そしてこの事態が呼び覚ます「複雑な対抗運動」の一つとして、「いかなる組織化も不可能な素朴なロシア農民」へと目を向けさせるのだ、と。「ロシア――素朴な農民たちのロシア――は今日おそらく唯一の、神に近いキリストの王国なのである」。Keyserling 1923, S. 266, S. 815-816. カイザーリンクはロシアの神秘主義的・瞑想的な傾向を「すべての深い本質的な生の諸力が個人を超え、国民を超えている」と評している（ibid., S. 857）。カイザーリンクについては以下も参照。生松二〇〇〇、一九一―二〇五頁。

（53）Williams 1966, p. 127.

（54）その多くは一九〇五年以降ロシアに帰国し、またそこで展開される政治は「ドイツに敵対的な新中産階級のナショナリズム」に彩られたという。Williams 1966, p. 130. ヴェーバーやイェリネクと交友関係をもった者としては、たとえば一九〇一年以降ハイデルベルク大学のイェリネクのもとで国法学を学び、ヴェーバーとも親交をもったキスチャコフスキーが挙げられる。本章注（18）も参照。

（55）Hanke 1993, S. 188.

（56）この草稿はヴェーバーの死後、『経済と社会（*Wirtschaft und Gesellschaft*）』としてマリアンネ・ヴェーバーとJ・ヴィンケルマン編集のもと出版された。

（57）MWG II/9, Einleitung, S. 2, S. 8.

（58）Weber, Brief an Karl Oldenberg vom 28. August 1914, in: MWG II/8, S. 782; Weber, Brief an Ferdinand Tönnies vom 15. Oktober 1914, in: MWG II/8, S. 799.

（59）パウル・ジーベックの息子ロベルトの死、義弟ヘルマン・シェーファーの死への弔意の手紙を参照。Weber, Brief an Paul Siebeck vom 7. September 1914, in: MWG II/8, S. 787; Weber, Brief an Lili Schäfer vom 8. September 1914, in: MWG II/8, S. 791.

（60）MWG II/10, Einleitung, S. 18-20.「序論」「儒教と道教」「中間考察」から成る『世界宗教の経済倫理』に「序言」と「倫理」論文が収められた『宗教社会学論集』第一巻（RS I）が一九二〇年に出版された。この論集の第二巻（RS II）に『世界宗教の経済倫理』の「ヒンドゥー教と仏教」、第三巻（RS III）に「古代ユダヤ教」「パリサイびと」が収められている。

（61）Max Weber, Die Wirtschaftsethik der Weltreligionen, Einleitung, in: *Archiv für Sozialwissenschaft und Sozialpolitik*, Bd. 41, 1916, S. 1. この部分は一九二〇年の改訂を経た後には、「誰にとっても人生の転換期を意味した戦争が終ったあとでは、かつての時代の思想系列に立ち戻ることは不可能であるように思われる」と書かれている。Weber, Die Wirtschaftsethik der Weltreligionen, Einleitung, in: MWG I/19, S. 83, Anm. 1.

（62）Mommsen 1994, S. 5.

（63）MWG II/10, Einleitung, S. 5-6.

（64）Cf. Max Weber, Das neue Deutschland, Rede am 1. Dezember 1918 in Frankfurt, Erster Bericht der Frankfurter Zeitung, in: MWG I/16, S. 379-383（「新しいドイツ」五三四―五三八頁）; Max Weber, Rede am 5. Dezember 1918 in Wiesbaden, Bericht der Wiesbadener Zeitung, in: MWG I/16, S. 393-395; Max Weber, Deutschlands Vergangenheit und Zukunft, Rede am 4. Januar 1919 in Karlsruhe, Bericht des Karlsruher Tagblatts, in: MWG I/16, S. 438-441; Max Weber, Der freie Volksstaat, Rede am 17. Januar 1919 in Heidelberg, Bericht des DDP-Ortsvereins /Heidelberg, in: MWG I/16, S. 461-467.

（65）イレデンタについてたとえばヴェーバーは次のように発言している。「今ポーランドはダンツィヒとトルン、またチェコはライヒェンベルクに進軍してくるはずで、その事の重大さは、ドイツのイレデンタが呼び覚まされなければならないということなのです。わたしはそうすることはできないでしょう。というのもわたしは健康的に戦争には役に立ちませんから。けれどもどんなナショナリストもそうしなければならないし、とくに学生はそうです。イレデンタとは、革命的な暴力手段をともなったナショナリズムのことです。おそらくそれはあなたにとっては『戦争』として感じられることでしょう。けれどもそれは同じものであり、それをわたしは自明のことと考えているし、公でもそう発言しております」。Weber, Brief an Kurt Goldstein vom 13. November 1918, in: MWG II/10, S. 301-302. 一九一八年一月に発表されたウィルソン米大統領の一四か条にポーランド独立が組み込まれた。その後、一九一八年一〇月にはポーランドの領土要求に関して帝国議会で論争が起きている。また一一月には東部ドイツ地域におけるポーランドの軍事的動向に関して新聞報道が増大した。ライヒェンベルク（チェコ語ではリベレツ）はドイツ系住民居住地域にある（Deutsch-Böhmen）。ハプスブルク帝国の崩壊により一時ライヒェンベルクを中心に独立宣言がなされたが、一二月にはチェコ軍によって占領された。ヴェーバーは東部におけるドイツ領土の分離と占領への動きに抗して、学生や若い世代に暴力を用いた祖国防衛の抵抗運動を呼びかけたのである。Cf. MWG II/10, S. 301-302, Anm. 9-11.

(66) モムゼンは革命に対するヴェーバーの態度を三段階に分けて追うことができるという。それによると、第一段階（一九一八年一一月）は、革命的事件とそのドイツ帝国の国際的状況への影響に対して感情的に抵抗した段階、第二段階（一九一八年一一月末—一二月）は、多数派社会民主党との実際的な協調範囲を定めるという努力と結びついて、「人民委員評議会」から地方の労兵評議会にいたるまでの革命的事件と革命の担い手に対して、実際的な立場を取った段階、第三段階（一九一八年一二月初め—一九一九年一月）は、社会主義的秩序への移行という理念への体系的な批判と結びついて、社会民主党と左派ラディカル集団に対してあらためて厳しい批判がなされた段階である。彼の決然たる反社会主義的表現はあきらかに民主党のための選挙戦術の観点の影響下にあり、デマゴーグ的な議論から自由ではなかったという。モムゼンは、ヴェーバーが一時的であったとはいえ、多数派社会民主党勢力と進歩的市民層の協調を支持したことを積極的に描いている（cf. Mommsen 1994, S. 10ff）。

(67) ヴェーバーが社会民主党に対する態度を軟化させたことを反映するものとして、「倫理」初版論文にはあった、社会民主党内の規律と資本主義的な工場内規律との類似性を指摘した脚注が、一九二〇年の「倫理」改訂論文では削除された事実も挙げることができる。Weber, MWG I/9, S. 151, Anm. 26（「倫理初版」九八頁、注一）. Cf. Chalcraft 1994, pp. 28-29.

(68) Mommsen 1994, S. 21. ヴェーバーの唱えた人民投票的大統領制と連邦制に対して、モムゼン『マックス・ヴェーバーとドイツ政治』（Mommsen [1959] 1974）は前者の人民投票的大統領制を強調することで、ナチズムとヴェーバーの関連性を浮かび上がらせていた。しかしこの一九九四年の講演論文においては、英雄待望論が当時のリベラルな知識人共通のものであったとしてヴェーバーの独自性を薄めている。その代わりにモムゼンは、後者の連邦制のほうをヴェーバーのオリジナルでかつ後世への影響の大きかった提案だったと評価する。モムゼンの著書（Mommsen［1959］1974）は、人民投票的大統領制を唱えたことによってヴェーバーがナチズムに対して無関係ではなかったことを論証しようとした作品であり、ヴェーバー研究史に与えたそのインパクトの大きさを考慮すると、モムゼン自身のこの解釈変化の意義は大きいと思われる。

（69）MWG I/16, Einleitung, S. 3.

（70）Max Weber, Deutschlands Vergangenheit und Zukunft, Rede am 4. Januar 1919 in Karlsruhe, Bericht des Karlsruher Tageblatts, in: MWG I/16, S. 441.

（71）Marianne, Lb, S 663-665（「伝記」四八七―四八九頁）; MWG I/16, Einleitung, S. 34.

（72）Lepsius 1977, S. 104-105（一九七八、六六―六七頁）.

（73）MWG II/10, Einleitung, S. 19.

（74）Weber, Brief an Marianne Weber vom 16. Juni 1919, in: MWG II/10, S. 647.

（75）Max Weber, Zeugenaussage im Prozeß gegen Ernst Toller, Zeugenaussage im Prozeß gegen Otto Neurath, in: MWG I/16, S. 485-495; MWG II/10, Einleitung, S. 21-22.

（76）Max Weber, Erklärung zum Fall Arico am 23. Januar 1920, in: MWG I/16, S. 274-278; MWG II/10, Einleitung, S. 11-12.

（77）MWG II/10, Einleitung, S. 18-20.

（78）Weber, Brief an Mina Tobler vom 3. August 1919, in: MWG II/10, S. 711; MWG I/16, Einleitung, S. 35.

（79）Max Weber, Sachliche（angeblich: „politische“）Bemerkungen am 19. 1.［1920 zum Fall Arco］, in: MWG I/16, S. 273.

（80）Weber, Briefe an Carl Petersen vom 14. April 1920, in: MWG II/10, S. 986.

（81）Mommsen 1994, S. 18.

（82）MWG I/17, Einleitung, S. 18.

（83）全集版序論では、晩年の講義として残されている国家論／国家社会学を念頭に政治理論への貢献も指摘されている。Cf. MWG I/17, Einleitung, S. 18. ヴェーバーが政治家としての適性をもっていたかについては、筆者は全集版と同意見である。しかし急逝しなかった場合でも、完全にアカデミックな世界に入ることはなかったであろう。ドイツ国民に対する政治教育への関心は彼の生涯を通じて続いたであろうし、戦時中のように、政治的時局に対して積極的に時事論文を発表するといった形で〈政治〉に関わり続けたと思われる。もしナチス期（一九三三―一九四五年）に彼が生きていたとしたら――六八歳から八一歳になっていたはずだが――、ナチスの台頭に対して公的に警告を発したF・テニエスとよく似た行動をとったのではないかという指摘もある。テニエスは一九三二年に社会民主党（ＳＰＤ）に加入したが、大学教授職を罷免され困窮のなか一九三六年に死去した（cf. Meurer 2013, S. 78-79）。レヴィットも、ヴェーバーは国民社会主義との戦いを躊躇しなかったであろうと述べている（レヴィット 一九七一、一八七―一八八頁）。

ただしナチズムとヴェーバーの関係は――本書では手に余ることであるが――一面的には論じられない。ロートは、マリアンネ・ヴェーバーが「国民社会主義者にはならなかった」が「ナショナリストではあり続けた」点を強調する。マックス、アルフレート、マリアンネらは「ドイツ国民国家とドイツ的なるもの（Deutschtum）に同一化し、それらを最高に政治的価値のあるものとみなした世代」である。ロートは、アーレントがヤスパースに対して書いた手紙を対比させて、その世代特有の精神構造を浮かび上がらせようとしている（Roth 1996）。ロートが引用したアーレントの手紙は次のような内容である。「ドイツの再起のためには悪魔そのものとでも手を組むだろうというマックス・ヴェーバーの堂々たる文を読むときには、私はそれにたいして距離を置く義務があって、賛成も反対もできません」（Hannah Arendt, Brief an Karl Jaspers vom 1. Januar 1933, in: Arendt, Jaspers 1985=二〇〇四、一八頁）。

（84）Cf. Max Weber, Rußlands Übergang zur Scheindemokratie, in: MWG I/15, S. 238-260（「ロシアの外見的民主主義への移行」一四三―一七二頁）．一九一七年四月二六日に *Hilfe*, 23 Jg, Nr. 17 に公表。Max Weber, Die russische Revolution und der Friede, in: MWG I/15, S. 291-297（一九九七「ロシア革命と講和」一七三―一八三頁）．一九一七年五月一二日に *Berliner Tageblatt*, Nr. 241 に公表。

（85）Weber, MWG I/15, S. 464（「新秩序」三六三頁）．

（86）推敲については、たとえば一九一九年二月のエルゼ・ヤッフェ宛ての手紙で、エロティークに関する部分について彼女の批評を求めている。Cf. Weber, Briefe an Else Jaffé vom 18. Februar 1919, 25. Februar 1919, in: MWG II/10, S. 463, S. 482.

（87）Weber, MWG I/19, S. 518-519（「中間考察」一五七―一五九頁）．同じテーマは『職業としての学問』でもトルストイを援用することで繰り返されている。「死が無意味なものであるから、まさにその無意味な『進歩性』を通じて、死を無意味なものへと刻印づける文化生活そのものもまた無意味なものとなる」。Weber, MWG I/17, S. 88（「学問」三五頁）．

(88) Weber, MWG I/19, S. 492-493（「中間考察」一二〇―一二一頁）.

(89) Weber, MWG I/19, S. 493（「中間考察」一二一頁）.

(90) Weber, MWG I/22-1, S. 206（「政治的共同体」一七七―一七八頁）.

(91) Anderson［1983］1991, pp. 9-10（一九九七、三二頁）.

(92) Weber, MWG I/15, S. 371-372（「選挙法」二八七頁）.

(93) Weber, MWG I/19, S. 498（「中間考察」一二九頁）. あるいは「『権力‐プラグマ』の法則（die Gesetzlichkeit des „Macht-Pragma"）」も使われている。Weber, MWG I/15, S. 98（「律法」一六四頁）. ヴェーバーは、政治団体が奸計や陰謀などあらゆる非道徳的な手段を駆使してでも政治権力を獲得・維持・拡大しようとし、またそうした固有の法則にしたがうものであることを、政治団体の本質であり絶対的自己目的とみなす。彼はPragmaを多様な意味で用いるが、ここでは権力や暴力の「行使」「実践」「実行」等の意味で捉えておく。インドの君主のMacht Pragmaについて説明する以下の箇所も参照。Weber, MWG I/20, S. 234-235（「ヒンドゥー教」一八七―一八八頁）.

(94) Weber, MWG I/22-2, S. 401（「宗教」二九〇―二九一頁）.

(95) Weber, MWG I/22-2, S. 389（「宗教」二八〇頁）.

(96) Weber, MWG I/17, S. 244（「政治」九六―九七頁）. ここでは暴力手段を拒否した徹底的平和主義のクェーカーが、暴力手段を正当化した「普通の（normal）」プロテスタンティズムと区別されている。クェーカーの平和主義については、宮田一九九六b、二四五頁以下参照。

(97) Weber, MWG I/19, S. 493（「中間考察」一二二頁）.

(98) Weber, MWG I/17, S. 244（「政治」九七頁）.

(99) Weber, MWG I/22-2, S. 445-446（「宗教」三三六頁）.

(100) Weber, MWG I/19, S. 494（「中間考察」一二二頁）.

(101) Weber, MWG I/22-2, S. 389（「宗教」二七九―二八〇頁）.

(102) Weber, MWG I/17, S. 234-237（「政治」八六―八九頁）. モムゼンはこの点に関して、ヴェーバーは「いかなる実力行使をも断念するよう勧める山上の説教を、卑賤な無品位の倫理と見る点で」ニーチェと一致していたという。Mommsen 1974, S. 129-130（一九七七、一八四頁）; Mommsen［1959］1974, S. 48（一九九三、一〇〇頁）. ヴェーバーを反平和主義者と捉えるスペッテルも同様の観点を示している。Spöttel 1997, S. 132. しかしヴェーバーは、「倫理」が「独善」の手段として利用された場合は「品位の欠如」しか意味しないが、（宗教社会学研究の文脈を踏まえて）絶対倫理を「貫き得たとき」には、それは「意味あるものとなり、尊厳の表現となる」と考えていた。この点で筆者はモムゼンらの解釈に首肯することはできない。

(103) Weber, MWG I/17, S. 247（「政治」一〇〇頁）．文中の文言は「わたしの国は、この世には属していない」（ヨハネ一八・三六）というイエスの言葉からの引用である。「プラトン・カラタエフ」はトルストイ『戦争と平和』の作中人物である。「ドストエフスキーの聖人」については第五章Ⅳ-1を参照。

(104) Weber, MWG I/19, S. 491（「中間考察」一一八—一一九頁）．

(105) Weber, MWG I/15, S. 98（「律法」一六四頁）．

(106) Weber, MWG I/19, S. 520（「中間考察」一六〇頁）．

(107) Weber, MWG I/19, S. 520（「中間考察」一六〇頁）．

(108) Weber, MWG I/15, S. 98（「律法」一六四頁）．

(109) ヴェーバーとアナーキストの関係については以下を参照。Weiller 1994, S. 163-184; Dahlmann 1988（一九九四）．

第二部　心情倫理と抵抗の主体

第三章　心情倫理と世界の脱魔術化

I　はじめに

本章は、マックス・ヴェーバーの政治思想における近代的主体の形成とその特質を、「心情倫理（Gesinnungsethik）」と「世界の脱魔術化（Entzauberung der Welt）」との関連から明らかにしようとするものである。

心情倫理は『職業としての政治』において、責任倫理の対抗的倫理として最終的に定式化された概念である。ヴェーバーは、第一次世界大戦直後の政治的・社会的状況において、「無品位」な政治行動をとる当時の革命主義者や平和主義者を「心情倫理家」として批判した点で、心情倫理を否定的に評価した。それゆえ先行研究においては責任倫理を重視する観点から、決断力や責任感を備えた自律的でリベラルな主体をヴェーバーの思想から導きだす立場が主流である。[1] ただし従来の見解では、心情倫理が責任倫理の引き立て役にされがちであり、また両概念の対立を最初から前提にして論じてしまうことから、心情倫理がヴェーバーの思想に占める重要性については十分に考慮されてこなかったといえる。しかし心情倫理に注目することによって、従来の解釈とは異なる近代的主体の特質をヴェーバーから読みとることもできるのではないだろうか。心情倫理は『職業としての政治』においては低い評価を受けているものの、宗教社会学研究では必ずしもそうではない。それゆえこの問題を考察するために、『職業としての政治』のみならず、心情倫理が体系的に論じられた宗教社会学研究にも注目する。

ヴェーバーのテキストを俯瞰した場合、Gesinnung のつく言葉は全体にわたって頻出するが、Gesinnungsethik は限られた場面にしか登場してこない。(2) 心情倫理が集中的に現れるのは、『宗教的ゲマインシャフト』と『世界宗教の経済倫理』の宗教社会学研究、(3) それから『職業としての政治』である。さらにいえば、『職業としての政治』でも最後半部、政治と倫理の緊張関係が論じられる部分に集中している。(4) とくに諸宗教こそが政治と倫理の問題と格闘してきたというのがヴェーバーの基本的な思考であったことを思えば、(5) 心情倫理は彼の宗教社会学研究と政治哲学の接点に位置づけられる概念とみなせるだろう。心情倫理に注目するならば、『職業としての政治』は宗教社会学研究と密接な関連をもっているのである。(6)

それゆえ、心情倫理は政治論の文脈だけでは論じきれない奥行きと深さを備えており、ヴェーバーの思想全体においてその意味内容を確定する必要のある概念である。そのうえで、この概念が当時の政治的状況との関連で否定的に用いられたことの意味があらためて問われる必要がある。(7)『職業としての政治』が特定の政治的状況を前にした時事的な講演論文であるにしても、彼の政治哲学が凝縮された内容を併せもつテキストであることを考えれば、ここに現れる心情倫理は、宗教社会学研究を源泉としつつもその文脈から離れ、世界の脱魔術化の果てに到来する近代西洋世界を背景とした近代的主体の形成とその特質を反映したものと考えられるのではないか。(8)

この問題を考察するために、第一に、心情倫理がヴェーバーの宗教社会学研究においてどのように特徴づけられているかを、知識人による世界像の構築と実践的生活態度への影響の点から明らかにする（Ⅱ）。第二に、古代イスラエルの預言からプロテスタンティズムにいたる世界の脱魔術化と心情倫理との関連について論じる

（Ⅲ）。第三に、世界の脱魔術化が政治的領域をはじめとする諸領域の自律化を促すこと、またそのことが人間を管理・支配の対象として「隷従の殻」へと追いやっていく近代特有の状況を批判的に検討する（Ⅳ）。第四に、「神の後退」という宗教的・知的文脈において、近代的主体がいかなる論理で心情倫理的に形成されるのかについて明らかにし（Ⅴ）、最後に心情倫理的主体の特質について考察する（Ⅵ）。

Ⅱ　宗教社会学研究における心情倫理

1　知識人による合理的な秩序世界《コスモス》の構想

ヴェーバーの宗教社会学研究の主題の一つは、「救済」への憧憬が特定の意味に定位した実践的生活態度を合理的に組織化するように作用し、またそのことが社会秩序を形成していく様相を比較史的に考察することにあるといえるだろう。[9] 救済宗教の成立に大きく関与するのが「知識人」であり、彼らは「一つの『意味』問題として『世界』の構想的把握を遂行する者」である。[10]

救いの要請の出発点は、現世という経験的世界における「不当な苦難」に合理的な説明を求めるところにある。身分や階級、性別などの差異によって、あるいはいわれなき理由によって、現世内部の人びとの幸福という財は不均衡に配分されている。その現実を前に、「運命と功績の不一致の根拠に関する問い」、また「現世内における個々人の幸福の不公平な配分に対する正当な補償の要請」が高まる。[11] 現世の「不当な苦難」、「現世の倫理的非合理性」が知識人を「挑発し」、彼らに合理的な説明を「考えさせる」のである。[12] しかしこの問いへの答えはつねに、「死や滅亡が最善の人や事物にも最悪の人や事物にも分けへだてなく訪れること」によって揺さぶられる。「倫理的には説明のつかない幸福と苦難の配分の不公平さのみならず、その補償が考えられるように思われる場合でも、苦難の存在という単なる事実そのものがすでにどこまでも非合理的であるにちがいないからである」[13]。

苦難の存在自体が非合理であるという「この世界の絶対的な不完全さ」に対して、知識人が「正当な応報による補償」という問題に取り組めば取り組むほど、その問題を現世内で解決することは不可能とみなされ、現世外での解決へと向かうようになる。「もしも全体としての世界と生とがとくに一つの『意味』をもつべきであるとすれば、いったいそれはいかなる『意味』でありうるか、そして世界はこの『意味』にふさわしくあるためにどのように見られねばならないか[14]」。この問いから構築される「世界像」の合理化こそ、知識人が担った宗教的合理主義の中心的所産である。

非合理なまでの苦難という事実もまた全体としての「秩序世界（Kosmos）」に組み込まれたものとして、統一的な「意味」をもつ世界像が構成される。これにもっとも合理的な解を与えたものとして、ヴェーバーはゾロアスター教の二元論、インドの業《カルマ》の教説、「隠れたる神」の予定説の三つを挙げている。二元論は、善なる神々と対抗する闇の力や不浄な力に触れて生じた混濁の結果とみなすことによって、業の教説は、倫理的な応報因果の張り巡らされた一つの秩序世界として世界を捉えることによって、そして予定説は、神の絶対的全能性を人間の倫理的尺度で測ることはできないと考えることによって、それぞれ首尾一貫した世界像を提示することになる[15]。

宗教的知性主義は、体系的に統一された一定の「意味」をもつ「倫理的に合理的な世界」を「善と悪との『相互依存の中断』」によって創り出す[16]。救済宗教が成り立つのは、苦難の理由をも合理的に説明できるような「世界像」が提示され、それに苦難が関連づけられ、そこからの解放＝救済にむけての首尾一貫した方向性を提示できる場合ということになる。ここにおいて、主観的に意味を付与された合理的な「秩序世界《コスモス》」は、現世という経験的世界とは全く無関係なものとして立ち現れる。キッペンベルクが強調するように、宗教はただ非合理的な経験に由来するのではなく、「現世の倫理的非合理性」に対して知識人によって構成された宗教的世界像や意味に条件づけられて成立するのである。(17)

2　禁欲的プロテスタンティズムに現れる倫理的人格

知識人によって苦難の神義論へと昇華され救済の理念を合理化する宗教倫理は、それが首尾一貫していればいるほど、人間の生活態度に対して強い影響力を及ぼす。ヴェーバーはこうした救済理念と世界像が、行為への実践的起動力や、人間の生活態度形成に対してどのように体系的に作用したかという観点から、二つの方向に展開した救済方法に注目する。ひとつは、「増減の原理」として善行や悪行を個別に評価する場合、もう一つは、個々の所業を「倫理的全人格の徴表と表現（Symptom und Ausdruck einer entsprechenden ethischen Gesamtpersönlichkeit）」として判断する場合である。前者は、個々の行為が善行・悪行として個別に評価され、救済はその増減計算の結果として割り当てられるとする在り方である。これはカトリック教会や東方諸教会にも見出されるが、インドの業の教説に極限的な姿を見ることができる。後者は、個別的行為ではなく、「倫理的全人格の徴表と表現」あるいは「人格の全体的態度が有する価値（Wert des persönlichen Gesamthabitus）」の現れとして行為がなされることに力点を置く。『宗教的ゲマインシャフト』では、このような人格の在り方や人間存在の包括的態度と心情倫理との関連が指摘されている。(18)

ここで論じられているのは、「禁欲や観照、あるいはたえず目覚めた自己統御や確証などを通して、つねにあらたに確立される人格性の習性」であり、その「人格性の中心的・恒常的な性質」こそが「救いと恩寵持続の確実性を与える」ものとされる。(19)このような人格は典型的には禁欲的プロテスタンティズムに現れる。それは「堕落せる集塊」「罪の容器」としての現世のあらゆる文化に徹底的に対峙して、「聖なる心情」を維持し研鑽を積むところの人格である。この人格にとって、自己の救済が予定論的に決定されているかを知るためには何らかの徴表がなくてはならない。行為の善し悪しは救済に関係がない。彼は合理的・禁欲的に自己の生活を統御し、またそれができる人格であることによって、救済を確証しようとする者である。この「聖なる心情」が生活態度に「内面から革命的に作用」していき、現世との緊張関係をさらに高めていくと、そこから「もろもろの個別的規範の類型化を破壊」し現世改革へと向かう実践力が生まれる。[20] プロテスタンティズムから導かれるこのような人格に「心情倫理的主体」の特質を見てとることができるだろう。

Ⅲ　心情倫理と世界の脱魔術化

1　脱魔術化と「罪」の観念

この倫理的人格にきわめて強く結びついているのが「罪（Sünde）」の観念である。罪の観念も、最初は呪術的なものと混在している。悪人の体内に宿る一つの毒素といった解釈から始まり、悪人にとり憑いた悪しきデーモン、さらには「根源悪」の悪魔的力、最終的に「神に反するものの統一的な力のうちに人間が陥ること」といった解釈にまで、罪の観念は体系化・合理化される。呪術から離れ宗教倫理の体系化が為されるところで、「神の意志に反する行為」は、「『良心』を苦しめる倫理的な『罪』」、「反神的力としての『罪』」として位置づけられるようになる。[21]

この罪の観念は西洋以外の諸宗教においては明確には知られなかったとヴェーバーは述べる。バビロニアやシユメールでは単なる呪術的形式として罪感情が用いられたにすぎなかった。[22] 儒教やギリシア・ローマの倫理においては祭司層や預言者を欠いていたために、[23] またヒンドゥー教や仏教においては「悪」ではなく「無常さ」からの救済を求めるものであったために、「心情倫理的な罪の概念（gesinnungsethischer Sündenbegriff）」はなじまないものであった。[24] これに対して西洋の宗教では、「根源悪の激しい悪の力に対する倫理的な神の対立」という構図へと罪の観念が体系化された。

罪の観念の体系化は、呪術的なものからの分離によって始まるものであり、それは呪術からの解放、脱魔術化の過程ともいいかえられる。先述した知識人の知性主義こそが、呪術的実践に対する宗教的‐倫理的な「拒否」の担い手であり、脱魔術化の推進力である。[25] たとえばこの事例としてヴェーバーは、古代イスラエルのレビびとが呪術に敵対的な知識人層であったことを強調する。[26] またプロテスタンティズムにおいては、「救いの手段としての聖礼典という呪術を拒絶するという根本的事態」が起こり、呪術が救いをもたらしうるという期待が一切排除された。[27] ヴェーバーが最晩年に「倫理」改訂論文に書き足したように、古代イスラエルの預言者に始まり、ヘレニズムの学問的思考と結合しつつ禁欲的プロテスタンティズムにおいて完結する脱魔術化のプロセスこそが、西洋独自の発展の軌道と位置づけられることになる。[28]

とりわけ古代イスラエルの預言者に始まり禁欲的プロテスタンティズムに帰着するという脱魔術化の壮大な流れにおいて、この二つの宗教に心情倫理概念が集中的に現れていることを無視できない。心情倫理との結びつきこそ、「脱魔術化を西洋の発展の推進力として理解するための前提」である。[29] 西洋独自の展開をもたらす脱魔術化は、呪術から罪の観念を分離させ、宗教倫理の体系化に即して「心情倫理的な罪の概念」を成立させた。そしてこの概念の形成に大きな役割を果たしたのが「預言者（Prophet）」である。

2　預言者と心情倫理的純化――『古代ユダヤ教』

預言者についてヴェーバーは「立法者」や「教説家」や「密儀師」と区別しつつ、「独裁的な信徒扇動者であり、儀礼的な祭司恩寵にかわって、心情倫理的な体系化をもたらさんとする者」と定義している。[30]この預言者による宗教倫理の心情倫理的体系化の様子が、『古代ユダヤ教』において克明に描かれる。

古代イスラエルでは、バビロン捕囚期以前においてすでに――バビロニアやアッシリアの圧力に直面していたという政治的状況において――人間の力ではなく神の奇蹟のみが救済を行いうるという思想が影響力をもつ傾向にあり、[31]とくに外的な行為よりも、神に無条件に服従するという内面の在り方が重視された。その点にヴェーバーは、神の命令を心情倫理的に純化させる傾向をすでに見てとっている。[32]その後のイスラエルの滅亡と南王国ユダのエルサレム陥落、バビロン捕囚と捕囚からの帰還といった苦難を経るなかで、なによりも預言が知識人層を越えて平信徒層にまで強烈に作用することになり、この傾向はさらに押し進められていく。

イスラエルとユダが被った敗北や禍に対して、預言者たちは神の無力のせいではなく、（モーゼの十戒を破るなど神の律法に反する）民族の罪こそが神の罰、神の復讐、神の怒りとしてこのような事態を招いたのだと考える。その考え方にはイスラエルに特有の契約思想、すなわち、神自身とイスラエル民族との間には契約が締結されており、その契約が破られた場合、神自身が復讐することになるという捕囚期以前の古い見解が影響している。[33]ヤハウェが道徳的・社会倫理的違反のために禍を下すという元々ユダヤ教のなかで知識人（レビびと）によって共有されていた考えが、預言者の唱える「禍の神義論」として平民層にまで浸透する。[34]「神の意志に反する行為」そのものが、直接の結果はどうあろうと「『良心』を苦しめる倫理的な『罪』」なのである。[35]こうした「罪」の意識こそが宗教倫理の心情倫理的純化の核になる。

ヴェーバーの宗教社会学研究では預言者と祭司層および平民層（平信徒）との関係がつねに意識されている。

祭司が勢力をもち、またその勢力を維持しようとするところでは、民衆の伝統的な観念圏に迎合して、その支配は呪術的な形態をとる方向へと作用する。またその場合、呪術や儀礼は民衆の馴致手段として機能する。[36]しかしイスラエルではトーラー教師のレビびとがすでに呪術に敵対的な知識人層であったし、平民層もヤハウェ主義的敬虔さから呪術を嫌悪する合理的宗教倫理の担い手であった。[37]とりわけ平民層の敬虔さ、すなわち神に対する謙遜、従順、信頼にみちた献身や愛といった敬虔さによって特徴づけられる神への内的帰依を、ヴェーバーは「心情倫理的純化（gesinnungsethische Sublimierung）」として描いている。[38]とはいえ、トーラーや申命記的知識人の言葉は、預言者たちほどには民衆に影響力をもつことができなかったという。それに対し、自民族に禍と救済を与える神という預言者の終末待望論が民衆に及ぼした影響力を、ヴェーバーは「空前の歴史的パラドクシー」と評する。それは旧約聖書の内的構造を規定し、その後キリスト教へと流れ込んで、現代にまで及ぶ西洋独自の発展を方向づけるほどのものとされる。政治的に破壊されつつも宗教的共同体として結集することができたのは、預言者たちの終末論的告知が「伝来の宗教」を「心情倫理的に純化」させ、実践的に作用した結果である。[39]誰もが守ることのできる神の命令を遵守し、日常道徳にしたがって道徳的に正しく行為することがこの民族の倫理的な特別義務なのであり、なによりこの義務への背反を預言者は問題視するのである。[40]

ただし、たしかに古代イスラエルにおいては周辺国以上に、預言者の終末論的言説と人びとの救済願望が迫真性をもって普及していたけれども、[41]「救済」思想はなおも具体的な災禍からの解放といった合理的な意味で現れているにすぎないと指摘される。[42]その実践的内容はパリサイ派ユダヤ教の律法主義へとつながるが、そこでは「原理的に禁欲精神によって方向づけられた」実践的生活態度の方法論的合理化は生まれなかったし、「民族の堕罪」は咎めても「原罪」や「被造物の堕落」や「感覚的なものの忌避」といった思想は生まれなかった。[43]ヴェーバーは、敬虔主義のような「罪の不安」はイスラエルやユダヤ民族には発見できないとしている。[44]また性・財・

享楽の問題においても「その根本的特徴は完全に非禁欲的」と捉えていた(45)。それゆえ、宗教倫理の心情倫理的純化が生活態度と行為に決定的な作用を及ぼすことが克明に描かれるのは、禁欲的プロテスタンティズムの記述にかかる部分となる。

3　愛の無世界論の系譜——第二イザヤから原始キリスト教へ

ヴェーバーの『古代ユダヤ教』がJ・ヴェルハウゼンの聖書学、H・グンケルやW・ブセットらの宗教史学派の動向から影響を受けていることはよく指摘される。偉大で悲劇的な預言者像や、預言者が宗教的共同体の成立に及ぼした影響を重視する見方、預言こそが古代イスラエル宗教の核心であるとする見方、またキリスト教をユダヤ教パリサイ派と袂を分かった、預言と詩篇の精神的相続人とする見方をヴェーバーはそこから引き継いだとされる(46)。

預言者のなかでも第二イザヤを扱った部分が原始キリスト教と直接的に結びつけられている。ヴェーバーによると、第二イザヤとは捕囚の悲惨のなかで生み出された新しい神義論であり、罪なき神の僕が罪人として贖罪死を遂げ、そのことによって多くの者の罪を救い、世界に救済をもたらすというテーマを扱ったものである。それは「苦難の、悲惨の、貧困の、低くあることの、醜さの神聖視」というように、受難をひきうけることが宗教的至高性に結びつくという思想である(47)。第二イザヤの預言は小さな知識人サークルの間に受け入れられ、現世を意味ある秩序世界として把握しようとする知識人の神義論的問題関心に基づく「形而上学的欲求」から生みだされたものと指摘されている(48)。神の僕の犠牲死というテーマ、そして「無抵抗というこの特別に悲惨主義的な倫理」が、「暴力でもって悪に抗するなかれ」を謳う山上の説教へと受け継がれた。この悲惨主義的色調や自己卑下や醜さの積極的評価は、第二イザヤとイエスとの関連性を推定させ、生成しつつあるキリスト信仰のなかに、そして後の敬虔主義にいたるまで著しく影響を及ぼすことになるのだが、ユダヤ教自体からは消滅したという(49)。

心情倫理はイスラエルの預言者と禁欲的プロテスタンティズムに集中的に現れる概念であるが、イエスの登場する原始キリスト教を扱う場面にも散見される。パリサイ派やエッセネ派が、他のユダヤ人との結婚や食卓共同体などを儀礼的に不浄なものとして遮断したことに対して、イエスがこれらの者たちと積極的に交際し会食した事例を「心情倫理的純化」としてヴェーバーは説明している(50)。「心情の在り方」「真正なる心情」にただ目を向けることによって(51)、律法や儀礼主義に基づいた行為を突破する様子が描かれる。こうした在り方は、禁欲的プロテスタンティズムにおいて説明された「もろもろの個別的規範の類型化を破壊する」内面からの革命的作用と重なりあうだろう。

しかし同じ心情倫理であっても、原始キリスト教と、現世改革的なプロテスタンティズムにつながる系譜とは根本的に対立的な要素を含む。律法よりも「心情の在り方」が何よりも重要になるのは、間近に迫った神の国の到来に対する心構えが要請されるからであり、ひいては現世と「そこでの諸事象に対する絶対的な無関心」が決定的になるからである。魂の救済ゆえに、家族や財産・政治・経済・芸術・性愛など、あらゆる被造的関心事から生まれる社会的・心的拘束からは完全に離脱することが促されるのである(52)。

一切の社会的諸関係の境界線を無化していくことによって、苦しみのうちにある人びとへの愛、隣人愛、人間愛そして究極的には敵への愛という形で、同胞間の愛の心情が「心情倫理的に」体系化される(53)。それは人間そのものに徹底して寄り添い、誰であるかを問わないという点で、もはや人間のためではなく献身それ自体のために行われる無対象な献身であり、ヴェーバーが「魂の神聖な売春(54)」と呼ぶ倫理化の極点である。プロテスタントが「神の栄光」から慈善を拒絶したのに対し、原始キリスト教など「現世拒否」的宗教では、現世に対する緊張関係が高まるほど、人格的・人間的なものにどこまでも倫理的に無条件に献身しようとする。それこそが宗教倫理の心情倫理的純化の果てに生まれてくる「対象のない愛の無世界論」である。[55] このテーマは一九一〇年頃に、トルストイやドストエフスキーらロシアの宗教的精神文化への注目によって深化したものであろう。[56] ただしヴェーバーは、愛の無世界論的な在り方はロシアにその痕跡を認めるけれども、西洋世界の合理的文化の技術的・社会的諸条件のもとでは「ブッダとかイエスとかフランチェスコのような生き方」は破綻せざるをえないものとみていた。[57]

4　心情倫理的主体による現世の肯定――『宗教的ゲマインシャフト』

むしろ西洋独自の文化世界は、古代イスラエルの預言者からプロテスタンティズムにいたる世界の脱魔術化の経路のもとで形づくられた。そこに現れる心情倫理的な主体とは、経験的世界と理念的な秩序世界との分裂や緊張関係を前提に、神を準拠点にしながら、構築された世界像に従って自らの生活態度を規律化し、また現世改革に向けて実践的に行為する存在である。

心情倫理的主体に特有の在り方は、その「エーティク（Ethik）」という語と無縁ではないだろう。すでに古代ギリシアにおいて、「善き行い」とは行為者の倫理的性質の善さが現れた結果とされた。[58] 同時に、古代ではポリスが倫理的人格（ethos）を培うための習慣づけや慣習（ethos）を提供する外的環境であったように、個人の性質や特性が磨かれるためには外的環境との関わりが必要である。しかしこの外的環境は心情倫理においては、きわめて敵対的なものとして現れてくる。古代イスラエルにおいては滅亡と禍の場として、プロテスタンティズムにおいては「堕落せる集塊」「被造的にして無価値なもの」として、[59] 現世とそこに生じる事柄は心情倫理的純化の契機となる罪と悪の原因として位置づけられるのである。

とくに禁欲的プロテスタンティズムにおいては、先に見たように、この外的環境と対峙するところに、生活態度を規律化した自律的で合理的な主体が現れる。プロテスタンティズムは現世を「堕落せる集塊」「本質的に罪の容器」とみなしながらも、「その被造性のうちにも神の力が働きかけるものである限り」、自らの宗教的カリスマが確証されるべき場として必要とする。現世秩序との激しい緊張関係をもちつつも、彼らは「合理的行為による義務遂行の対象」として現世を肯定するのである。[60] まさにその点にヴェーバーは、「個別的規範の類型化を破壊し」「内面からの革命的作用」をもたらしうる心情倫理の「強力かつ動的な展開要素」、現世の合理的改革へ向かう実践的起動力を見出している。[61] ただしその先、彼らは現世の「意味」への問いに対しては「幸福な頑迷さ」で対処し無頓着となっていく。神は人間的尺度を離れた存在であり、それゆえ「世界全体〔……〕に対する責任は、彼ではなくて彼の神が負う」。彼らは自己の行為に対して責任を負うこともなく、職業活動の「意味」も問う必要もなく、ただ神の意志を執行しているという意識で満足できる「職業人」となる。[62] ここにいたって、予定説から不合理な苦難や生と死の意味についてのあの神義論的問いは消失することになる。ヴェーバーが「倫理」論文で描いたように、禁欲的プロテスタンティズムが資本主義の精神の揺籃となるもやがてその精神を枯渇させ、合理的な方法的生活態度の形式だけが資本主義に適合的なものとして作動しつづける近代世界へと入っていくのである。

Ⅳ　諸領域の徹底的合理化と「隷従の殻」

1　心情倫理の温度差

一九一三年頃から一九二〇年まで取り組まれた宗教社会学研究に登場する心情倫理について、これまでの議論を整理する。ヴェーバーの宗教社会学研究では、現世とそこで起きる事象に対して、知識人が主観的に意味を付与した合理的な秩序世界像を構想することにより、現世そのものは堕落したものとして立ち現れる。現世に対して宗教的要請がもたらす緊張が先鋭化されればされるほど、宗教倫理は心情倫理的に純化・体系化される。古代イスラエル、原始キリスト教、そしてプロテスタンティズムにおいては、現世において生じる苦難を自らの（あるいは民族の）罪として受けとめ、絶対的な神の意志に適うように内面的な心の在り方を純化させていく。ここに心情倫理的主体は、儀礼や呪術による救済を一切拒絶し、神の意志に適うように日常生活を倫理的に規律化し、あるいは現世を変革するために実践的起動力をもってそこに介入する存在として立ち現れる。脱魔術化と心情倫理は強く関連しており、その結びつきこそが、西洋独自の合理化の発展経路を方向づけるものとなる。また神との絶対的な距離ゆえに、その主体自身の行為をも含めて世界全体への責任を神に委ねる傾向も現れることになる。

宗教社会学研究の終盤にさしかかる頃、一九一九年一月に「職業としての政治」講演が行われ、同年六月末から七月初旬頃『職業としての政治』として出版された。そこでは心情倫理は、当時の政治的文脈のなかで革命主義者や平和主義者を批判するさいの概念として用いられることになる。宗教社会学研究においては一つの分析概念として用いられた心情倫理であるが、『職業としての政治』においては――責任倫理との関係において複数の視座が認められるとはいえ[63]――否定的な評価を伴って現れる。この温度差はどう解釈できるのだろうか。『職業としての政治』は時代状況に即した「臨機的処置」にすぎず、心情倫理に関しては宗教社会学研究の成果を本質的なものとして見るべきなのか[64]。しかし政治と倫理の関係をつきつめようとする『職業としての政治』の政治哲学的観点から見れば、この問題は、学術的研究と時事的な政治講演の違い以上に、ヴェーバーの近代西洋世界に対する時代診断が色濃く現れている部分に関わるのではないだろうか。『職業としての政治』における心情倫理への低評価には、近代的秩序がもたらす非人格的・非倫理的な事態に対して人間はどのような態度を取りうるのかというヴェーバーの問題関心が反映していると考えられる。それでは近代世界の問題性とは何か。そこでは人間はどのように心情倫理的に主体化されるのだろうか。

2　世界の脱魔術化と徹底的合理化

現世内的禁欲のプロテスタンティズムにおいて世界の脱魔術化が徹底されたことを、ヴェーバーは近代西洋に特殊な事情と見ている。[65] 脱魔術化を推し進めてきた知性主義の源泉は、もちろん宗教的知識人だけではなく、ギリシアの科学的思惟やルネサンス由来の知性主義も含まれる。近代の宗教的知性主義は、魔女裁判に見られるように、呪術への信仰を徹底的に抑圧・排除した。[66] 興味深いのは、科学の台頭の結果呪術が排斥されたのではなく、宗教に由来する全般的な環境変化によってまず呪術の露払いがなされた上に、同じ宗教性に基づき、神の創造を明らかにするという理由で科学が発展しはじめることである。宗教改革の時代、病気や火災などの災厄に施す術がなくとも人びとは呪術に頼ることを一切拒否したのである。呪術の拒否は、予定恩寵説に見られるような、人間は神の栄光のための単なる手段にすぎないという「徹底的な神中心の思想」を基盤にして起こりえた。[67] ヴェーバーがとくに古代イスラエルの宗教とプロテスタンティズムに心情倫理を集約させたのは、先に見たように、超越的な神を準拠点にして呪術を排斥する態度が鮮明に現れたことと関連する。

宗教的知性主義は近代科学の揺籃となり、やがて「合理的・経験的認識が世界の脱魔術化と、因果的メカニズムへの世界の変容を徹底的に成し遂げ」る。「経験的でさらには数学的に方向づけられた世界の見方は、現世内における事象の『意味』を問うといった物の見方をすべて拒否するという態度を原理的に発展させる」。[68] もちろん一七世紀のプロテスタントの科学者たちにとって、数学や物理学など自然科学は神の創造の目的を知るものであり、彼ら自身が信仰と敬虔さを失っていたわけではない。しかしニュートン力学に基づく実験科学の方法が確立されてくると、一八世紀から一九世紀にかけては力学的自然観が支配的になっていく。神の意志が自然を支配しているという見方が退けられ、自然は独自の法則で活動するものであり、科学の目的はその法則そのものを理解することと考えられるようになる。(69) さらに一九世紀には光学や熱力学、電磁気学などへと物理学が拡大し、こうした自然科学の展開に刺激されて、人文・社会科学系の諸学問も実証科学として再構成されていく。科学的思考の対象へと事象が客体化されていく過程において西洋にのみ現れるのは、今日の文化を支配するほどの重要性を帯びるにいたった「科学の合理的・組織的な専門的経営」と「訓練された専門家集団」である。(70) この動きは知の領域以外にも及ぶ。すなわち、「世界像および生活態度の理論的かつ実践知的であると同時に目的的でもある徹底的合理化という近代的形態」(71)が、経済や政治や法の諸領域においても進展する。ヴェーバーは、政治や経済など諸領域の自立化と「内的な固有法則性」、さらには諸領域相互の緊張も先鋭に意識されるようになると述べている。(72)

3　政治の固有法則性と「隷従の殻」

諸領域の「徹底的合理化」とは、経済や知や法の諸領域と同様に、政治的領域もまた倫理的規範からの乖離を鮮明にしていく事態を指す。ヴェーバーにとって政治的領域固有の法則性とは何よりも、権力とその威嚇がたえずあらたな暴力行使を生みだすことである（暴力プラグマ）。こうした政治権力にとって倫理的要素は根本的に無縁なものとされる。もちろん国家が許容範囲内で「倫理的『正義』」の「客観的な規準」を顧慮することもありうるが、暴力の成果、あるいは暴力による脅迫の成果それ自体は「力関係」にかかっているのであって、倫理的「正義」にかかっているわけではない。ヴェーバーは政治的領域における倫理的「正義」の客観的規準の存在を否定しているわけではない。しかしそれでも政治の固有法則性は暴力（権力）にこそあるのであって、「正義」といった客観的規準に求めることはできないと考えている。これは彼が政治における倫理の問題を軽視しているということではない。宗教倫理の側からみればそうした国家の持ちだす倫理的「正義」は「倫理の猿まね」に映るとヴェーバーが述べるように、彼の政治的思考においては、倫理からの問いかけはつねに政治の外部から突きつけられるのである。政治的議論から一切の倫理的なもの（正義とか神とか）を排除するほうが誠実なやり方と考えざるをえないと、相当極端な言い方をしてまで政治と倫理を根本的に峻別しようとしている。[73] 諸領域の固有法則性をつきつめた場合、政治的に合理的な行為が倫理的にみて正か不正か、善か悪かを判定することは、その領域独自の固有法則性にとっては関知することではないということである（これは経済の固有法則性にとっても同様であろう）。諸領域の固有法則性は無人間的・非人格的であり、倫理的コードを内在させたものではない。

　しかしこの暴力プラグマという政治の特質はとくに近代に固有のものではなく、ヴェーバーの理解する政治概念の普遍的なメルクマールであろう。それに加えて、近代における政治、とくに近代国家の特質には、「合法的」支配、すなわち法律の支配とそれにもっとも強い利害関心をもつ官吏の支配（官僚制）が深く関わってくる。[74] 近代国家および近代的生活が官僚制を不可欠とする以上、制定規則の体系に支えられた官僚制の論理の肥大化もまた避けられない。そのことが個人の自由を抑圧しかねないという危機意識をヴェーバーは抱いていた。戦時中に書かれた時事論説のなかで彼は、工場労働におけるような「生命なき機械」による支配と、官僚制組織という「生きた機械」による支配が、「未来のあの隷従の殻」へと人びとの生／生活すべてを組み込んでいくだろうと警告した。[75]

　こうした「隷従の殻」「機械による支配」は、政治的領域の固有法則性が無人間的・非人格的に展開する事態のなかでの人間の在り方を表現したものである。官僚制化された近代国家機構は規則にしたがって人間の生存と死とを管理・統制する。「隷従の殻」へと囲い込まれる人間は、一方では生存への欲望という生物としての根幹の部分を管理＝搾取されるが、他方で個々人の生存はそれによって保障されてもいる。「隷従の殻」は権力の保護に包まれた安住の場としても機能するのである。(76) このテーマは、「鋼鉄の殻」のなかで人間はどうなるのかという「倫理」論文末尾の問いと重なり合う。自分自身を軽蔑することすらしないもっとも軽蔑すべき人間として描かれたニーチェの「最後の人間」が引用される箇所である。(77) 人間が管理と安寧のなか、実証主義的な科学の力と機械と貨幣の力によって、意味ある秩序世界と生そのものが無意味化されていく事態を自覚することも反省することもない、そうした存在へと成り果てることへのヴェーバーの強い危惧がそこには表明されていた。(78)

V　神の後退する時代における近代的主体

1　知の合理化と宗教倫理の非合理化

その場合、次のような疑問が立ちあがる。かつての宗教的知性主義は、現世諸秩序の倫理的非合理性と対峙することで首尾一貫した合理的な世界像と宗教倫理を形成した。近代以降に起きてきた諸領域の徹底的合理化は、倫理的にみれば徹底的非合理化の進展でもある。現世諸秩序の倫理的非合理性は苛烈さを増して立ち現れている。そうであるならば、生存への欲望を管理される近代人は、諸領域に対して人格的に倫理的に対峙せざるをえないところにまで追い込まれているのではないか。現代は過去にまさるとも劣らず、倫理的に合理的な世界像の構築と宗教倫理の合理化を促す時代であってしかるべきではないのか。しかしヴェーバーは現代においてはこの可能性はありえないと診断を下した。

「現代に独特の合理化と主知化」を伴いながら徹底的合理化へと進む近代西洋世界が、何か新しい合理的宗教倫理を提供することはもはやありえないというのがヴェーバーの診断である。(79) 経験科学の合理主義が進展するにつれ、世界は因果的メカニズムにすぎないものになってしまい、現世を「神が秩序を与えた、したがって何らかの形で倫理的に意義深く（*sinnvoll*）方向づけられた秩序世界」とする見方が失われていくからである。(80) 知の合理化は世界を単なる物にまで還元する。認識の力は対象の支配と利用に結びつく。その結果、西洋文化世界に独自の展開をとげる近代科学の合理的認識と合理的な自然支配は、宗教を合理的な領域から非合理的な領域へと押しやっていく。人間の生活態度や社会秩序の形成に作用する力は宗教から科学へと移行する。世界が即物化し意味を失っていくことは同時に、「究極かつもっとも崇高な諸価値が公の場から引きさがっていく」ことでもある。(81) ヴェーバーの時代診断はニーチェの唱えた「神の死」に表象される無神論的思想状況に呼応している。(82) 世界の脱魔術化の果てに現れるのは、「神の不在」、「神の後退」あるいは「神の座の空白化」とそれに伴う倫理的規範の動揺・喪失であり、それこそが『職業としての政治』における心情倫理の思想的背景である。

2　神の後退する時代

世界の脱魔術化とは、世界から「意味」が失われていく過程であり、即物化した世界の到来を最終的には招くものでもある。しかし、経験的世界はただ物事が存在し生起するだけの単なる事実にすぎず、そこにはなんの神秘もなく、諸領域の非人格的な固有法則が貫徹するばかりであることが明らかになるからといって、「全体としての世界と『生活態度』に対する――これらが有意義にかつ『意義深く』秩序づけられているはずだという――要請」(83) が消え去るわけではない。たとえばヴェーバーは、第一次世界大戦前のドイツの労働者たちが近代自然科学的論証という知の合理化の結果からではなく、神の摂理と社会秩序における不正・不完全さとが相容れないから、つまり社会が「不公正」であるから神への信仰をもたなくなったのだと答えたこと、そして彼らが「現世内部での革命による補償」を信じていたという逸話を紹介している。(84) 神は「公の場」から後退するけれども、神義論的テーマや「救済」要求が消え去るわけではなく、それは二〇世紀においてもなお不正義や不条理に対する倫理的異議申し立てとして現れてくることを示している。

倫理的に非合理的な世界に対して人格的・倫理的に意味ある世界とは何かという問いが消え去ることはない。しかし問題は、現世秩序に対する敵対性への倫理的根拠に神がもはや巨大な存在感をもたなくなってしまったことである。あるいは神の座の空白化という事態そのものと対峙せざるをえないということである。現世秩序との敵対を彼岸における救済という「外部」に視座を移すことで神義論的解決を図ることはもはやできず、外部への視点が封じられているところで「現世の倫理的非合理性」と向き合うこととなる。その場合、神という超越的価値に依拠することがもはやできないのであれば、倫理的抵抗の拠点はどこに求められるのか。その空白化した部分に何が来るのか。近代的主体の心情倫理的特質はまさにこの点に関わってくる。神という絶対的根拠が後退し世界から倫理的意味が消え去ってしまってもなお、世界は「『意義深く』秩序づけられているはず」であるのだとしたら、「現世の倫理的非合理性」に向き合う根拠は、空白化した部分を自らが選択する価値によって充填することになるだろう。その結果が、選択されうる諸価値の分散化・多元化という「神々の闘争」状況の到来である。

『理解社会学のカテゴリー』のなかに、脱魔術化によって世界から「意味」が失われていくにつれて、主観的な意味付与の余地が生みだされると指摘された箇所がある。

宗教性というものは、まさに世界の脱魔術化が進行するにしたがって、次第に（主観において）より目的

非合理的な意味連関（たとえば、「心情的な」あるいは神秘的な意味連関）を受け入れることを必要とするからである。(85)

この一文は、神の後退と「神々の闘争」が前景化する時代においてはどのように考えられるだろうか。世界への主観的な意味づけは、一つは神秘的な意味連関から方向づけられる。それは「脱神化した現世のメカニズム」に対して、「なおも可能な唯一の彼岸」として「現世の背面にある捉えがたい国」へと逃避することである。(86)これは知識人の知性主義から来る神秘主義的な世界の意味づけであり、神秘的体験への希求である。しかしヴェーバーは現代の知的状況において、この動きを宗教的にはきわめて小規模で個別で弱々しいものと見ていた。彼は、E・ディーデリヒスと彼の出版社周辺の知識人たちが見せたネオ・ロマン主義や神秘主義など種々入り混じった宗教観を念頭に、(87)現代の知識人がこうした「『宗教的』な状態をも『体験』として享受する欲求」については、宗教的革新など起こりえない内面的態度と厳しい評価を下している。(88)

もう一つの方向性として考えられるのが心情倫理である。先に見たように、禁欲的プロテスタンティズムにおいては、脱魔術化によって現世が「堕落せる集塊」として捉えられるようになると、救済の確証を自らの全体的人格の徴表に求めて生活態度を規律化し、神の意志に適うように現世改革に向かう心情倫理的主体が登場する。この主体にとって、無意味化する世界に抗して立つ根拠が「隠れたる神」という隔絶した宗教的価値にあることは疑われなかったであろう。これに対し、神が後退する時代にあっては、超越的価値の不在という事態を前提にしつつ、無意味化する世界にどう対峙するのかという課題が前景化することになる。

3　心情倫理的な近代的主体の問題性

この「神の後退」とその結果としての「神々の闘争」下で心情倫理はどのような特徴を帯びるのか。心情倫理的主体にとって、国家は暴力によってしか維持されえない「根底から愛を欠如させた構成体（ein Gebilde, dem die Lieblosigkeit von der Wurzel aus anhaftete)」であり、[89] 人間はその固有法則性に巻き込まれていることでしか自らの生存を保障されえない存在と映るであろう。「現世の倫理的非合理性」および善と悪との不条理な絡まり合いを承認しないのであれば、心情倫理的主体はこの課題に対して、世界を倫理的に合理的に再意味化し、そこで構成される「世界像」に方向づけられて行為することになる。理念によって方向づけられるその行為は経験的世界の倫理的合理化に結びついたものでなければならず、しかも自らの「全人格性」の現れでなければならない。ただし問題なのは、そこで選ばれる価値が倫理的に正しいものであるかどうかの客観的保証はないということである。

これがどのような問題を帯びてくるのかについて考えるために、『職業としての政治』において批判された心情倫理にあらためて着目しよう。この論文で批判された心情倫理家には、バイエルン革命政権に関わった急進的キリスト教平和主義者F・W・フェルスターや「みずからのデマゴギーの成行きに任せた文筆家カリスマ」[90] K・アイスナーがいた。[91]『職業としての学問』と『職業としての政治』においてその行動と言説とを批判されたフェルスターは、「戦争の悪徳、剣への信仰、国家崇拝」をプロイセン軍国主義の「罪」として弾劾し、政治的・軍事的指導者層のみならず、戦争に賛同した神学者・大学教員・企業家・ジャーナリストを激しく批判した人物である。[92] 彼はワイマール期に暗殺を恐れて亡命することになるが、晩年になっても革命政権に参加したことを後悔しておらず、またアイスナーの政策は批判したけれども、彼の「最上の意図」は評価すると述懐した。[93]

フェルスターの言動には、正義に適った社会を創り出すために罪に満ちた国家に敵対・抵抗するという心情倫理的主体の在り方が見出せるだろう。しかし政治的結果よりも意図の高貴さを評価するという彼の態度には、ヴェーバーが批判したように、倫理的に正しい選択が政治的にも倫理的にも正しい結果を生みだすとは限らないという矛盾が付きまとう。だがこの矛盾を心情倫理は原理的に解消できない。なぜなら、心情倫理に基づいた経験的世界への働きかけにもかかわらず、それが倫理化されないままであるとしたら、その働きかけを継続する理由はあってもやめる理由はないからである。実際フェルスターは、悪は善への衝動を高めると考えており[94]、政治的領域の悪をつねに自らの「魂の試練」へと捉え返したのである。

これはより深刻な問題もはらんでいる。現代の戦闘とは、革命も戦争も同様に、「兵器という形をとった実験室や作業場の思考労働の産物と、貨幣という冷たい力の産物との間の機械的な過程」であり、指揮官と兵士の「神経の恐るべき不断の緊張」を伴った、「野蛮な殺人行為と容赦ない横暴な行為を伴う絶え間のない執拗な格闘」である[95]。革命は暴力という政治的領域特有の手段を行使する段階で、しかも現代においては「技術」と「貨幣」と「神経の持続」によって支えられることで、理念によって構築された倫理的な世界像と著しく乖離しかねない。倫理的であるはずの目的と非倫理的手段との乖離は、政治的領域の固有法則性に巻き込まれながら創り出される世界が果たして「倫理的」でありうるのかと根源的に問いかけてくるだろう。革命は極限的事例であるにしても、選択された価値が現世秩序の諸法則に巻き込まれてしまうことは避けられない。その点に自覚的であることが、倫理的に許容できる政治的手段や方法とはどのようなものか、予想できる結果と副次的結果は目的とどれほど乖離せずにすむのかという、ヴェーバーが責任倫理として持ち込んだ目測や結果への配慮につながるのであろう。しかしこの対処が目的と手段の関係につねにつきまとう不安定さをどこまで解消するのかは不明である。

また選択される価値が多元化する以上、互いに衝突し相容れない可能性も高くなる。そこでは自己の選択する価値が他者にとっても倫理的に正しいという保証はない。自らが選択した価値の倫理性に客観的な保証がない以上、そこに根源的な不確かさが付きまとうことは避けられない。しかし心情倫理にこの問題を配慮する回路は組み込まれていない。心情倫理には「神の前で」、あるいは神に代わって「自分自身の前で」、心情の真正さを行為において「確証する」ことを自分自身に確信させようとする構造がある。問題状況はつねに「不断の反省」でもって「自分自身の法廷」へと差し戻されるのである。(96) 選択した倫理的価値を別の視座から相対化する回路が心情倫理には設定されていない。それゆえ、心情倫理が「神々の闘争」をさらに激化させる可能性はつねに残されているのである。

Ⅵ　おわりに

以上、本章ではヴェーバーの心情倫理に着目することによって、自律的かつ意志的で決断力を有するリベラルな主体ではなく、より複雑で不安定な近代的主体の姿を読みとることを試みた。この背景には、脱魔術化の果てに世界の事象が認識と支配の対象となり、身体的レベルにまで及ぶ人間存在の管理と利用という事態がある。この事態に対して、誰もが手段として扱われない倫理的に合理的な世界を問おうとするところで、人間は世界への意味づけの主体となりうる。心情倫理から浮かびあがる近代的主体は、脱魔術化によって先鋭化する世界の意味問題に倫理的に応答しようとする者である。一方でそれは、人格的・倫理的な生の意味づけを試み、自らが選択する価値に照らして既存の世界とは異なる在り方を模索しようとする、動的な変革の力を内在させた存在である。しかし他方で、「神々の闘争」状況において為される選択には根本的な不安定さがある。選択された価値が倫理的結果を導く保証はなく、その価値自体が倫理的であることの客観的保証もなく、また価値の多元化により生じる闘争状況を激化させてしまう可能性などによって、心情倫理的な近代的主体は意味喪失・破綻や挫折・意図せざる結果にさらされる不安定な存在でもある。

『職業としての政治』における心情倫理の低評価は、神の後退する時代にあって、近代的諸秩序の固有法則性に服従しかつ抵抗するという近代的主体の両義的な在り方に内在する問題と関わっている。ヴェーバー自身は近代の問題状況に対して、科学はいかなる答えも与えないが、それでも「知性の犠牲」を拒絶し科学的誠実性に依拠しながらこの状況に「耐える」ことを要請した。それはヴェーバーの責任倫理を構成する要素の一つであろう。責任倫理は心情倫理の問題性を強く認識し、それとは異なる主体の在り方を提示したものと考えられるが、根底においては責任倫理もまた、近代的主体の抱える潜在的な不確実さ・不安定さを前提にした倫理である。以下の章では、具体的な文脈のもとで、心情倫理の特質と問題性についてさらに詳細に探究していくことにしよう。

［注］

（1）本書序章Ⅱ注（10）-（17）を参照。

（2）「心情倫理（的）」の登場するテキストと回数は以下のとおりである。『宗教的ゲマインシャフト』一四回、『世界宗教の経済倫理』（「中間考察」二回、「ヒンドゥー教と仏教」一回、「古代ユダヤ教」一九回、「パリサイびと」二回）、『職業としての政治』一五回、『経済と社会　法社会学』二回、『社会学および経済学の「価値自由」の意味』一回、以上である。*Max Weber im Kontext: Gesammelte Schriften, Aufsätze und Vorträge*, Literatur im Kontext auf CD-ROM7, Berlin: Karsten Worm, InfoSoftWare, 1. Aufl., 1999 によって検索したあと、テキストの該当箇所を確認した。

（3）本章でヴェーバーの宗教社会学研究と述べるのは、『社会経済学綱要』の宗教体系論のために執筆され主に一九一三年から一九一四年には成立していたとされる『経済と社会　経済と社会的諸秩序および諸力　宗教的ゲマインシャフト』(「旧稿」第五章「宗教社会学」)と、一九一三年から一九二〇年にかけて執筆される『世界宗教の経済倫理』(RS I; RS II; RS III)のことを指す。本研究では両テキスト群の差異や関係について作品史研究を前提に論じる余裕はなく、『職業としての政治』との対比を念頭に、心情倫理概念に注目してヴェーバーの宗教社会学を素描したにすぎない。『宗教的ゲマインシャフト』と『世界宗教の経済倫理』の関係について、全集版はシュルフターの見解に依拠しつつ、両テキスト群は時間的な系列関係や事象的な優先関係によって論じられるものではなく、相互的な補完と解釈の関係にあると位置づけている。Cf. MWG I/19, S. 32; Schluchter 1988b(一九九〇).

(4) Weber, MWG I/17, S. 237ff(「政治」八九頁以下).

(5) Weber, MWG I/17, S. 244-245(「政治」九七頁).

(6) ヴェーバーの心情倫理と宗教社会学研究に関する研究動向としては、本書序章注(17)および(19)を参照。

(7) ヴェーバーの心情倫理は特定の内容をもつ概念なのか、行為様式を指す概念なのかという問題に対して、本章では近代西洋社会における脱魔術化と神の後退という思想的状況との関連で心情倫理を見ようとするものであり、その意味で特定の場所・時代状況と結び付いた内容を有するものとしておく。しかし、本書では十分に展開してはいないが、思念された倫理的に合理的な世界像に即して行動する行為様式と見ることは可能であるとも考えている。

(8)「近代的主体」の言葉を選択したのは、Subjekt という語がもつ「主体」と「服従」の両面的要素を無視できないからである。バトラーは「行為能力の条件でありその手段と考えられる主体」と「行為能力の剥奪と考えられる従属化」という主体の両義性がなぜ生じるのかを分析し、そのうえで、行為主体である以前に権力への「主体化＝服従化」が先行していると指摘する(バトラー 二〇一二)。本研究はバトラーのように、主体化＝服従化への権力の心的・規律的な作用に焦点をあてるものではない。しかし権力を「主体の発生現場」として重視する彼女の視点は重要である。ヴェーバーの議論においても、諸領域の内的固有法則性の展開に対して、人間が「隷従の殻」へと従属的に編成される側面と、そうした状況に心情倫理的に抵抗する側面の両方を押さえる必要がある。本文においてとくに後者に比重がかかるときには「心情倫理的主体」の語も使用する。また Subjekt が「主体」と「服従」の相反する両義的意味をもつにいたる哲学史的経緯については、小林 二〇一〇、一六―三九頁を参照。

(9) ヴェーバーの宗教社会学の知的背景となる当時の宗教学の展開については以下の研究を参照。Kippenberg 1997(二〇〇五);

MWG I/22-2, Einleitung, S. 34ff. 上山二〇〇五、深井二〇一二。理解社会学の観点からは荒川二〇一三を参照。

（10）Weber, MWG I/22-2, S. 273（「宗教」一六〇頁）. ヴェーバーの使用する「知識人」概念については以下を参照。Kippenberg 1997, S. 237-241（二〇〇五、二六四―二六九頁）; MWG I/22-2, Einleitung, S. 63-64. キッペンベルクによると、「知識人」という言葉はフランスのドレフュス事件との関連で現れてきたものである。ユダヤ系大尉ドレフュスの再審を求めた学者や芸術家・ジャーナリストらが抽象的・反国家的・ユダヤ的・退廃的として、すなわち「知識人」として貶称され、同時にそう呼ばれた側は共和制的・民主主義的・理性的として、すなわち「知識人」として自らを同定した。ヴェーバーはこの言葉に当時の貶称の含意をこめていない。彼自身がヴェーバー・クライスの主催など知識人層の一員であったし、宗教社会学研究のなかでは神義論的問いに対して救済思想の体系化を担った層にこの言葉を援用した。

（11）Weber, MWG I/19, S. 95（「序論」四八頁）. Weber, MWG I/19, S. 515（「中間考察」一五三頁）.

（12）Tyrell 2001, S. 322.

（13）Weber, MWG I/19, S. 516（「中間考察」一五三―一五四頁）.

（14）Weber, MWG I/22-2, S. 194（「宗教」八二頁）.

（15）Weber, MWG I/19, S. 520-522（「中間考察」一六〇―一六三頁）.

（16）Tyrell 2001, S. 323.

（17）Kippenberg 2001, S. 29-30. キッペンベルクは、ヴェーバーが『理解社会学のカテゴリー』において主観的動機と妥当な意味、目的合理性と整合合理性を区別したことを宗教の意味を考えるさいの前提として重視する。

（18）Weber, MWG I/22-2, S. 309-311（「宗教」一九九―二〇一頁）.

（19）Weber, MWG I/22-2, S. 346, S. 363（「宗教」二三七―二三八頁、二五四頁）.

（20）Weber, MWG I/22-2, S. 322, S. 369（「宗教」二一三頁、二六一―二六二頁）.

（21）Weber, MWG I/22-2, S. 174-176（「宗教」六〇―六二頁）.

（22）Weber, MWG I/21, S. 605-606（「ユダヤ教」六三九頁）.

（23）Weber, MWG I/22-2, S. 176（「宗教」六二頁）.

（24）Weber, MWG I/20, S. 332（「ヒンドゥー教」二八二―二八三頁）. 西洋においても、封建的ヘル層や農民層には「罪」の感情はなじまないものであったことが指摘されている。Weber, MWG I/22-4, S. 621-622（「支配Ⅱ」五七八頁）.

(25) Tyrell 2001, S. 320.
(26) Weber, MWG I/21, S. 547-549（「ユダヤ教」五三六―五四〇頁）.
(27) Weber, MWG I/18, S. 280, Anm. 105（「倫理」一六一頁、注四）.
(28) Weber, MWG I/18, S. 280（「倫理」一五七頁）. 二〇一四年に『社会科学・社会政策雑誌』（第二〇巻・第二一巻、一九〇四／一九〇五年）に掲載された論文「プロテスタンティズムと資本主義の〈精神〉」を収めた全集が刊行された（MWG I/9）。この全集版には一九二〇年刊行の『宗教社会学論集』第一巻所収の「倫理」改訂論文に加筆された「世界の脱魔術化」という語は登場しない。この加筆に西洋的〈合理化〉の精神的系譜を見るものとして姜 一九八六、五―八頁も参照。
(29) Kippenberg 1997, S. 235（二〇〇五、二六一頁）.
(30) Weber, MWG I/22-2, S. 217（「宗教」一〇五頁）.
(31) Weber, MWG I/21, S. 582（「ユダヤ教」六〇一頁）.
(32) Weber, MWG I/21, S. 545（「ユダヤ教」五三二頁）.
(33) Weber, MWG I/21, S. 352-353（「ユダヤ教」二〇三―二〇四頁）. 神概念について、『宗教的ゲマインシャフト』ではヤハウェ神を含めてその機能的・保証的側面が扱われるのに対して、『古代ユダヤ教』ではそれだけではなく、「相手方たる神自身との契約締結」というイスラエル独自の実質的側面が前面に出されている（Weber, MWG I/21, S. 404=「ユダヤ教」二九二頁）。こうした差異の理由として、『宗教的ゲマインシャフト』が比較のための宗教体系論構想のもとで書かれたのに対して、『古代ユダヤ教』はパーリア民族としてのユダヤ人の特質の解明という執筆意図のもとで書かれたことが挙げられる（cf. MWG I/21, Einleitung, S. 71-73）。
(34) Weber, MWG I/21, S. 654（「ユダヤ教」七三一―七三二頁）.
(35) Weber, MWG I/22-2, S. 175（「宗教」六〇頁）.
(36) Weber, MWG I/22-2, S. 216（「宗教」一〇三―一〇四頁）; Weber, MWG I/21, S. 551（「ユダヤ教」五四三頁）.
(37) Weber, MWG I/21, S. 552-554（「ユダヤ教」五四六―五四九頁）.
(38) Weber, MWG I/21, S. 583（「ユダヤ教」六〇四頁）.
(39) Weber, MWG I/21, S. 691-692（「ユダヤ教」七九九―八〇一頁）. ヴェーバーは、政治的に壊滅された団体が宗教団体として存続するさいに、預言者たちは「なにか新しい宗教的共同体の形成のための手がかりとなるようなもの」を提供したわけではないという。彼らは「新しい神観も新しい救済手段も新しい神の命令さえも告知しなかった」。「此岸的禍」は「どのイスラエル人にとってもあまねく妥当する彼らの神の律法に背く罪」のために生じたのであり、それゆえに「神の命令の遵守」を求めたのである。ヴェーバーはこの点に、新しい宗派団体が「古い儀礼的民族共同体を直接的に継承している」と自覚することを可能にしたと述べている。Weber, MWG I/21, S. 644, S. 648-649, S. 692（「ユダヤ教」七一二頁、七二〇頁、八〇一頁）.

(40) Weber, MWG I/21, S. 644（「ユダヤ教」七一二頁）.

(41) Weber, MWG I/21, S. 681（「ユダヤ教」七八〇—七八一頁）.

(42) Weber, MWG I/22-2, S. 175（「宗教」六〇—六一頁）.

(43) Weber, MWG I/21, S. 806, S. 808, S. 813（「パリサイびと」九四八頁、九五一頁、九五五頁）.

「原罪（Peccatum originale, Erbsünde, Ursünde）」とは、創世記に登場するアダムとエヴァが蛇に唆されて「善悪を知る木の実」を食べたことから神によって楽園追放されたことに由来する罪が、出生を通じて人類全体へと伝搬されるという教説であり、創世記以外にもロマ書五・一二—二一や詩編五一・七が典拠とされる。ただし聖書にこの語はなく、アウグスティヌスによって神学的に教理として明確化された。また宗教改革者たちもアウグスティヌスの説に概ねしたがったため、カトリックとプロテスタンティズムにおいて、アダムの原罪とイエスの贖罪による原罪からの救済という見方が共有されている。この観点においては、人間の本性や死は自然的に捉えられるのではなく、人間は普遍的・本性的に罪あるものであり、死は罪ゆえの罰として捉えられる。人間が人類の一員として生まれてくることは、始祖アダムの「腐敗した」性質を受け継ぐことであり、再生が必要とされることなのである。Cf.『キリスト教大事典　改訂新版』［一九六三］一九七三年、『キリスト教神学事典』一九九五年。

ヴェーバーは、アダムとエヴァの「いわゆる『堕罪』という物語が、今日のわれわれの思想にとって非常に基礎的な神話」であり、「アダムの堕罪がはじめて救済論に基礎的に重要となったのは、古代キリスト教の特定の思索を通じて」であり、しかも東方のグノーシスにその思想的基礎があったとしている。これに対してヤハウェ主義の宗教性には「人類発生論的神話」が第二義的意義しかもたず、ラビ・ユダヤ教においては金の子牛の礼拝がアダムの不従順よりもはるかに重い罪とされたと指摘している。Weber, MWG I/21, S. 557-558（「ユダヤ教」五五六—五五七頁）.

(44) Weber, MWG I/21, S. 582, Anm. 207（「ユダヤ教」六〇二頁、注二一）. 敬虔主義については本書第二章注（5）を参照。

(45) Weber, MWG I/21, S. 813, Anm. 66. ヴェーバー所有の H. Strathmann, *Geschichte der frühchristlichen Askese bis zur*

Entstehung des Mönchtums im religionsgeschichtlichem Zusammenhange への書込み。

(46) Cf. MWG I/21, S. 691, Anm. 83-84; Kippenberg 1997, S. 102（二〇〇五、一〇五頁）; 上山 二〇〇五、一七三―一八五頁。上山はヴェーバーがヴェルハウゼンを全面的に受け入れたのではないこと、また社会学的な比較考察の点にヴェーバーの独自性があることを指摘する。

(47) Weber, MWG I/21, S. 736（「ユダヤ教」八七二頁）.

(48) MWG I/21, Einleitung, S. 123-124, S. 748, Anm. 53. ここでは第二イザヤの救済理念について、ヴェーバーがトルストイやドストエフスキーの影響を受けたことが指摘されている。

(49) Weber, MWG I/21, S. 746-748（「ユダヤ教」八九〇―八九三頁、八九四頁）; Weber, MWG I/18, S. 356, Anm. 201（「倫理」二二六頁、二三五頁、注八）. 感情の比重が高まる例として、オランダの改革派の神学者スホルティングハイス（Willem Schortinghuis, 1700-1750）の名が挙げられている。第二イザヤと詩編第二二篇への言及は一九二〇年の加筆であり、「倫理」初版論文にはなかった一文である。Cf. Weber, MWG I/9, S. 317, Anm. 80.

(50) Weber, MWG I/21, S. 825（「パリサイびと」九七一頁）.

(51) Weber, MWG I/22-2, S. 447（「宗教」三三七頁）.

(52) Weber, MWG I/22-2, S. 320-321, S. 446-447（「宗教」二一二頁、三三六―三三七頁）.

(53) Weber, MWG I/19, S. 487（「中間考察」一一一頁）; Weber, MWG I/22-2, S. 445（「宗教」三三五―三三六頁）.

(54) Weber, MWG I/19, S. 490（「中間考察」一一六頁）; Weber, MWG I/9, Naturrecht, S. 757.

(55) Weber, MWG I/19, S. 487（「中間考察」一一二頁）; Weber, MWG I/9, Naturrecht, S. 762.

(56) Weber, MWG I/9, Naturrecht, S. 755-758. Cf. Hanke 1993; Hanke 2001; MWG I/9, Einleitung, S. 743-744.

(57) Weber, MWG I/19, S. 520（「中間考察」一六〇頁）.

(58) Cf. 枡形 一九九九。

(59) Weber, MWG I/22-2, S. 322（「宗教」二一三頁）.

(60) Weber, MWG I/22-2, S. 322, S. 339（「宗教」二一三頁、二三一頁）.

(61) Weber, MWG I/22-2, S. 370（「宗教」二六二頁）.

(62) Weber, MWG I/22-2, S. 328（「宗教」二二〇頁）. たとえば、イギリス国教会の自由主義者たちは富裕であるためには敬虔であるべきと考えたが、やがて富裕であることを敬虔さの保証として受け止めるようになるなど、プロテスタンティズムの宗教的熱狂が功利主義的現世主義へと変質していく様子を指摘したものとして、大林 一九九四を参照。

(63)『職業としての政治』における責任倫理と心情倫理の関係からは、(一) 両倫理の調停不可能な対立、(二) 行為の結果に責任を負わない心情倫理への批判と責任倫理の政治的優位、(三) 両倫理の相補的作用による両立可能性という三つの視座が読みとれる。

(64) 横田 二〇一一、一〇三頁。

(65) Weber, MWG I/19, S. 114 (「序論」七六頁).

(66) Cf. 上山 二〇〇五、一八六—一九五頁、上山 一九九八。

(67) 大林 一九九四、八一頁、トマス 一九九三、九六八—九六九頁。この点について大林信治氏より示唆を頂戴した。

(68) Weber, MWG I/19, S. 512 (「中間考察」一四七—一四八頁).

(69) Cf. 菅野 一九九七。

(70) Weber, MWG I/18, S. 104 (「序言」八頁). シュルフターは「宗教を通じた世界の脱魔術化」と「近代科学を通じた世界の脱魔術化」とを区別し、その相互関係と、後者による前者の排除を明確にしている。Schluchter 2009, S. 9-13.

(71) Weber, MWG I/19, S. 102 (「序論」五九頁).

(72) Weber, MWG I/19, S. 485 (「中間考察」一〇八頁).

(73) Weber, MWG I/19, S. 492 (「中間考察」一一九頁).

(74) Weber, MWG I/19, S. 119-120 (「序論」八四—八六頁); Weber, MWG I/18, S. 104-105 (「序言」九頁).

(75) Weber, MWG I/15, S. 462-464 (「新秩序」三六一—三六三頁).

(76) Cf. 荒川 二〇〇七。

(77) ニーチェ 一九九三、二九—三三頁。

(78) Weber, MWG I/18, S. 487-488 (「倫理」三六五—三六六頁). この後に続く「精神なき専門人、心なき享楽人、この無の者は、これまで到達したことのない人間性の段階にまでのぼりつめたと自惚れている」というヴェーバーの引用文は、すでにG・シュモラーが一九〇〇年に自著のなかで用いている。ただしシュモラー自身の言葉ではなく、「ある偉大な技術者」の言葉であるという。「数年前にある偉大な技術者が、この傲慢な時代を、的外れともいえない次の言葉で特徴づけた。『愛なき享楽人、精神なき専門人、この無なるものは、歴史上到達したことのない人間性の高みに立っているとうぬぼれている』と」。Schmoller 1900, S. 225. この点については中野敏男氏より示唆を頂いた。Cf. MWG I/18, S. 488, Anm. 78.

(79)「近代化」と「世俗化」の並行的進行というヴェーバーの理解に異議を唱え、現代ヨーロッパにおける「宗教の脱私事化」および宗教への再注目を唱えたものとして、以下を参照。Casanova1994（一九九七）; Casanova 2007; Joas 2007. 本書補論も参照。

(80) Weber, MWG I/19, S. 512（「中間考察」一四七頁）.

(81) Weber, MWG I/17, S. 109（「学問」七一頁）.

(82) 徳永 二〇〇九、六二―六四頁、Löwith [1964] 1988, S. 441（一九八九、一〇六頁）; Despoix 1998, S. 42-43. 一九世紀を通して、教会の反動的な対応と相まって社会的諸階層から宗教的実践が後退し、諸科学分野から「神の死」が宣告される様子を描いたものとして、ミノワ 二〇一四、とくに「第V部　神の死の世紀（一九世紀）」を参照。ミノワによると、無神論は唯物論的無神論から理神論まで、実践から理論まで多様な形態をとったが、一九〇〇年頃にはその傾向は抗いがたい印象を与えるにいたったという（ibid., 八五二―八五三頁）。有神論は世界への意味づけを神に託し、無神論はそれを人間に取り戻そうとする試みである（ibid., 九七五頁）。彼は無神論ではなく無関心が趨勢を占める二〇世紀にこそ、意味の喪失が深刻化すると述べる。そうであるならば、信仰と無神論の間に緊張関係があった時代には、世界に対する意味づけへの関心はなおも維持されていたことになるだろう。

(83) Weber, MWG I/22-2, S. 273（「宗教」一六〇頁）.

(84) Weber, MWG I/22-2, S. 292（「宗教」一七八頁）; Weber, MWG I/19, S. 95（「序論」四九頁）.

(85) Weber, MWG I/12, S. 397（「カテゴリー」一二三頁）.

(86) Weber, MWG I/19, S. 103（「序論」六〇―六一頁）.

(87) MWG I/22-2, S. 290, Anm. 54; MWG I/17, S. 109, Anm. 61; Kippenberg 1997, S. 245-247（二〇〇五、二七三―二七六頁）。ヴェーバーによる現代の知識人批判としては以下を参照。Ulbricht 2013, S. 110-114.

(88) Weber, MWG I/19, S. 101（「序論」五七頁）; Weber, MWG I/22-2, S. 289-290（「宗教」一七五―一七六頁）; Weber, MWG I/17, S. 108-109（「学問」七〇―七一頁）.

(89) Weber, MWG I/19, S. 517（「中間考察」一五五頁）.

（90）Max Weber, MWG I/23, S. 491（「諸類型」七一頁）.
（91）Weber, MWG I/17, S. 236-237, S. 240-241（「政治」八八—八九頁、九三頁）.
（92）Foerster 1919a, S. 19. フェルスターとヴェーバーとの関係については第四章で論じる。
（93）Foerster 1953, S. 211, S. 214.
（94）Foerster 1918a, S. 202.
（95）Weber, MWG I/10, S. 676（「外見的立憲制」二四七頁）.
（96）Weber, MWG I/18, S. 323（「倫理」一九七頁）; Weber, MWG I/19, S. 114（「序論」七六頁）; Weber, MWG I/12, S. 479（「価値自由」五三—五四頁）.

第四章　心情倫理と国家の「罪」

Ⅰ　はじめに——ヴェーバーとキリスト教平和主義

前章では宗教社会学研究で用いられた心情倫理の特質を把握したうえで、それが政治的領域と交錯する地点に目をむけてヴェーバーの心情倫理批判の内容に近づこうとした。本章では、政治的文脈のなかでヴェーバーがどのように心情倫理を批判したのかという問いに、具体的な事例を挙げて接近する。

『職業としての政治』においてヴェーバーは——政治講演であるという性質が大きく関わっているが——責任倫理を評価し心情倫理を批判した。責任倫理家とは、予見しうる結果の責任を負うべきという準則のもとにあり、政治の世界においては手段としての暴力／権力がその固有法則であることを知っている者である。他方、心情倫理家は「キリスト者は正しきをおこない、結果を神に委ねる」という準則のもとにあり、心情の純粋さのみを重視し、社会秩序の不正に対する抗議の炎を絶やさないことにだけ「責任」を感じる者である。「『魂の救済』が純粋な心情倫理でもって信仰闘争のなかで追求されるとき、それは、結果に対する責任が欠けているので、数世代にわたって損害を被り信用を失うことになるかもしれない」。心情倫理家は政治的行為のなかに働いている悪魔の力に気づかない。したがって彼らは、政治が「悪魔と契約を結ぶ」領域であることに対する自覚を欠いてしまい、「距離をおいて見る」という政治に関わる者に要請される冷静さを失いがちになる。以上のように述べて、ヴェーバーは心情倫理に対して否定的な評価を下した(1)。

心情倫理の事例としてヴェーバーは、サンディカリストと並んで、キリスト教平和主義者も批判した。『職業としての政治』において心情倫理家の一人として批判されたのが、前章でも名を挙げたＦ・Ｗ・フェルスター(Friedrich Wilhelm Foerster, 1869-1966)である。彼は第二帝政期においてキリスト教倫理に依拠しながらドイツ軍国主義を批判した平和主義者であった。ヴェーバーがキリスト教平和主義をも心情倫理として批判したことに対しては、とくにキリスト教倫理および平和主義の観点から多くの批判を招くことになった。たとえば宮田光雄は、「山上の説教を貫くラディカルな心情倫理は、けっして結果責任を無視するものではな」く、「自己の行為の予見しうる結果を他の人の責任に転嫁することは、いかなるキリスト者も倫理的に正当化しえないであろう」とヴェーバーに反論した。Ｇ・ロートもヴェーバーがキリスト教平和主義者と社会主義的革命家を同じカテゴリーに括ってしまったことを批判する。Ｌ・フロイントも、ヴェーバーの「責任倫理」は政治家を対象にした、「結果に対する責任」を負うだけの狭義の意味しかもたないものと批判した(2)。

これらの反論に関して留意すべき点は、第一に、ヴェーバーからの批判がキリスト教平和主義全般に向けられたものと受けとめられていることである。たしかにヴェーバー自身は、当時の平和運動に対しては「トルストイの結論」を「文学的デザート（literarisches Dessert）」として楽しんでいるにすぎないとして、基本的には否定的な立場をとっていた(3)。政治に一切関わらないという態度を貫く場合にしか平和主義も認めないというヴェーバーの立場は、特定の政治的状況において、平和主義の観点から政治的行為に関与することの意義を縮減してしまうと批判されることも否定できないだろう。これは別に考慮すべき重要な問題である。本章では、広義の文脈で平和運動や平和主義に対するヴェーバーの見解を検討するのではなく、フェルスター個人のキリスト教平和主義に焦点を絞るつもりである。留意すべき第二の点は、これらの反論が『職業としての政治』の文脈に基づいて為されたものであり、心情倫理に対するヴェーバーの低評価を自明の前提として論じていることである。しかし第三章でみたように、心情倫理は一九一九年のこの講演論文以前に宗教社会学研究のなかにすでに登場しており、そこでは必ずしも否定的な意味合いを帯びて使用されたわけではなかった。これらの反論は、『職業としての政治』における心情倫理の低評価の理由を、ヴェーバーの思想全体に即して検討したとはいえないのである。それでは、なぜ彼は『職業としての政治』において心情倫理を批判的に論じなければならなかったのだろうか。もちろん、意図の純粋さと正しさに重点をおく心情倫理は、政治的領域に持ち込まれるときに「バランス感覚の欠如」や「倫理的リゴリズム」という弊害をもたらしてしまうと指摘されてはいる。(4) けれども、何ゆえに心情倫理はそのような弊害をもたらしてしまうのだろうか。ヴェーバーが心情倫理のどのような特質を問題視したのかは、なお十分に解明されたとはいえないのである。

本章では、ヴェーバーによって心情倫理と批判されたフェルスターを手がかりにすることでこの問題に取り組む。フェルスターは革命主義者や社会主義者とは異なり、宗教的信念に基づいて知的・政治的活動を展開した人物である。(5) 彼の行動はキリスト教、とくに山上の説教に依拠したものであった。ヴェーバーは山上の説教に関するフェルスターの解釈を受け入れず、その思想と結びついた行動も批判した。本章では、フェルスターの思想と行動、そしてそれに対するヴェーバーの批判を通じて、ヴェーバーの心情倫理批判の内容、およびそこに現れる近代的主体の特質を詳らかにすることを目的とする。それゆえ、フェルスターのキリスト教平和主義についてもその全貌を検討するのではなく、あくまでも、ヴェーバーが心情倫理として批判の対象にした部分に限定されることになる。

本章の論述は以下のような構成をとる。Ⅱではまずフェルスターの人物像およびその政治行動を概観する。Ⅲではヴェーバーのフェルスター批判を当時の社会的文脈において描写する。Ⅳでは、『職業としての政治』におけるフェルスター批判に焦点をあて、とくに善悪論と山上の説教をめぐって両者の見解の違いを見ていく。Ⅴでは、心情倫理が政治的領域においてどのような様相を帯びるものであるかを、ヴェーバーの思想に即して論じる。またフェルスターのどのような思考をヴェーバーが心情倫理として批判したのかについて一定の解釈を試みる。最後に、政治と倫理の緊張関係をいっそう深めていく近代的主体に特有の心情倫理の問題性に接近する。

Ⅱ　平和のための「警告者」フェルスター

『職業としての政治』においてフェルスターは「善からは善のみが生まれ、悪からは悪のみが生まれうるという単純な命題」を唱えた人物として登場する。ヴェーバーは、政治という領域にそのような理解でもって関わる態度は「政治的に未熟である」と批判した。この批判は政治と倫理の関係を問いながら心情倫理の問題性について論じる文脈のなかに位置しており、この命題に反駁するヴェーバーの論理を辿ることが、心情倫理の問題性を明らかにすることに繋がるだろう。それではフェルスターとはどのような人物であったのか。ヴェーバーがフェルスターを心情倫理家として批判した内容を明らかにするために、本節においては個人史と政治史の観点からフェルスターの思想と政治行動を簡単に辿っておこう。

フリードリヒ・ヴィルヘルム・フェルスターは、一八六九年ベルリンに生まれ、一九六六年スイスのキルヒベルクで死去した。ほぼ一世紀に及ぶ彼の生涯には、第二帝政、第一次世界大戦、ワイマール共和国、ナチス・ドイツ、第二次世界大戦、冷戦という歴史が刻み込まれている。彼は一八八九年から一八九三年にかけてフライブルク大学で哲学・国民経済学・心理学を学び、その後「ドイツ倫理的文化協会（Deutsche Gesellschaft für ethische Kultur）」[6]と「国際倫理連盟（Internationaler Ethischer Bund）」に関わった。主にスイスで大学私講師を務めながら、少年教育の観点から公民教育論の本を多数書いた[7]。その教育論は政治教育と密接に結びついており、一九〇四年頃から彼は教育学者として名を馳せ、一九一四年にはミュンヒェン大学哲学部教育学の教授となっている[8]。

彼の政治行動の背景としてそのキリスト教信仰を指摘しておかねばならない。彼はプロイセンのプロテスタンティズム的な雰囲気のなかでもとくに信仰心篤く育ったわけではなかったのだが[9]、一八九九年頃からカトリックに傾斜しはじめた[10]。ただカトリック教会に対しては距離をおき、むしろ宗派を超えてエキュメニカルな志向が強かったといわれている[11]。彼自身晩年に自己を振り返って、自分は根幹においてガンディーと同じように宗教的人間であり、「生に宗教を適用した人間」なのだと述べているが[12]、そのあらゆる行動の根幹には宗派や神学を超えたキリスト教に対する信仰が息づいていた。

第一次世界大戦の勃発以降、彼は交渉と協調による平和を唱え、またドイツ軍国主義を激しく批判することになる。フェルスターは後年自らを「プロイセン軍国主義と闘った政治家」と同定している[13]。第一次世界大戦中ドイツの軍国主義的ナショナリズムを批判する多くの論文を発表し、戦争責任問題に関するドイツの責任を唱えた。彼によると、ドイツの「罪」とは「戦争の悪徳、剣への信仰、国家崇拝」にある[14]。とりわけ彼は戦争責任問題の核心を、「あらゆる他の観点に対して軍事的観点を優越させる」ドイツ軍国主義にみており[15]、それは軍部・軍人層によって代表されているのみならず、「大学教員、大学教授、戦争神学者、ジャーナリスト、重工業企業家」といった「ドイツ人民の指導的教養層」によっても代表されていると捉えていた。この指導的教養層がナショナルな自己追求イデオロギーを理論的な公言やナショナルな宗教へと高め、そのことによって、ドイツ軍部による強奪や破壊や追放といった占領地における残虐な行為に現れたような「近視眼的な集合的自己追求」を可能にしたと非難している。[16]

こうした激烈な批判のためにフェルスターはドイツ国民各層からの激しい反発を受け、ミュンヒェン大学によって一九一六年七月から二ゼメスター分の「休職」に追い込まれている。[17] 休職中の一九一七年七月、彼は連邦制をもとにオーストリアを再構成するというハプスブルク皇帝カール一世の計画に関連してヴィーンに招かれている。[18] フェルスターのこの動きはオーストリアとハンガリーの分離による講和について噂を生み、ドイツ国内に大きな波紋を投げかけることとなる。この件をきっかけにミュンヒェン大学でフェルスターの講義が妨害される事件が起きたが、それは他大学の学生をも巻き込む騒動へと発展した。戦争の長期化にともない、とくに戦争帰還兵を中心に学生のあいだでも社会主義的・平和主義的な理想に共鳴する傾向が広がっており、フェルスターはその象徴的人物として学生の抗議と支持の両方を受けていたのである。[19] ちなみにヴェーバーは、『職業としての学問』のなかでこの事件を取りあげている（講演は一九一七年一一月七日にミュンヒェンで行われた）。ヴェーバーはこの講演で価値判断の入る政治を講義室に持ち込むべきではないと主張したが、フェルスターへの批判を組み込んだ講演内容は学生たちに快く迎えられたわけではなかったという。[20]

一九一八年一〇月末から各地で革命の波が広がるなか、先陣を切ってミュンヒェンではK・アイスナー（Kurt Eisner, 1867-1919）が権力を掌握する。フェルスターはアイスナーに請われて、この政権のスイス公使になった。アイスナーは首相と外相を兼任し対外政策に力を注いだが、その政策の基本は、ウィルソン米大統領を交渉相手に連合国側と公正な講和条約を結ぶことにあった。彼は、ドイツの戦争政策に反対してきた勢力が政権を担っていることをウィルソンが知ればその態度を軟化させるだろうと期待しており、連合国側との人脈をもつフェルスターを仲介役として必要としたのである。[21] アイスナーはヴェーバーを激怒させた外交文書公開事件を起こすなど政治的失敗を重ね、[22] バイエルン革命はヴェーバーによって「革命カーニヴァル」と罵倒されることになる。[23] フェルスターはこのような政権に関与したのだが、アイスナーの政策すべてに賛同したわけではなかった。彼は、国民議会の開催に意欲的でなかったアイスナーを批判する論文を一九一八年一二月に発表している。それは民主的プログラムと現実の独裁とのあいだの矛盾を指摘し、至急に国民議会を召集するよう要求するものであった。アイスナー政権の地盤が揺らぎ始めているところに、対外政策における助言者として信頼していたフェルスターから突きつけられた内部からの批判は、彼に手痛い打撃を与えるものとなった。[24] アイスナー政権に対する彼の評価も、「一九一八年の革命家たちは、自分たちをすべて一八四八年の後継者とみなしてドイツにデモクラシーを基礎づけようとしたのだろうけれど、彼らは水兵や帰休兵の軍隊と帰還兵の助けでもって少数者の独裁制を築くという矛盾したやり方でこうした新しい創造をはじめてしまった[25]」と、決して高いものではない。にもかかわらず彼は――社会主義者でも、ましてやボルシェヴィキでもなかったのだが[26]――この政権に関与したことを晩年になっても「後悔していない」と述べている。[27]

だがフェルスターがこの政権に関与したことは国内から「反ドイツ的」と批判を招いたばかりか、政権を内部から批判したことが右翼の中傷キャンペーンをいっそう容易にしてしまう。戦争中も味方についたカトリック教徒や社会民主党系の新聞すらも彼と距離をおくようになり、一九二〇年には教授職を辞している。[28] 一九二二年、ラテナウ暗殺をきっかけに、フェルスターも暗殺を恐れスイスに亡命した。その後パリへ移住したが、一九三三年成立のナチス政権によって全著作が禁書リストに載せられ焚書と国籍剥奪に処せられた。ナチスの追及を逃れて一九四〇年にアメリカに渡り、戦後一九六三年にはスイスに戻ったがドイツに帰国することはなかった。ホシエックは次のように述べている。「彼はドイツを見ることは二度となかった。彼は来るべき没落の最初の亡命者であり、無数の亡命者たちの最初の一人であった」、と。[29]

フェルスターは第二次世界大戦後、一般に忘れられた平和教育学者とみなされている。だがその墓碑に「教育者、倫理家、警告者、闘士」と刻まれているように、[30]彼を教育学者としてのみ捉えるのは不十分であろう。同時代的な評価をみてみると、フェルスターは「教会陣営からではなく、現代生活のカオスから登場し」、「説得力ある生活体験・世界体験に基づいて、キリストの教えのなかに唯一の救済を見ている」人物と捉えられている。[31]当時の文脈では、フェルスターは教育学者としてのみならず、ドイツ軍国主義を徹底的に批判した平和のための「警告者、闘士」として現れ、また彼自身は自らを「倫理家」と認識していた。多くの研究の基調は、主に平和主義と教育学の観点から、ドイツ軍国主義とナチズムに抵抗したドイツ人としてフェルスターを再評価している。[32]ホシェックは、フェルスターは教育学者としては世界中から承認されたが、彼の政治的著作と政治行動がとくにドイツ本国からは拒絶され、このことが彼を忘れられた人物にした理由であると述べている。[33]

Ⅲ　ヴェーバーによるフェルスター批判

1　ドイツ倫理的文化協会への批判

フェルスターに対するヴェーバーの批判は、実は一八九五年のフライブルク大学就任講演「国民国家と経済政策」にまで遡る。その末尾でヴェーバーは政治教育について論じるのだが、そのさい二つの陣営を批判している。一つが学校教育へのキリスト教会の影響を強めようとしたプロイセン国家であり、もう一つがフェルスターの関わったドイツ倫理的文化協会であった。ヴェーバーは講演のなかでその活動を次のように批判した。

人間的には敬愛され尊敬されてしかるべきだが、にもかかわらず、言葉では表せないほど俗物的な、気質の柔弱さをもった人たちがいて、そういう人は政治的理想を「倫理的」理想によって置きかえることができると考えており、倫理的な理想と楽観的な幸福の希望とが無邪気にも同じものだと考えている。こういう人たちも同様に、政治教育の反対物である。(34)

ドイツ倫理的文化協会は一八九四年にベルリンで設立され、天文学者である父ヴィルヘルム・フェルスター（Wilhelm Julius Foerster, 1832-1921）が会長となり、(35)息子フェルスターはフライブルク支部を率いることになった。彼は一八九五年以来雑誌『倫理的文化』の編集者を務めている。この協会の目的は、「教会の影響から自由な倫理の授業を導入すること」であり、また「ドイツ観念論哲学の倫理的教義を基盤に社会的・文化的改革をめざすもの」であった。(36)フェルスターの自伝によれば、この協会はフェリックス・アドラーによる「倫理的文化協会（Society for Ethical Culture）」の流れを汲んでおり、一九世紀末のアメリカの倫理運動の影響を受けたものであった。(37)フェルスターはアドラーの倫理運動が教育活動全般に影響を与えることを学び、この協会との関わりから教育論を展開するようになる。一九〇四年以降「教育学者」として名を馳せることになるのだが、彼は自身のことを何よりもまず「倫理家」と考えていたと強調するように、(38)その思考と活動は宗教的なものから切り離されたものではなくなってくる。倫理的文化協会での活動においても、彼は回心によってキリスト教へと傾斜を強めたことにより、他のメンバーとの距離が開いていくことを避けられなかったようで、一九〇三年に協会から退いている。(39)以後フェルスターは宗教的理念を背景に、政治教育による国民の倫理化を独自に模索するようになる。

一方、ヴェーバーの一八九五年の講演論文は、ドイツ東部地域でポーランド人を安価な労働力として利用するユンカーと大ブルジョワジーの資本主義的市場原理を批判し、ポーランド人の排斥とドイツ人労働者の保護を強く訴え、国家理性に即した社会政策・経済政策の立ち上げを要請するものであった。そして、中産市民層と労働者階級にドイツの国益を担い「国民」の核となることを期待し、そのために政治教育の必要性を訴えるものであった。この時期ヴェーバーは、政治的情熱を失わない国民に支えられて権力政治を追求する国家を求める立場から、フェルスターの関与したドイツ倫理的文化協会を批判したのである。両者の政治教育観の差異がすでに現れている点は興味深いが、ここで確認しておくべきことは、この段階でのフェルスター批判は、国家理性と国益の観点から為されたものであり、心情倫理と関連づけられたものではなかった点である。

2 『職業としての政治』におけるフェルスター批判

長引く第一次世界大戦、敗戦、その後の革命というドイツ社会の混乱期にあって、ヴェーバーは、一九一九年一月の「職業としての政治」講演以前にもフェルスターの政治行動をきわめて批判的に見ていた。オーストリアの戦線離脱に関しては、皇帝に対する彼の影響をよからぬことと見ていたし、[40] 一九一七年の「フェルスター事件」に言及した『職業としての学問』においては、学生層を分裂させた彼を「講壇預言者」と批判している。一九一八年三月には、戦争責任と講和問題を扱ったフェルスターの論文「講和を妨げるものと講和の可能性——現在の世界状況に関する一考察」（一九一八月一月四日）を念頭に、[41] 英仏の戦争継続理由を「感傷的に歪曲」しドイツの「責任」を論じたことを、「道徳的な自己修練の欠如」と批判した。[42] だがなにより、フェルスターがアイスナー政権に関与した時期に重なる講演「職業としての政治」（および論文『職業としての政治』）が問題となってくるだろう。この講演におけるフェルスターの否定的な扱い方は、革命政権の対外政策に関与したその政治行動への批判と結びついていた。とりわけ聴講者である学生たちが革命的社会主義・平和主義に影響を受けた層でもあったがゆえに、彼らの前でフェルスターを批判することは、その「不毛な興奮」に冷水を浴びせる効果をもつものでもあったはずである。

『職業としての政治』に目をむけると、フェルスターが登場するのは、「目的は手段を正当化する」という命題に関して「どのような目的がどのような手段を正当化するのか」を倫理的に決定することは不可能と、ヴェーバーがその困難さを指摘するところである。

　その心情の疑いようもない純粋さの点で人格的には高く評価するが、政治家としては絶対に認められない同僚F・W・フェルスターは、彼の著書において次のような単純な命題によってその困難を回避できると信じている。すなわち、善からは善のみが生まれ、悪からは悪のみが生まれうるという命題である。それならばもちろん、こうした問題はすべて存在しなかったのであるが(43)。

ヴェーバーはフェルスターの心情の純粋さを強調しつつもその政治行動を批判して、行為の結果を顧みない心情倫理家として位置づける。ヴェーバーはまずフェルスターの善と悪との関係についての見解に異を唱え、「善からは善のみが、悪からは悪のみが生まれるというのは、人間の行為にとって決して真実ではなく、しばしばその逆が真実であ」り、このことを見抜けない者は「政治的に未熟である」と批判を続ける(44)。それでは、ヴェーバーにこのように批判されたフェルスターは、善と悪の関係をどのように論じていたのか。そこに心情倫理の問題性を見てとる手がかりを得られるはずである。

Ⅳ　善と悪の関係

1　フェルスターにおける善悪論および山上の説教の意義

ヴェーバーによって善と悪の「単純な命題」と指摘された内容は、フェルスターの論文「国家と道徳律（Staat und Sittengesetz)」のなかに現れる。そこでフェルスターは、信仰と実践の一致という観点から、「目的は手段を正当化する」という「古い現実政治的命題」を詭弁として斥ける。「現実政治家」たちは「政治的かつ道徳的に好ましい目的が、同時に非道徳的な補助手段のもつ罪を清め、不純なる手段に影響を及ぼすような力をもっている」と考えるが、フェルスターにすれば事実は逆である。政治家が「建設的な目的を不純かつ暴力行為を伴う手段によって追求する」場合、それは「悪魔的な諸力」を利用することになるだろう。いったん呼び出されたその力は偉大かつ建設的な活力をすべて奪いさり、いずれは善き目的をも駆逐する。こうなると政治家の内面は分裂し、その意志は深い無気力へと落ち込んでいくしかない。ゆえに善き目的が悪しき手段を正当化するという命題は矛盾であり、「善から悪は生まれえず、悪から善は生まれえない」ことこそが「根本的な真理」とされるのである。[45]

また善と悪の関係についてフェルスターは、悪もまた神の摂理の聖なる計画のなかに組み込まれていると述べる。「地獄において洞察することは天国への衝動を高める」というように、「邪悪さ」はその全貌を展開すればするほど、そのことがまさに「魂の深みから治療的な対抗力」を呼び覚ます。[46] 彼にとって「地獄」とは魂の試練である。[47] だが、いくら悪が善への衝動を高めるとはいっても「非道徳的な手段を積極的に働かすことは欺瞞」であり、善と悪の関係はマニ教的な二元論ではない。「あらゆる真の生、あらゆる現実の建設は、ただ首尾一貫した

《魔王よ退け（Apage Satanas）》でもってのみ始まる」のであり、悪のただなかにあっても人間を善へと志向させるものがあるかぎり、「否定的なるものは肯定的なるものへの機会となりうる」[48]。そして人間を善へと向かわせるものこそがキリスト教であり、より具体的には山上の説教に体現されているものということになる。

> 山上の説教のもっとも深い意味は、〔……〕それが悪に対する単なる反射作用や単なる「反応」を越えて、〔……〕われわれの魂のもつ積極的・創造的諸力を解放するところにある[49]。

フェルスターによると、たしかに人間は原罪を負った「根本的な邪悪性」をもつ存在ではあるけれども、それだけではなく「より高い素質」をも与えられた存在であり、キリスト教はそうした人間の素質を引き出し低劣な力と闘わせる道標である[50]。この観点から彼は、O・バウムガルテンをはじめとするドイツ・プロテスタンティズムが、善きキリスト者たろうとする内面の道徳と、国家の無条件的自己主張と拡大への支持を両立させたことに対して、「まったく大国に屈服してしまった宗教」として「プロテスタント的キリスト教は破綻している」と非難した[51]。彼は晩年、『職業としての政治』におけるヴェーバーからの批判を誤解に基づくものだと反論しながらも、「この世の多くの善に見えることは悪からもたらされるが、それはまさに見せかけにすぎ」ず、「善は悪の本質からは決して生まれることはなく、ただ善の本質からのみ生まれるものであること、善の反撃は、まさに悪の明瞭さによって刺激され、効力を発せられるものであること」と、その主張を変えることなく一貫して唱えている[52]。

彼はこうした理解から山上の説教を「生の現実に適用する」よう要請する。彼にとって、政治と道徳を分裂させることは欺瞞以外の何ものでもない[53]。当然、政治という営みもそこから離れてあるべきではなく、生の全体において倫理的に首尾一貫して在ることが要請される。あるべき政治家とは、「現実における人間のもっとも深い方向性[54]」、「現実と取り組むのにもっとも有益な手段と道標[55]」として山上の説教を受け止める者である。あるべき国家とは、「そのすべての実践において、外部に対しても内部に対しても、道徳的諸力に模範的な服従を示す」ものである。ここから、指導的政治家と国民教育者の仕事、政策と教育学の緊密な連関もまた要請される[56]。さらにこの観点からフェルスターは、「平和運動は社会発展において大きな課題を負う」ものと主張するのである[57]。

2　ヴェーバーにおける善悪論および山上の説教の意義

こうしたフェルスターの山上の説教の捉え方に対してヴェーバーは鋭く批判を投げ、まったく異なった解釈を提示する。ヴェーバーによると、山上の説教は「今日、この掟を好んで引用する人びとの考えているより、もっと厳粛な問題」であり「本当に笑いごとではない」問題である。山上の説教が意味することは、「他人に殴る権利があるのか、そんなことは一切問わず、無条件に頬を向ける」生を選ぶことであり、現世の諸秩序、とくに政治的共同体に対して徹底的に距離をおく生を選び取ることである。だから、福音の倫理にしたがおうとする者が「革命」に携わることは原理的にありえない[58]。それゆえ、フェルスターの山上の説教に基づく善悪論に対しても、ヴェーバーは次のように批判を続ける。

> しかし、ウパニシャッド以後二五〇〇年たってもなお、そうした命題がこの世の光を見ることができたというのは、まったく驚くべきことである。世界史の全過程がその逆だと告げているのみならず、日常的経験をそれぞれ全面的に検証してみてもそうだというのに。地上のあらゆる宗教の発展は、その逆が真実であるということに基づいているではないか[59]。

ヴェーバーは、キリスト教のみならず地上のどの宗教においても、宗教を成立させてきた人間の歴史を辿っていけば「この世の非合理性の経験」に行きつくという。つまり、「全能であると同時に慈悲あるものとみなされる力が、不当な苦難、罰せられざる不正、改善しようのない愚鈍さに満ちた、かくも非合理な世界をどうして創造しえたのだろうか」という経験が救済宗教を成立させる原動力なのである。[60] まさにこの経験こそが、善と悪の偶然性という認識をもたらしているとヴェーバーは見ていた。

救済宗教の根幹にある現世の非合理性の認識は、苦難・不正・愚鈍、さらにそうしたものの不公平な配分に直面しなければならない人間の根本的体験に基づく。「中間考察」に鮮やかに描かれるように、現世における個々人の幸福の不公平な配分に対して「正当な応報による補償（der gerechte vergeltende Ausgleich）」を要求することが、「生の現実の組織的・実践的な合理化の試み」を生み出し、その帰結として「救済への要求」を洗練させていく。こうして生じる「苦難の神義論」の体系化は、「正当な応報による補償」の問題を現世内で解決することは難しいという認識を精緻化していく。なぜなら、たとえその補償が考えられたとしても「苦難の存在という単なる事実そのものがまさにどこまでも非合理であるほかはない」からである。[61] まさに現世とは「不完全、不正、苦難、罪、無常の場所として、そして避けられない罪を背負い、その展開と分化とともにますます無意味化していくほかはない文化の場所[62]」でしかなく、それゆえ、文化世界における行為や現世における文化財はすべて宗教的罪責を刻印されたものとみなされるようになるのである。[63]

こうした観点から見た場合、政治は苦難の補償という問題を解決できないばかりか、そうした苦難や不正を生み出す元凶の一つでもある。「本来的な政治活動」が「人間の平均的資質や妥協や策謀、またその他の倫理的に不快な手段や、ことに人間の利用、そしてあらゆる目的の相対化」をめざすものであるかぎり、それは倫理的要求とは相容れない。だからこそ宗教は政治的なものから離れ、救済という個人の魂にとって価値あるものを追求しようとする態度を生み出す。無世界論的な同胞関係といった「真に宗教的な徳」は、「政治的権力装置の内部にはその場所を見出しえないという原理的な考え方」へと行きつくのである。(64)

キリスト教もまた古代および中世においては、強度の違いこそあれ、政治的なものからの撤退・忌避・無関心という要素をもつとヴェーバーは強調する。(65) とりわけ、イエスの教えに現れる同胞関係は、「無条件な許し、無条件の施し、敵に対してさえもの無条件なる愛、災禍に対して暴力をもって抵抗することもない無条件なる不正の甘受」(66)を要請するにいたり、「政治的集団からの解放をもっとも徹底的に成し遂げる」(67)ものと見られているのである。

山上の説教に対するヴェーバーの理解もこうした文脈において捉える必要がある。彼にとっては、善への衝動を高め魂の力を解放するものとして山上の説教があるのではなく、善と悪の関係が現世においてはきわめて偶然的かつ非合理なものとして現れるがゆえに、その結果として、山上の説教のような絶対的な掟が意味をもつのである。その場合、この掟に従う者は現世との徹底した緊張関係に入り込むことを避けられない。ヴェーバーが見ていたのは、こうした宗教倫理と政治的なものとの根源的な分裂であり衝突であった。ヴェーバーが政治と倫理の関係をどのように捉えていたかを見る場合、なによりもここを原点として押えなくてはならない。それは丸山眞男がいうように、キリスト教が「政治権力への合一を原理的に拒否する倫理として登場」し、「社会的乃至政治的地平に解消し尽くされない次元を人間に開示する」ことにも関わっているだろう。(68)

以上から、善悪論と山上の説教をめぐっては、フェルスターの理解とヴェーバーの理解は根本的に異なっていることを確認した。フェルスターにとって山上の説教に現れる宗教的信仰と（平和主義的）政治行動は密接な関係にあることも明らかにされた。彼は山上の説教の要請を生の全般に適用するという指針のもと、教育活動や平和運動に携わり、プロイセン軍国主義を弾劾し、そしてバイエルン革命政府に関与した。ヴェーバーはこのようなフェルスターを『職業としての政治』において心情倫理家と批判したのである。それは宗教社会学研究において用いられた心情倫理概念が、政治的な文脈のなかで使用されることになった場面である。以下ではこの交錯点において心情倫理のいかなる特質が浮き彫りにされるのかについて検討する。

V　近代的主体の心情倫理と「神なき罪の感情」

1　近代人の「神なき罪の感情」と「人間性に疎遠なもの」

第三章において見たように、ヴェーバーは宗教社会学研究において、現世に対して宗教的要請がもたらす緊張が先鋭化されればされるほど、宗教倫理が心情倫理的に純化・体系化される傾向があることを指摘した。そしてそれは古代ユダヤ教、原始キリスト教、禁欲的プロテスタンティズムに顕著であり、とくに後者においていっそう先鋭化されると捉えられていた。『宗教的ゲマインシャフト』においてヴェーバーは、この彼岸へと向けられた宗教的な禁欲的プロテスタンティズムの教説とちょうど対になるものとして、「宗教性を失った」近代人に固有の「羞恥心」、「神なき罪の感情（gottloses Sündengefühl）」を対置している。

宗教性を失い此岸へと目を向けた決定論に立つ、この〔予定論的決定論の〕宗教的信仰価値の対になるものが、あの独特な一種の「羞恥心」と――いわば――神なき罪の感情であり、それらは、いかなる形而上学的基礎づけからかはともかく、心情倫理への倫理的体系化に基づいて、近代人にとっても同様に固有のものなのである。

前章で見たように、禁欲的プロテスタンティズムにおいては、救済が予定されているかどうかは「全人格性」において確証されるべきことであった。それは「堕落せる集塊」「罪の容器」としての現世のあらゆる文化に徹底的に対峙する、「聖なる心情」を維持し研鑽を積むところの人格であった。この予定信仰における心情倫理的主体と対になる存在として、ヴェーバーは「宗教性を失った」「近代人」に言及する。近代人に固有の「羞恥心」や「神なき罪の感情」の存在が指摘され、彼らは「『赦し』や『悔い』や『償い』といった意義深い可能性」をもはやもたず、それゆえ「人間性に疎遠（menschlichkeitsfremd）」なものとなるのだという。[69]

ここで記された近代人の「人間性に疎遠」な在り方とはどういう事態をさすのか。「何らかのひそかな神の理性（ratio）を考えることはできた」プロテスタンティズムの予定信仰と「宗教性を失い此岸へと目を向けた決定論」との対比は、「中間考察」に記された「倫理的な応報因果律の秩序世界」と「自然的因果律の秩序世界」の「相互に和解しがたい対立関係」と重なりあうだろう。[70] 宗教的知性主義から発した世界の脱魔術化は、やがてあらゆる事象を実証主義的科学の思考対象へと客体化していく。それは神の意志が自然を支配しているという認識から、自然は独自の法則で活動するものであり、科学の目的はその法則そのものを理解することだとする認識への変化をもたらすものである。「中間考察」に描かれたように、科学的思考によって秩序世界における意味が剥奪されるにつれ、そこに生きる人間は生の無意味化、死の無意味化という運命に落ち込まざるをえない。近代人の「人間性に疎遠」な在り方とは、こうした文脈において理解されうるだろう。

「中間考察」では、宗教倫理と経済・政治・美・性愛・知の「諸領域相互間の緊張関係」が描かれる。[71]「近代の合理的資本主義経済の秩序世界がその内在的な固有法則性に従うようになればなるほど」、また国家的権力秩序がその事務を「合理的諸規則のもっとも理念的な意味において」処理していけばいくほど、そうした諸領域は宗教的同胞関係といっそうの緊張関係にたつ。(72) 経験科学の合理主義は宗教を非合理的な領域へとますます追いやり、(73) 芸術は「理論的・実践的合理主義の増大する抑圧からの救い」として、宗教倫理に代わって「現世内的な救済の機能を受けも」とうとする。(74) このような状況のなか、近代人は「文化財への奉仕が聖なる使命とされ」(75)、「外面的ならびに内面的な文化秩序にしがみつき」、「文化人へと純粋に現世内的に自己完成」しようとする。(76)

しかし近代人が、たとえば経済の領域においては経済的人間たろうとすること、政治の領域においては政治的人間たろうとすることは、「『人格のいかんを問わず』、『怒りや熱意もなく』、憎しみも、したがって愛もなく、意志も、したがって恩寵もなしに、ただ事柄に即した職業義務として」(77) 行為することに帰結する。また美の領域は、倫理的判断に対する責任を回避しようとする姿勢をみせることで、「普遍妥当的」な倫理的規範に抵触し、無責任な享楽と愛の喪失の領域であることを露わにする。(78) 性愛は、「人間と人間の魂が〔おのれ自身を〕打ち破って直接的に触れ合うこと」を可能にし、「いかなる合理的な努力によっても永遠に到達しえない真の生なるものの核心に足を踏みおろした」という体験をもたらすものである。しかし、性愛が昇華され洗練されればされるほど、それは「もっとも人間性に満ちた献身を装うがゆえに、洗練された形をとった他者における自己の享楽」であり、「当事者たちには気づかれないような、より野獣的でない側の魂に対して加えられる奥深い内面における暴行（Vergewaltigung）」であることを露呈させてしまう。(79)

彼女／彼の依拠する現世諸秩序は、つきつめれば、人間の生にとって解決しがたい矛盾を内包する。たえず暴力を生み出しながら「正義」の体裁をとる国家的秩序世界、現世内生活に必要な物質的財を最高度に合理化された形で供給し続ける経済的秩序世界、倫理的価値判断（「道徳的に悪い（»verwerflich«）」）を趣味上の判断（「趣味が悪い（»geschmacklos«）」）に変えてしまいかねない芸術、野獣性を洗練された形で繕う性愛、認識の力によってあらゆる事象を支配し利用することにつながる知の秩序世界(80)――こうした現世内の合理的文化はみな「人間性に疎遠」な「根底から愛を欠如させた構成体」[81]であることを曝け出してしまうのである。

このように見てくると、近代人は経済・政治・美・性愛・知の各領域で文化財を追求すればするほど、そこに内在するパラドックスに無縁ではいられない。現世内の諸文化に関わることが他者の人格性を踏み潰していくような暴力性をはらみ、そこでの文化財追求は一転して罪の根拠にもなりうるという二重性を帯びたものとして立ち現れてくる。近代人が依拠する現世の諸領域は、その文化財に専心すればするほど「人間性に疎遠」なものをグロテスクな形で露呈する。ここには「罪の『赦し』や『悔い』や『償い』の意義深い可能性」はなく、畢竟、魂の救済は無縁のものとならざるをえない。近代世界の諸文化は、生の無意味化、死の無意味化という人間の根幹的な存在理由を虚無化する事態とつねに隣り合わせになっている。

2　近代国家の「罪」――フェルスターの心情倫理に見られる特質

ヴェーバーの宗教社会学研究において、罪の観念の体系化とは呪術の拒絶によって始まり、神の意志に反することが「『良心』を苦しめる倫理的『罪』」として精緻化されていくこととされた[82]。こうした罪の意識こそが宗教倫理の心情倫理的純化を促すものであった。西洋文化世界独自の展開をもたらす脱魔術化は、呪術から罪の観念を分離させ、宗教倫理の体系化によって「心情倫理的な罪の概念」を成立させた。神を準拠点にした場合、現世の非合理性・被造性こそが罪の根源であり、ひいては現世で社会的関係を営む人間の生そのものも倫理的罪を帯びたものとして捉え返される。それは禁欲的プロテスタンティズムが生活態度の全面的合理化と現世改革に向かう動因であった。これに対し、「宗教性を失った」近代人にあっては、神との関係から罪を捉えることはなくなっている。だが、「神なき罪の感情」とヴェーバーがいうように、何らかの「罪」の意識から免れているわけではない。ここに一つの問いが立ち上がる。もはや神の意志に反することが罪の根拠といえない以上、近代人の

「罪」とは何なのか。彼女／彼の良心を苦しめるものとは一体何になるのだろうか。近代人特有の心情倫理を考える場合、この「罪」が何に由来しているのかを考える必要があるだろう。

先述したように、近代人にとって現世の諸領域で文化財に専心することから現れるあのパラドックスは、政治的領域においても際立ったものとなる。ヴェーバーによると、社会的共同体の外的秩序が国家という文化的共同体の姿をとるようになればなるほど、その秩序は暴力によってしか維持しえないものであることを露呈させる。とくに「正当な物理的暴力の独占」を推し進める近代国家にあっては、政治的領域につきまとう暴力プラグマはいっそう苛烈なものとして、しかも「正義」の体裁をとりながら立ち上がってくる。しかし倫理的観点から見れば、その「正義」は名目上にしか考慮されず、「内外に対するあらたな暴力行為を絶えず生み出し、そのうえさらにその暴力行為のための不誠実な口実を作り出す[83]」ものである。このきわめて「人間性に疎遠」で「愛を欠如させた構成体」たる国家の姿に、近代人が罪の根拠を見出すことは容易いだろう。魂の救済はもはや切なる関心たりえないけれども、国家の罪に徹底的に対峙することが、「人間性に疎遠」ではない倫理的在り方を追求することになる。この論理に基づくならば、先に見た山上の説教に依拠するフェルスターの政治行動はどのように解釈できるのだろうか。

戦時中に発表された諸論文においてフェルスターは、まさに「罪」という言葉を使ってドイツの戦争政策を批判した。

> われわれの罪は、戦争の悪徳、剣への信仰、国家崇拝（das *Kriegslaster*, der *Schwertglaube*, die *Staatsanbetung*）であったし、われわれは自分たちの強さ、すなわち、組織と、それに関連する道徳的崩壊という特殊な方法すべてによって堕落したのである[84]。

「戦争の悪徳、剣への信仰、国家崇拝」をまさに「われわれの罪」と表現するように、彼は戦争政策を推し進めるドイツ国家の「罪」を強調する。ドイツの軍事システムを「冷酷なマシーン」であり、「『計画された』非人間性」を体現するものと特徴づけ[85]、その批判の矛先を、軍部や軍人のみならず、指導的教養層、さらに戦争政策を支持するプロテスタントやカトリックの神学者らへと向けた[86]。さらに上級教師、教授、戦争神学者、ジャーナリスト、重工業企業家といった指導的教養層を「われわれの罪の真の根源」とも呼んだ[87]。

フェルスターを心情倫理家とみなす根拠は、まさに現実の国家が「愛を欠如させた構成体」であることに「罪」を見出し、その罪の源である国家およびそうした国家を支持する層を告発する彼の思考と行為に存在する。彼にとって、あるべき国家とは「高い善に従う国家、あらゆるその集団において、無思慮な実存的衝動の猛威を緩和させ、精神的秩序の力を強める国家」である。これに対し、「その自己主張を至上命令（das oberste Gesetz）とする」現実の国家は「アナーキストであり、アナーキーを呼び込むもの」でしかないのである[88]。

人間の精神の力やあるべき国家の姿に照らして、現実の国家の罪を告発するという論理構成、また悪が極まれば極まるほど善への衝動が突き動かされるという彼の主張には、政治的領域における悪や罪をつねに自らの試練へと捉え返す政治的態度が潜んでいる。まさに現世は心情倫理家にとって――プロテスタンティズムにとってそうであったように――「義務遂行の対象」なのであり、その行為は彼の全人格性と密接に結びついて導かれる。ヴェーバーはフェルスターの善悪論を子どもじみた「単純な命題」と拒絶した。しかし「単純な命題」という揶揄めいた言葉の背後に、ヴェーバーは心情倫理のこうした特質を見てとっていたはずである。ヴェーバーがフェルスターを心情倫理と批判するのは、彼の政治行動が原理的に政治的領域との衝突という形をとって現れるしかない点に基づいているのである。

る。

3 「純粋な心情」と行為の結果

『職業としての政治』でヴェーバーは、サンディカリストを例に引きながら心情倫理を次のように説明している。

心情倫理家は、純粋な心情の炎、たとえば、社会的秩序の不正に対する抵抗の炎が消えないことにのみ「責任がある」と感じる。炎を絶えず新しく燃え上がらせることが彼の諸行為の目的である――ありうる結果から判断するならば、まったく非合理的な行為なのであるが。行為とはただ模範的な価値（der exemplarische Wert）しかもちえず、またそうあるべきなのだ。(89)

行為か心情かという問いは、宗教社会学研究のなかですでに論じられたテーマである。倫理的応報の因果を「行為の功罪」によって説明するところでは、行為が自らの救済に関わる決定的な要因となる。たとえばインド宗教の神義論たる「業の教説」では、「人格性」ではなく「個々の行為の意味と価値」に重点がおかれる(90)（ヴェーバーはインド宗教、とくにブッダの教えを「模範預言（exemplarische Prophetie）」に位置づけている(91)）。これに対し、心情倫理へと内面を純化していく禁欲的プロテスタンティズムでは、行為は人格性の徴表としてのみ意味をもつ。救済という関心にとって「個々の行為の意味と価値」は後退するのである。心情倫理家にとって行為が「模範的価値」しかもたないというのは、こうした宗教社会学研究の文脈を踏襲するものと理解できるだろう。

だが『職業としての政治』においてヴェーバーは、心情倫理家が「純粋な心情」に重点をおくあまり行為の結果に対する責任を欠いてしまうと批判する。明らかに政治論の文脈では、心情倫理のこの特質は問題視せざるをえない要素として捉えられているのである。現世秩序と宗教倫理の緊張関係は心情倫理に本質的に内在するものであったけれども、政治的文脈にあっては、こうした態度は政治と倫理の緊張関係をいっそう苛烈なものにしてしまう。なぜなら、政治が暴力を標識とする以上、倫理的観点から見てそれは罪あるものでしかなく、心情倫理は政治に敵対する以外の態度を原理的にとらないからである。行為の結果よりも心情の純粋さに重点をおくという心情倫理には、政治的領域との衝突に焦点を定めた政治に対する絶対的敵対性という性質が潜んでいるのである。

フェルスターの政治行動にも、行為の結果を重視しないという心情倫理の特徴が見出せる。彼はアイスナーに請われてバイエルン革命政府のスイス公使となった。フェルスターがこの政権に関与した理由は、アイスナーが「バイエルン革命の道徳的側面を代表すること」を彼に求めたからだと説明している。[92]彼はアイスナー政権に対しては必ずしも高い評価を下していない。現実に対する不十分な見積もりを批判し、デモクラシーを求めながら水兵や帰休兵や帰還兵の助けでもって独裁制に陥ってしまったことを政権内部から批判した。しかし後年になって、この政権に関与したことを後悔していないと述懐する。アイスナーに対しても、「全世界とドイツ国民自体の利害関心において、ドイツの戦争政策に決定的に終止符を打つという運命によって与えられた機会をドイツ軍の敗北のなかに見た」人物として、その人生を「いかなる虚栄心ももたず、最上の意図によって満たされた「真に高貴な人間の悲劇」」と高く評価した。[93]バイエルン革命の顚末は、アイスナーの暗殺と内部抗争の果てに赤軍と政府軍の内戦にいたるという最悪の事態であった。ヴェーバーにとってバイエルン革命は、ドイツを無防備な状態におき外国支配への通路を開く危険なものであり、連合国との講和を少しでも有利な形で進めるためには、むしろ出来るだけ早くこの「革命カーニヴァル」を終焉させるしかないと考えざるをえないものであった。[94]しかしフェルスターにあっては、アイスナーの意図の正しさと、彼の行為および引き起こされた（あるいは予見しうる）政治的結果の深刻さは、究極のところ切り離されていたといえるだろう。

Ⅵ　おわりに

フェルスターは山上の説教に依拠し、キリスト教的価値観に裏打ちされた国家像や人間像を提示し、平和主義と政治教育の重要性を唱え、ドイツの軍国主義・ナショナリズム・戦争政策を徹底的に批判した。プロイセン軍国主義やナチズムに徹底抗戦したフェルスターの思想と行動が、平和運動や平和主義および平和教育学に与えた影響は決して小さくないし、そうした観点から再評価されてしかるべき人物である。とはいえフェルスターの孤軍奮闘する知的営みを長期にわたって辿り、平和主義的観点から問いなおす作業は本研究では取り組むことはできなかった。それゆえ本章はただ心情倫理の特質を明らかにするという目的に即してフェルスターの知的・政治的活動を検討したにすぎない。

ヴェーバーはフェルスターの心情の純粋さは認め、個人としては尊敬しているとしながらも、「政治家としての彼は無条件に拒否する」とその立場を鮮明にした。心情倫理の問題性は、『職業としての政治』のなかでヴェーバーが「倫理と政治の本当の関係とはいかなるものなのだろうか[95]」と問うように、政治が人間の生にとっていかなる意味をもつのかという「政治の意味問題[96]」と結びついている。それはとくに近代的秩序世界に生きる人間にとって、政治的領域に固有の暴力性に対していかなる態度をとりうるのかという問いに関わるものである。フェルスターの態度は、ヴェーバーのこうした問いに対する一つの具体的な応答事例であった。フェルスターはその宗教的理念に即して倫理的な国家を提示し、罪に満ちた現実の国家に敵対し抵抗する姿勢を貫いた。また彼の政治行動や政治的判断の根拠となった価値、「意図の高貴さ」は、実際に起きた政治的結果とは切り離されたものであった。心情倫理的主体の特質はこうした彼の思考と行為に具体例を見出すことができるであろう。

ヴェーバーの批判は、倫理的に正しい（とみなされる）選択が、政治的にも倫理的にも正しい結果を生みだすとは限らないという矛盾が付きまとう点への軽視あるいは無視に向けられていた。ヴェーバーの懸念するこの矛盾を心情倫理は原理的に解消できないだろう。というのも、心情倫理的主体は、理念として構築された世界像に照らして罪に満ちた経験的世界へと介入するけれども、経験的世界が倫理化されないままであるかぎり、それに敵対し介入するのをやめることはないからである。しかしヴェーバーの立場からすれば、経験的世界が倫理的に非合理であることは「ウパニシャッド以後」の経験的事実である。そうであるならば、心情倫理家は経験的世界に対してつねに敵対するという態度しか取らない存在だということになる。実際にフェルスターは、悪は善への衝動を高めるものであり、政治的領域の悪はつねに自らの「魂の試練」として捉え返されるものと考えた。ヴェーバーは『職業としての政治』において、政治的領域との関わりを原理的敵対性に収斂させる心情倫理家のこの思考様式を批判したのである。

また、『職業としての政治』における心情倫理批判の思想的背景として、世界の脱魔術化の果てに現れる「神の不在」という倫理的規範の動揺・喪失の事態を無視できない。ヴェーバーは、「預言的または改革的な色彩を帯びた激しい宗教的興奮の時代[97]」に生きたプロテスタンティズムの心情倫理的主体と近代世界に生きる心情倫理的主体のあいだには、神の存在をめぐって距離があると見ていた。「神遠く預言者なき時代に生きることが運命であるという根本的事実[98]」が、現代世界に対するヴェーバーの基本的認識である。こうした認識が例の「神々の闘争」と結びついて、「山上の説教のなかで告知された神とは永久に何の関係もなくなる」という発言を生み出してもいる[99]。科学的思考の全面化、宗教の後退という意味での世俗化、そして「神々の闘争」という各人の準拠点の分散化を念頭におけば、キリスト教的価値はもはや普遍的価値ではありえない。フェルスターにおいても、それは彼自身が選択した価値の一つにすぎないことになるだろう。

近代的主体とは、選択した価値を準拠点に「神なき罪の感情」を心情倫理的に結晶化し現世秩序と衝突することで、魂の確証と自己完成を求めるよう促された存在である。これこそが心情倫理的な近代的主体の存在様式である。それはルカーチの言葉を借りるなら、神から見放された世界においてひたすらに自己を「試す」在り方を強いられた存在ともいえるだろう。[100] 近代的主体にとっては、もはや「魂の救済」も罪の「赦し」も真の目的とはならず（なりえず）、もし目的があるとすれば、現世そのものの倫理的救済がそれに置き換わる。心情倫理がもつこうした特質は、ヴェーバーの引用するドストエフスキー『カラマーゾフの兄弟』の「大審問官物語」をめぐる部分にも現れる。次章では、この点に注目し、心情倫理の特質についてさらに迫っていきたい。

［注］

（1）Weber, MWG I/17, S. 237-238, S. 248-249（「政治」八九—九〇頁、一〇一頁）. ただ講演の末尾にいたっては、責任倫理と心情倫理が「絶対的な対立」ではなく、両方が相まって「政治への天職」を持ちうる「真の人間」を作り出すとされ、両倫理の相補的な関係性も示唆されている。それゆえ、責任倫理は心情倫理に優越するという結論を引き出すことには慎重にならねばならない。Weber, MWG I/17, S. 250（「政治」一〇三頁）.

（2）宮田 一九九六a、一四三—一四四頁、Roth 1987; Freund 1961. 本書序章注（23）も参照。

（3）Weber, Brief an Heinrich Simon vom 15. November 1911, in: MWG II/7, S. 348.「トルストイの結論」については本書第二章注（34）も参照。

（4）上山 一九七八、二二四—二二五頁。

（5）上山は「職業としての政治」講演当時の平和主義者の動きと民主党グループの関係について分析しつつ、ヴェーバーが『職業としての政治』では「平和主義者フェルスターをもっとも強く意識していた」と指摘する（ibid., 二二二頁）。佐野によると、フェルスターやノルトベックらのキリスト教平和主義へのヴェーバーの批判は、「当時のキリスト者から暗黙に突き付けられた政治的実践への回答」であり、ヴェーバーは「戦時における現実性」を強調し、キリスト教平和主義の「非現実性」を批判したと論じられる（佐野 一九九三）。ヴェーバーのキリスト教平和主義批判に関しては、山田 一九七〇も参照。逆にリーゼンベルガーは、ヴェーバーの批判に対して、破滅と孤立から政治を救出する方途を山上の説教に見ていた点でフェルスターを評価し、カトリック平和運動に理論的基礎を与えた人物と位置づけている。Riesenberger 1976, S. 190-196.

　フェルスターについての研究は以下の文献を参照。Hipler 1988; Hoschek 2003; Max 1999; *Meyers Enzyklopädisches Lexikon*, Band 9, S. 124; Pilger 1922; 大西 一九九六。

（6）この協会に対してヴェーバーは、一八九五年の講演「国民国家と経済政策」のなかで批判している。本章Ⅲ-1参照。

（7）一九〇四年の『少年訓（Jugend Lehre）』は一九一三年には七〇版をかぞえ、最終的には一一万八〇〇〇部を売りあげたという。日本には大正七年に抄訳『少年と道徳』（大日本文明協會訳、一九一八年）として翻訳された。教育学者中島半次郎は序文において、一九一〇年冬にベルリンで道徳教育に関する六回の講演を聴講したと記している。「其説き方は、其著書に於けると同じく、學術的の説明といふより、寧ろ権威ある者の説教といふ風であつて、大に人を感動せしむる力を有して居た。聴講者は、教育者の外に、一般の親達も來て居て、毎回講義の終わつた後、實際問題につき、多くの人の質問に快く答へて居られた」（一一一－一一二頁）。この文章からは、フェルスターの弁舌が聴講者を惹きつけるものであったことがうかがえる。

（8）Foerster 1953, S. 111-112; Hoschek 2003, S. 97ff.

（9）Foerster 1953, S. 73, S. 155-156.

（10）この転向の理由についてフェルスターは多くを語りたくはない「個人的な秘密」であるとしている。Foerster 1953, S. 156; Hoschek, 2003, S. 48-49. 自伝からは、カトリックのもつ「永遠性と時代超越性と歴史超越性」といった普遍的要素に心惹かれていったらしいことがうかがえる（Foerster 1953, S. 74）。

（11）Hoschek 2003, S. 46-48. フェルスターは、ナチス時代ヒトラーに抵抗した聖職者に対しても「ヒトラーの教会政策にのみ反対したのであって、ヒトラーの対外政策に対して勇気をもって闘ったわけではなかった」と、必ずしも高い評価を与えてはいない。Foerster 1953, S. 271. それでもフェルスターがカトリックの平和運動に与えた影響は小さくはない。一九一九年一月三一日にドイツ・カトリック平和連盟（Friedensbund Deutscher Katholiken）が設立されるが、とくに初期の設立メンバーの多くはフェルスターの著作に大きな影響を受けていた。Cf. Riesenberger 1976, S. 169-170.

（12）Foerster 1953, S. 35.

（13）*Ibid.*

(14) Foerster, 1919a, S. 19.

(15) Foerster 1919a, S. 8. Cf. Hipler 1988, S. 140.

(16) Foerster 1919a, S. 8-9. Foerster 1919b, S. 145. フェルスターは、戦争の原因と経過に関する真実が明らかにされてはじめて諸人民の和解の実現につながるとの観点から、ベルギーやフランスでドイツ軍が行った住民追放など戦争不法行為を記述した。占領地の住民は、兵卒や下士官よりも階級の高い軍人になればなるほど冷酷になると証言したという。こうした証言からフェルスターは「ナショナルな自己追求のイデオロギーと国家フェティシズムは非常にしばしば広範なドイツ教養層を非人間化し、精神的に冷酷にしてきたという認識」を導きだし、ドイツの軍事システムを「冷酷なマシーン」「『計画された』非人間性」と評している。Foerster 1919a, S. 4-7. Cf. Max 1999, S. 164-165.

(17) Hipler 1988, S. 105-106; Hoschek 2003, S. 101-106. フェルスターは一八六六年以来のドイツ帝国の軍事政策を批判した論文を一九一六年に公表したが、ビスマルクに関する彼の見解がミュンヒェン大学によって厳しく批判された。一九一八年（大正七年）には中島半次郎がフェルスターの罷免問題について報じている。フェルスター 一九一八、序文一三―一四頁参照。

(18) カール一世は破局的な経済状況と国内情勢から、ハプスブルク帝国を民族国家の連邦制へと再組織化することで帝国の存続をはかろうとし、また西欧列強とひそかに講和交渉をはじめていた（矢田・田口 一九八四、五二頁）。この過程で、皇帝は非公式に「超平和主義者」フェルスターを呼んで講演させた。Cf. Riesenberger 1976, S. 21. カールの計画はどちらも成功せず、一九一八年一一月にハプスブルク帝国は消滅するが、講演時点でフェルスターも皇帝のプログラムの展望のなさをはっきり感じ取っていたという。Cf. Hipler 1988, S. 116.

(19) Weber, MWG I/17, S. 27, S. 96, Anm. 40, S. 115. フェルスター自身は次のように記している。「しかし、その扇動記事は、ミュンヒェン大学のナショナリスティックな集団に、わたしに対する大規模なデモンストレーションを準備させるのに十分であった。わたしが一九一七年一〇月末から講義を再開するために最大の講義室に現れたとき、約五〇〇人の学生が集まっていて、彼らはさまざまな楽器を使って、耳を聾せんばかりの騒音でもってわたしを迎えた」。Foerster 1953, S. 209-210.

(20) Weber, MWG I/17, S. 95-96（「学問」四七―四八頁）; MWG I/17, Wissenschaft als Beruf. Editorischer Bericht, S. 60.

(21) だがアメリカ政府はもちろんベルリンの政府を交渉相手にし、アイスナーの試みと期待は空振りに終わった。Cf. Foerster 1953, S. 211; Hoschek 2003, S. 120-121; Hürten 2003, S. 447-448; 林 一九九七、六七―七〇頁。

(22) アイスナーは一一月二三日から二四日にかけて、サライェヴォ事件後ドイツ政府がオーストリア政府の危険な賭けを知りながら止めようとしなかったという内容の外務省文書を公表した。この結果、彼はベルリン政府と断絶、ミュンヒェンの孤立を招いた。Cf. Hürten, 2003, S. 448; 林 一九九七、七〇―七三頁。ヴェーバーの評価については、Weber, MWG I/17, S. 236-237（「政治」八八―八九頁）を参照。

（23）Max Weber, Das neue Deutschland, Rede am 1. Dezember 1918 in Frankfurt, Erster Bericht der Frankfurter Zeitung, in: MWG I/16, S. 383（「新しいドイツ」五三七頁）.

（24）Foerster 1953, S. 213-214; Hürten 2003, S. 454; 林 一九九七、八四頁。論文の題目は「バイエルンにおける現在の堪えがたき政治的状況（Die Unhaltbarkeit der gegewartigen politischen Lage in Bayern, in: *Münchener Post*, 32 Jg., Nr. 281）」である。

（25）Foerster 1953, S. 213.

（26）Foerster 1953, S. 211. アイスナーの反ボルシェヴィズムに対するフェルスターの影響については、以下を参照。林 一九九七、八一―八二頁。アイスナーの政策については、黒川 一九七七も参照。

（27）Foerster 1953, S. 211.

（28）Foerster 1953, S. 199-208. Hipler 1988, S. 14-20. Hoschek 2003, S. 127-129.

（29）Hoschek 2003, S. 131.

（30）Hoschek 2003, S. 170.

（31）Pilger 1922, S. 11.

（32）研究の多くはフェルスターを「ドイツ平和運動の先駆者」「二〇世紀の平和教育学の設立者」（Hipler 1988）、「倫理的また超党派的な意味で宗教的な基礎に基づいた、新しい教育学の創設者」（Hoschek 2003）、政治倫理と政治教育を要とする「倫理的基盤に基づいて首尾一貫した教育改革」を行った「哲学者、教育学者、『政治的動物』」（Max 1999）と位置づけている。戦後ミュンヒェン大学はフェルスターの名誉回復を行い、またライプツィヒ大学神学部は「文化哲学者」「国民教育者」として神学の名誉博士号を授与した。九〇歳以降にはローマ教皇庁（ヨハネス二三世とパウロ六世）から祝福の言葉が伝えられるなど、宗教的陣営からは宗教的平和に貢献した人物として評価された。Cf. Hipler 1988, S. 198.

（33）Hoschek 2003, S. 170.

（34）Weber, MWG I/4-2, S. 573（「国民国家」五四―五五頁）.

（35）父フェルスターは、一八九二年にベルタ・フォン・ズットナーとアルフレート・フリートが平和思想誌『武器を捨てよ』を創刊し、「ドイツ平和協会（Deutsche Friedensgesellschaft）」を設立したときに、そのベルリン支部初代会長にも就任している。

（36）MWG I/4-2, S. 538, Anm. 12, S. 573, Anm. 58.

（37）フェルスターは一八九九年に研修旅行でアメリカを訪れた。彼によると、この協会は「宗教的考えの崩壊が広がるさなかに、人間の大いなる倫理的伝統を救出し、それをさらに発展させ、近代文明のあらゆる領域に適用する」ことを目的としていた。アドラーがラビの息子でドイツ哲学の弟子であったことが、その運動に宗教的伝統から解放された倫理的基盤を与えていたという。とはいえ、宗教が「われわれの時代の倫理的課題、教育、学校、職業生活、あたらしい心理学的に深められた関心に適用されること」を否定するものではなかったとフェルスターは強調している。Foerster 1953, S. 109-110.

（38）Foerster 1953, S. 165.

（39）Foerster 1953, S. 112.

（40）Weber, Brief an Hermann Oncken vom 3. Dezember 1917, in: MWG II/9, S. 833-835. Cf., Mommsen [1959] 1974, S. 288, Anm. 289（一九九四、四六〇頁、五一七頁、注二八九）.

（41）Foerster 1918b.

（42）Weber, Brief an Anna Edinger vom 18. März 1918, in: MWG II/10, S. 99. Cf., MWG II/10, Einleitung, S. 3.

（43）Weber, MWG I/17, S. 240-241（「政治」九三頁）.

（44）Weber, MWG I/17, S. 241-242（「政治」九四頁）.

（45）Foerster 1918a, S. 201-202.

（46）Foerster 1918a, S. 202.

（47）Pilger 1922, S. 23.

（48）Foerster 1918a, S. 203.

（49）Foerster 1919e, S. 49.

（50）Foerster 1918a, S. 336-337.

（51）Foerster 1918a, S. 327-328. 同時にフェルスターはドイツの多くのカトリック陣営も「ナショナリズムと独立した権力国家のモラルによって感染させられている」と批判している（ibid., S. 330）。ドイツ・プロテスタンティズムとナショナリズムの関係については、深井二〇〇九参照。
(52) Foerster 1956, S. 323, Anm. 26a. フェルスターはこの個所を、「マックス・ヴェーバーのフェルスターに対する応答は、アクチュアリティを何も失っていない」というフロイントの批判を受けて註として書き込んだ。Cf., Freund 1961, S. 311. フェルスターは、ヴェーバーの批判は自分の著作からの引用ではなく、ある学生の間違った報告に基づいている、それゆえ深刻な問題を子どもじみた素朴さで扱っていると批判することも可能になったのだ、と反駁している。しかし内容を見るかぎり、フェルスターはヴェーバーからの批判に正面から反論を試みたとはいえないだろう。
(53) Foerster 1919d, S. 35.
(54) Foerster 1902, S. 88.
(55) Foerster 1918a, S. 327.
(56) Foerster 1918a, S. 166-167.
(57) Foerster 1902, S. 93. 平和運動・平和主義が第一次世界大戦前のドイツ社会では冷淡に評価されていたことはよく指摘されている。この時期のドイツの平和運動については以下を参照。中村 一九八六、中村 一九八七、中井 一九九五、武田 一九九九。フェルスターも平和主義や国際仲裁裁判所を求める運動に向けられた軽蔑の眼差しに異議を唱えている。Cf. Foerster 1918a, S. 334.
(58) Weber, MWG I/17, S. 234-235（「政治」八六―八八頁）.
(59) Weber, MWG I/17, S. 241（「政治」九三頁）.
(60) Weber, MWG I/17, S. 241（「政治」九三頁）.
(61) Weber, MWG I/19, S. 515-516（「中間考察」一五二―一五三頁）.
(62) Weber, MWG I/19, S. 519（「中間考察」一五九頁）.
(63) Weber, MWG I/19, S. 516-517（「中間考察」一五四―一五五頁）.
(64) Weber, MWG I/22-2, S. 389-390（「宗教」二八〇―二八一頁）.
(65) Weber, MWG I/22-2, S. 395-396（「宗教」二八五―二八六頁）.
(66) Weber, MWG I/22-2, S. 445（「宗教」三三六頁）.
(67) Weber, MWG I/22-2, S. 372（「宗教」二六四頁）.

(68) 丸山 一九九五、二六七頁。
(69) Weber, MWG I/22-2, S. 367（「宗教」二五八頁）.
(70) Weber, MWG I/19, S. 517（「中間考察」一五六頁）.
(71) Weber, MWG I/19, S. 485（「中間考察」一〇八頁）.
(72) Weber, MWG I/19, S. 488, S. 491（「中間考察」一一三頁、一一七頁）.
(73) Weber, MWG I/19, S. 512（「中間考察」一四八頁）.
(74) Weber, MWG I/19, S. 500（「中間考察」一三二頁）.
(75) Weber, MWG I/19, S. 519（「中間考察」一五八頁）.
(76) Weber, MWG I/19, S. 518（「中間考察」一五七頁）.
(77) Weber, MWG I/22-2, S. 400-401（「宗教」二九〇頁）.
(78) Weber, MWG I/19, S. 500-501（「中間考察」一三一―一三三頁）.
(79) Weber, MWG I/19, S. 507-508（「中間考察」一四一頁、一四三頁）.
(80) Weber, MWG I/19, S. 501, S. 517（「中間考察」一三三頁、一五五―一五六頁）.
(81) Weber, MWG I/19, S. 517（「中間考察」一五五頁）.
(82) Weber, MWG I/22-2, S. 175（「宗教」六〇頁）.
(83) Weber, MWG I/19, S. 517（「中間考察」一五五頁）.
(84) Foerster 1919a, S. 19.
(85) Foerster 1919a, S. 7.
(86) Foerster 1918a, S. 327ff.
(87) Foerster 1919a, S. 8.
(88) Foerster 1918a, S. 339-340.
(89) Weber, MWG I/17, S. 238（「政治」九〇頁）.
(90) Weber, MWG I/20, S. 330（「ヒンドゥー教」二八一頁）.
(91) Weber, MWG I/22-2, S. 189（「宗教」七七頁）.

（92）Foerster 1953, S. 211.
（93）Foerster 1953, S. 213-214.
（94）Cf., Max Weber, Das neue Deutschland, Rede am 1. Dezember 1918 in Frankfurt, Erster Bericht der Frankfurter Zeitung, in: MWG I/16, S. 376-383; Max Weber, Das neue Deutschland, Rede am 5. Dezember 1918 in Wiesbaden, Bericht der Wiesbadener Zeitung, in: MWG I/16, S. 386-395.
（95）Weber, MWG I/17, S. 233（「政治」八五頁）.
（96）中村 一九八七b、一二九頁。
（97）Weber, MWG I/22-2, S. 227（「宗教」一一四頁）.
（98）Weber, MWG I/17, S. 106（「学問」六七頁）.
（99）Weber, MWG I/15, S. 98（「律法」一六五頁）.
（100）Lukács 1920（一九九四）.

第五章　心情倫理と革命精神
――『カラマーゾフの兄弟』を手がかりに

Ⅰ　はじめに――ヴェーバーとドストエフスキー

マックス・ヴェーバーは、バイエルン革命のさなかに学生向けに為された講演をもとに執筆した『職業としての政治』のなかで、革命に関与あるいは支持する人びとを批判する形で心情倫理を用いた。彼が心情倫理の何を問題視したのかについて、前章ではF・W・フェルスターを扱いながら、心情倫理的主体が「罪」に満ちた政治的領域に対して絶対的・敵対的態度を取るという点にあることを確認した。『職業としての政治』のなかではさらに、F・M・ドストエフスキー（Fjodor Michailowitsch Dostojewski, 1821-1881）の『カラマーゾフの兄弟』「大審問官物語」に言及する形でも心情倫理への批判が展開されている。いったいその物語のどこに心情倫理の問題性が描かれているのだろうか。本章では心情倫理の問題性について、ドストエフスキーのテキストを手がかりに考察する(1)。

ヴェーバーにおけるドストエフスキーというテーマを考えた場合、彼自身がドストエフスキーに正面から取り組んだわけではない以上、ヴェーバーのドストエフスキー理解、またドストエフスキーのヴェーバーに対する影響力といった問題を中心に論ずることは難しい。[2]だが両者に接点がないわけではない。ヴェーバーの著作に目を向けるならば、ドストエフスキーが直接でてくるのは、『職業としての政治』を含めて五か所確認できる。[3]早くには一九一〇年の段階で、トルストイと並んでドストエフスキーの『カラマーゾフの兄弟』を挙げて、ロシア文学に内在する神秘的信仰や「無定形で形式をなさない愛の関係」に言及している。[4]また一九一四年のある手紙では、善き行為と結果の関係についてG・ルカーチの作品と並べて『カラマーゾフの兄弟』に触れている。[5]ただしロシアへの注目は、それ以前の一九〇五年のロシア革命以降すでに、政治的・文化的・社会的レベルで為されていた。[6]田中真晴によると、ロシアに対するヴェーバーの関わり方には、現実政治論、世界観、社会学的類型論・比較史的研究の三つの次元があるという。[7]この分類にしたがえば、本章で扱うのは世界観の次元である。その関心の一つの支流として、彼の思想のなかにドストエフスキーの存在を位置づけることは可能であろう。[8]ハイデルベルクのヴェーバー・クライスでは、第一次世界大戦以前にはトルストイとともにドストエフスキーの名が頻繁に登場していたといわれる。[9]F・シュテプーン[10]やN・v・ブブノフといったロシア知識人との交流においては、ギリシア正教やロシア神秘主義との関連からドストエフスキーが論じられたことであろう。[11]また一九一二年以降ルカーチがヴェーバー・クライスに加わるが、ドストエフスキーは両者の接点に浮かび上がってくる存在でもあった。[12]ヴェーバーが一九一二年の冬にモスクワ、夏にかけてはペテルスブルクへの旅行を企図していたのも、こうした事情と関係すると思われる。[13]ロシアとの思想的関係に比重を移してヴェーバーの思想を見直すことは、彼の知的世界の異なる側面を照射することにもつながるだろう。[14]

以上の観点から、本章の論述は次のような構成をとる。Ⅱでは、『職業としての政治』にドストエフスキーが登場する背景として、第一次世界大戦を通してドイツに現れた革命精神と心情倫理の関連について論じる。Ⅲでは、ドストエフスキー『カラマーゾフの兄弟』に依拠して、「現世の倫理的非合理性」あるいは「不当な苦難」という問題に対して心情倫理がどのような問題性をもっていたかを、とくに「大審問官物語」を中心に明らかにしていく。Ⅳでは、同じくドストエフスキーに依拠しながら、愛の無世界論が「現世の倫理的非合理性」をどう受容したかを説明し、またその倫理が近代世界において限界を示す点を明らかにする。Ⅴでは、大審問官の論理から導かれる帰結が人間の主体性と自由にとって有する意味について、また政治と倫理の緊張関係という問題に対して心情倫理がもつ意義と問題性について考察する。

Ⅱ　『職業としての政治』の社会的背景

1　「この興奮の時代」[15]

「職業としての政治」講演は一九一九年一月二八日にミュンヒェンで行われた。当時の政治的・社会的状況を素描すると、一九一八年一一月一一日にドイツは連合国との休戦条約に調印し、帝政の崩壊、ドイツ共和国の成立をみた。それに前後してキールの水兵蜂起から始まる一連の革命の動きがドイツ全土に広がった。一月一八日からはパリ講和会議が開催されている。ヴェーバー自身に目を向けるならば、政治論文の発表やドイツ民主党設立に関与するなど、彼の人生のなかでもっとも政治活動に関わっていた時期でもあった。

この時期、革命への気運を堰きとめようとしていたヴェーバーと革命を支持する若い世代の関係は、敵対的といっていいほど緊張に満ちたものだった。ヴェーバーは一九一八年一一月四日にミュンヒェンで「ドイツの政治的新秩序」を講演し、そのなかで革命やボルシェヴィズムを批判した。[16] これに対してはコミュニストから弥次が飛ばされ、ヴェーバーは敵意に満ちた空気のなかで、彼の語る言葉が通じない事態にはじめて直面することになる。[17]「あなたは時代とともに歩んでこられなかったと人びとは言っております」と、ヴェーバーに宛てられた手紙に記されているように、[18] 彼の言葉は人びとを説得する力を失ったかのようであった。個人的に付きあっていた人びとにおいてさえそうであった。たとえば、一九一七年のラウエンシュタインの会議で出会った平和主義者エルンスト・トラーは――心情倫理の典型的な人物といわれるが[19]――バイエルン革命政府に加わり、美学者を目指していたルカーチもまたハンガリー革命に身を投じ、ヴェーバーとの直接の関係は一九一八年の夏以降途切れてしまう。伝統的志向をもつ学生組合の青年たちからも、ヴェーバーは激しい憤激を買っている。[20] それは、「旧い」世代のヴェーバーと「新しい」世代の青年たちの「あたかも二つの世界が出会ったかのよう」な時代だった。[21] こういった状況において、一九一九年一月二八日に「職業としての政治」講演が行われるのである。

ヴェーバーは「職業としての政治」講演の時期をさかいに政治活動から撤退していき、学問作業に没頭するようになる。五枚のメモ用紙を片手に為されたという「職業としての政治」講演は、加筆・修正されて三月初めには印刷原稿が完成し、六月終わり頃から七月初め頃に出版された。[22] つまり、「職業としての政治」講演は政治活動の真っ只中において為された即興的な要素の強いものであり、『職業としての政治』（講演論文）は――短期間であったにせよ――学問的な立場からの考察を加えられたものということになる。

『職業としての政治』においてヴェーバーは、直接的また間接的に、平和主義者、革命的社会主義者、アナーキスト等を念頭に彼らを「心情倫理家」として括り、批判の矛先を向けた。ヴェーバーは「善からは善のみが、悪からは悪のみが生まれる」という平和主義者の「単純な命題」を批判の槍玉にあげ、同様に、革命実現のためならもう数年戦争をせよと唱える立場を批判した。

2　革命精神と心情倫理批判

革命精神についてヴェーバーは、すでに一九〇六年のロシア革命論で考察を加えている。彼がロシア精神に見出した特徴の一つは「急転回」というものである。ロシア革命論において、ラディカルな政治闘争へと邁進する者が一転して情況に身をゆだねる様子、また急進的な革命主義者から保守主義者へと転回する様子が指摘される。こうした在り方と関連して、ヴェーバーは早くから革命行動の背後にある絶対的倫理命令（正義）の問題に注目していた。ロシア人の政治行動にヴェーバーが見出したものは、行為を導く指針が無条件的な倫理的命令以外にはなく、正義のための闘争のみを是とする態度であった。彼らはこの世に絶対的な社会倫理的規範を実現することを究極の目的としており、その手段としての「行為」は反動的なロマン主義から革命的ロマン主義へ、あるいはロマン主義的急進主義から権威主義的反動の陣営へと跳躍する。(23)「何を信じるか」ではなく「信じることそのものに重きを置くこうした態度を、ヴェーバーは「物事を純粋に事柄に即して見る」態度とはかけ離れていると冷静に分析している。彼はロシアのインテリゲンツィアの理想主義と自己犠牲の精神に「もっとも尊敬に値する倫理的価値」を認め、少なからぬ敬意を示していた。(24)しかし同時に、その敬意は同意・承認と同じではなかった。政治的ロマン主義の傾向に距離をおいて見る姿勢はヴェーバーに顕著なものであった。(25)

一九〇五年から一九〇六年の時期にロシアに見出した革命主義の精神に、(26)ヴェーバーは、第一次世界大戦を契機にドイツのなかで再び出会うことになる。それは暴力を固有法則とする政治と倫理的使命が錯綜するところに現れる精神であった。この革命精神への注目が、『職業としての政治』において心情倫理批判として先鋭化するのである。ヴェーバーは心情倫理家たちにむかって、善と悪の関係の偶然性、目的と手段の関係性について問いかけている。絶対的正義の実現のためには手段を問わないという彼らに、革命という目的がそれを実現するための暴力を無条件かつ無制限に許容してしまう危険性を説き、仮に目的が手段を正当化するという原理を譲歩して認めたとしても、「どのような目的がどのような手段を正当化するのか」倫理的に決定することは不可能ではないかと迫る。[27] まさにこの心情倫理批判の文脈において、ドストエフスキーが登場してくるのである。

心情倫理家はこの世の倫理的非合理性（die ethische Irrationalität der Welt）に耐えられない。彼は世界論（宇宙論）的＝倫理的「合理主義者」（kosmisch-ethischer „Rationalist"）である。諸君のうちでドストエフスキーをご存知の方なら誰でも、この問題が的確に展開されている大審問官の場面を思い出すだろう。[28]

ヴェーバーは「大審問官物語」で投げかけられた問いに熱心に取り組んでおり、彼の所有する『カラマーゾフの兄弟』の該当個所には無数の赤線が引かれていたという。[29] 革命肯定の立場から捉えるか、革命否定の立場から捉えるか違いはあるにせよ、ドストエフスキーは革命精神を描き出した作家だといわれる。[30] 革命を経済や政治の次元ではなく、精神や宗教の次元で捉えたとき、革命の根底にあるものがこの「大審問官の精神」だった。[31] それでは、「大審問官の場面」にはどのような精神が描かれていたのか。そこに心情倫理の問題性を捉える手がかりがあるはずである。

Ⅲ　ドストエフスキーにおける「無神論者」

ドストエフスキーは「無神論と正教信仰」という「ロシアの両極」を描き出したといわれる。[32] ルカーチによると、それは「さまざまな内面的疑問にさいなまれ、頽落していく今日の社会の人間」と「キリストの愛の福音の告知者」、つまり、「無神論者」と「聖人」の両極の人間類型として現れる[33]。ドストエフスキー自身は、『カラマーゾフの兄弟』を徹底的な瀆神とアナーキズムに対する反駁だと位置づけていたが[34]、この両極の世界をどう解釈するかについては論者によってさまざまである[35]。この両極の世界が『カラマーゾフの兄弟』において顕著に現れているのが、「大審問官物語」とその前後の部分である。問題の物語は小説の第二部第五編「プロとコントラ」で、ロシアのインテリゲンツィアである兄イヴァンが、見習僧である弟アリョーシャに対して自作の劇を語るという筋で始まる。ここで「無神論者」に相当する人物は、このイヴァンと彼の創作劇に登場する老大審問官と、さしあたり押さえておこう[36]。

1　「大審問官物語」──自由の意味

「大審問官物語」では、人間にとって「自由」はいかに耐えがたいものであるかというテーマが展開されている。一六世紀のセヴィリヤに降臨したキリストは、異端審問で異端者を焚刑に処したばかりの大審問官によって捕らえられる。夜、牢獄をひとり訪れた大審問官は、キリストを相手に胸の内に秘めた思想を語りだすのだが、その言葉はキリストに対する激しい糾弾の論調を帯びて迸る。

大審問官は、われわれは一五世紀ものあいだこの自由というものを相手に苦しんできたが、今やっと自由に打ち勝ち、人びとの幸福について考えることができるようになったという。彼は、かつてキリストが荒野において悪魔の三つの「試み」──石をパンに変えること、神殿の頂から飛び降りること、地上の王国と引き換えに悪魔に服従すること──を退けてしまったことを非難する。この拒否は、キリストが「奇跡」と「神秘」と「権威（教権）」を欲する人間に自己判断する「自由」という、多くの人間にとっては重荷でしかないものを与えてしまったことを意味する。善悪の判断を自分で決める、そんな重荷に多くの人間は耐えられない。彼らは「天上のパン」ではなく「地上のパン」を求めていたのに、しかも誰かの手によって手渡されることが彼らにとっては何よりも大切なことだったのに、お前はそれを与えなかった。

　お前は人間にとって平安の方が（時としては死でさえも）、善悪の認識界における自由の選択より、遥かに高価なものであることを忘れたのか？　それはむろん人間としては、良心の自由ほど魅惑的なものはないけれど、またこれほど苦しいものはないのだ。(37)

ただ一握りの人間だけは、キリストの唱えるような自由の重荷に耐えられる。だから人間は二つの種類に分けられる。「何億かの幸福な幼児」と「何万人かの善悪認識の呪いを背負うた受難者」である。「受難者」は「幼児」たちに幸福を与え、罪を許し、一切を解決してやる。そうすれば彼らはますますわれわれに服従するだろう。善悪を判断できる「受難者」は、神もなく永遠の生もないということを知っていながら、蟻塚の幸福のために「永遠なる天国の報い」で彼らを欺き続ける。だがこの偽りのなかにわれわれの苦しみもまたある。われわれは神なしでも人間を愛することができる。人間への愛ゆえに負担でしかない自由を受け取ってやる。むしろわれわれのほうが、お前よりも人間を愛しているようではないか――そういって大審問官は、だからわれわれは神なしで地上に天国を打ち立てようとしたのだと主張するのである。

2　「不当な苦難」――イヴァンによる神の創った世界の拒否

この大審問官は、神の創造した世界を拒否しようとするイヴァンの頭脳が生み出した彼自身の分身である。その出発点にはイヴァン独自の「神義論」的問題がある。「大審問官物語」が始まる直前まで、イヴァンはアリョーシャに「子どもの受難」について語り聞かせていた。イヴァンは、なんの罪もない小さな子どもが大人から虐待され殺される話を塊集している。人間が苦しまなければならないのは、いつかもたらされるはずの永久の調和を贖うためだということは理解しても、なぜ子どもまでもが苦しんで調和のための肥料にならねばならないのかが分からない、と彼はいう。もし子どもの苦悶が真理の贖いに必要な苦痛の量に換算されるというのなら、自分はそんな真理はいらない。

　僕は調和なぞほしくない、つまり、人類に対する愛のためにほしくないというのだ。僕はむしろ贖われざる苦悶をもって終始したい。たとえ僕の考えが間違っていても、贖われざる苦悶と癒されざる不満の境に止るのを潔しとする。(38)

　イヴァンは神を信じないわけではない。神を承認するし、永久の調和も信じるという。ただ、「神の創った世界、神の世界」を承認しない。彼は「子どもの受難」に基づいて神を告発する。このイヴァンの問いかけは、ヴェーバーの論じる「神義論」の問題に接している。(39)ヴェーバーによると、宗教の実践的合理化の発端には「不当な苦難」という問題がある。現世のありのままの成り行きは「幸福と苦難の配分の倫理的には根拠のない不公平さ」に満ちているという考えが、神義論の生み出される原点であった。(40)

　神義論の最古の問題は次のような問いである。すなわち、全能であると同時に慈悲あるものとしてみなされる力が、不当な苦難、罰せられざる不正、改善しようのない愚鈍さに満ちた、かくも非合理な世界をどうして創造しえたのだろうか、という問いである。(41)

たとえ幸福の不公平な配分に対する正当な補償《アウスグライヒ》が考えられたとしても、「苦難の存在という単なる事実そのものがまさにどこまでも非合理的であるほかはない」。それゆえ宗教の合理的思考は、この「不当な苦難」に合理的な説明を与えようとする。この世界を「人間の利害関心に基づくかぎりなんらかの意味ある出来事だと考えようと」し、その思考が救済を求める努力を生み出していく。(42)「神の途方もない力の高揚を、彼が創造し支配するこの世界の不完全性という事実といかにして和合させることができるのか(43)」という神義論の問いは、ゾロアスター教に見られるような二元論、プロテスタンティズムの予定説、そしてインド宗教の業の教説の三つに首尾一貫した形をとることになる。「神の創った世界」と神の完全なる力との不協和音を整合させようとする試みが、こうした神義論的問いに対する宗教倫理の体系化を生みだしていく。しかしイヴァンは、この不協和音を解消しようとはしない。むしろ彼は「神の創った世界」の不完全さに異議を申し立て、「苦悶と癒されざる不満の境」に止まろうとする。苦難に対する合理的な説明をあえて拒否し、「調和」を現世においてすぐさま実現することを要求するのである。

イヴァンは「子どもの受難」を根拠に、全き存在たる神の不完全性を暴く。「神を普遍的な、全き善なる至高の存在と認めながら、同時に、肝心な場所にいない、人間にたいしてあらゆる点で罪のある、存在に値しないものとして、それを反逆的に排斥する」(44)。彼は神の代わりに、人間の力によって完全なものを創り出そうとする。ここにイヴァンの「大審問官物語」が生まれてくる土壌がある。大審問官もまた、「嘲弄のために作られた、未完成の試験的な生物(45)」を創り出した神を呪っている。彼もまた人間を愛するがゆえに地上に天国を構築し、神が与えようとしない幸福を代わりに与えようとするのである。イヴァンおよび大審問官は、自らの倫理的パトスを根拠に、現世のなかにおいて人間存在に付随する苦難の最終的解決を望み、それを実践しようとする人物である。近代の無神論が世界への意味付与の役割を神に委ねることを拒絶し、それを人間に取り戻そうとする動きでであるとしたら、その意味でイヴァンと大審問官は無神論者であるといえるだろう。[46]

3　イヴァンの破綻――善き行いと結果のパラドックス

このように見てくると、「大審問官の場面」において、ヴェーバーが心情倫理を「この世の倫理的非合理性に耐えられない」「世界論《コスミッシュ》（宇宙論）的＝倫理的『合理主義者』」として定式化するさいに念頭においていたのは――牧野がすでに指摘しているように――イヴァンと大審問官であったと考えられる。それではヴェーバーはドストエフスキーの作品から、心情倫理の問題性をどう受けとめたのだろうか。

先に見たように、イヴァンは神の存在を認めているにもかかわらず、神の創った世界の不完全性をなじる。その根拠は、「子どもの受難」という倫理的に決して容認できない事態である。この神義論に触れる問題を説明しようとするいかなる試みをも拒否するところにイヴァンの倫理的パトスは息づいており、それが彼の思考の出発点である。彼は神を軽蔑し、神の果たしえないことを人間が代わりに果たそうとする。地上に天国を打ち立てて苦難そのものの消滅を計るという絶対的目的が設定され、これを遂行する者として「人神」が想定される。さらにイヴァンは、「未来の調和の国に入る入場券を返却する」というその返却の仕方、つまり神への反逆の方法を、これまでの一切の道徳・規範に対する決別という形で為そうとする。ここに「神がなければ、すべてが許される」という公式が導かれ、絶対的目的を遂行する「人神」には「すべてが許されている」という解釈が成立する。しかしすべてが許されているのならば、論理的には「子どもの受難」も許されてしまうだろう。小説ではこのイヴァンの理論に感化された異母弟スメルジャコフによって、父親殺しという倫理的規範への逸脱行為が代行されてしまう。しかし、出発点の倫理的パトスは罪なき者の苦難に寄りそおうとする彼の誠実さの現れであるから、彼の理論から導かれた殺人の正当化は受け入れがたい結果でしかない。目的の高潔さと手段および結果の非倫理性との矛盾は、イヴァンの論理からは解消することができない。この結果は彼の倫理的パトスそのものを傷つけ、イヴァンは精神的に破綻する。

「大審問官の場面」に心情倫理の問題性が描かれているとしたら、それは、人間存在に伴う説明のつかない苦難そのものの人為的な消滅を計ろうとすることで、逆説的に出発点の倫理的基盤を侵食する結果をもたらしかねない点にあるといえるだろう。そこには倫理的にみて善い行いが倫理的に善い結果をもたらすとは限らないというパラドックスへのヴェーバーの深い洞察がある。[47] 彼は心情倫理を批判して、「目的を通じた手段の正当化というこの問題に関して、いまや心情倫理も総じて破綻せざるをえないと思われる[48]」という。目的の倫理性と手段の非倫理性は、解決不可能なジレンマを引き起こすというのがヴェーバーの指摘であった。[49]

4　大審問官は責任倫理家なのか

では、イヴァンの生み出した大審問官もまた心情倫理の事例とみなすことはできるだろうか。ドストエフスキーに即すると、大審問官はキリストに付きしたがうことのできない多くの人びとの存在を無視できずに、荒野での修行を打ち切り、教権を完成させようとする人びとの群れに加わった人物だとされる。[50] 大審問官もまた、イヴァンのように、出発点において「この世の非合理性に耐えられな」かった「世界論《コスミッシュ》（宇宙論）的＝倫理的『合理主義者』」のはずである。だがその前に、検討しなければならない問題がある。というのも、残された「職業としての政治」の講演メモでは、大審問官が「結果責任」の文脈に置かれているように見えるからである。

二種類の倫理：

「キリスト者は正しきを行う」　(1)心情 ⇄ (2)結果に対する責任

(1)について：結果に対する責任を拒否する／サンディカリスト
　　抵抗の心情に責任／結果が悪い場合は、世間が愚かなだけ
(2)について：世間が愚かであることを、計算している
　（ドストエフスキーの大審問官）[51]

もちろん箇条書きのメモであるため、実際の講演のなかでヴェーバーがどのような文脈で「〈ドストエフスキーの大審問官〉」を用いたのかは分からない。だがこの部分だけに注目すると、大審問官が「(2)結果に対する責任」の事例として取り上げられているようにも見える。ドストエフスキーの小説に即するならば、人間は自由の重荷に耐えることのできない存在であり、彼らの負担を除いて安寧を与えてやるのが大審問官の仕事なのだから、彼もまた「世間が愚かであることを、計算している」人物といえそうである。また、ヴェーバーが批判する「善からは善のみが生まれ、悪からは悪のみが生まれうるという命題」を、大審問官もまた信じてはいない。われわれは悪魔とともにいるかもしれないが、それが人びとにとっては善い結果を生み出しているというのが彼の考えであるからだ。それでは、大審問官は責任倫理家なのだろうか。心情倫理家を「不毛な興奮」に酔っただけの、暴力という政治的領域の固有法則性に気づくことのできない「子ども」だとするならば、そして責任倫理家をそのことに気づいている者だとするならば、大審問官を責任倫理家と解釈してもおかしくはない、ということになるだろう。[52]

ただ、ヴェーバーの講演メモの段階では、「結果に対する責任（Verantwortung für *Folgen*）」あるいは「〈権力〉

責任政治（›Macht‹ Verantwortungspolitik）」という用語は見出せるが、「責任倫理」という用語はまだ定着していなかった。[53] ここに「結果責任」および「〈権力〉責任政治」と「責任倫理」を同一視できるのかという問題がまず生じてくる。講演段階では、ヴェーバーは大審問官を「結果に対する責任」を果たしている例として取り上げていたかもしれないが、講演論文において大審問官を「責任倫理家」とみなしていたとはいえない、という仮説も成り立つ。留意すべき点は、講演メモの「〈ドストエフスキーの大審問官〉」は、『職業としての政治』では配置換えがなされ、「大審問官の場面」という文句が心情倫理を批判する文脈のなかに入り込むような構成になっていることである。[54] では、この配置換えが意味しているものは何なのか。この配置換えが意図的に為されたものとするならば、論文執筆段階においてヴェーバーは、政治的領域に現れる心情倫理の問題性に対して、「結果責任」では不十分であるため「責任倫理」という新しい言葉をあらためて用いたとも考えられるのではないか。この問題を念頭に置きつつも、心情倫理の問題性についてドストエフスキーのテキストに依拠しながら、さらに検討を続けよう。

Ⅳ　ドストエフスキーにおける「聖人」

イヴァンの破綻から引き出せた心情倫理の問題性は、「この世の倫理的非合理性に耐えられない」がゆえに現世に絶対的正義を打ちたてようとするが、それが逆説的に出発点における彼の倫理的パトスを傷つけるという点にあった。この破綻を避けるためには、「この世の倫理的非合理性」にどう耐えるのかが問われることになるだろう。ヴェーバーは、ドストエフスキーの描くもう一つの人間類型に、この問いに対する一つの解答を見出した。それがどのような解であったかを、以下「聖人」の類型において見ていこう。

1　キリストとゾシマ——愛の無世界論

『カラマーゾフの兄弟』では「大審問官物語」が小説のハイライトの一つになるが、ここには大審問官のほかにもキリストが登場している。キリストは物語のあいだ黙して語らない。語らずして語るという形をとっているため、そこにどのような思想が込められているのか、その解釈は読者に委ねられている部分も大きい。この物語がイヴァンの創作である以上、大審問官の論理に屈したがゆえにキリストは何も語らなかったのだという解釈も可能であろう。少なくともイヴァンはそのように考えていたかもしれない。だが、アリョーシャがどのようにイヴァンの「大審問官物語」を受け止めたかはまた別である。キリストが大審問官にしたようにアリョーシャもイヴァンにキスをすることで、アリョーシャ自身は、キリストが大審問官をそれでも「赦した」のだと解釈したのかもしれない。また、良心や善悪の判断という苦しみから人間を解放してやるために自由を奪うのだという大審問官の主張に対して、「生きる」という営みには説明のつかないような苦しみがあるが、それを引き受けて生きていくなかに人間の主体的な自由と尊厳もまたあるのだ、というメッセージを読みとることもできるだろう。

ドストエフスキーは、続く第六編「ロシアの僧侶」においてアリョーシャの師であるゾシマ長老を登場させ、「神の真理」について語らせる。ここで、「幸福と不幸の不当な配分」「不当な苦難」というあの神義論的問題が、「ヨブ記」を通して再び問われるのである。旧約ヨブ記は神義論を生み出すこの世の不条理さを扱ったものといわれるが、[55]ゾシマは徹底した愛の教説を説くことでこの問題に答えようとする。

ヨブ記によると、この世の富と幸福を享受していた神の僕たる義人ヨブは、神によって悪魔の手に委ねられ、一瞬のうちに破滅させせられてしまう。ところが、理由も分からぬまま苦難にさらされるのに、ヨブは神を呪うどころか神の与えたものを神が取り上げたまでだと叫んで大地に伏し神を賛美する。[56] このヨブの受難から、ゾシマは「蜉蝣《ふゆう》の如き地上の姿が、永久の真理と相接触」する「神秘」を見出す。[57] どれほどの悲しみと悲惨にまみれようとも、「一切を赦す神の真理」があるかぎり、それは「静かな感激に充ちた悦び」へと変わっていく。なぜなら「一切のことは大海のようなものであって、ことごとく相合流し相接触しているが故に、一端に触れれば他の一端に、世界の果てまでも反響するからである」。[58] ゾシマは、罪あるままの人間を愛せよ、歓喜の情をもって小鳥にさえむかって自分の罪を赦してくれと祈り、「あらゆる事物を愛すれば、やがてそれらの事物の中に神の秘密を発見するであろう」と説く。[59] このロシアの聖人にはヴェーバーの次のような評価が当てはまるだろう。「救済宗教において、無世界的な善意の英雄たちの深く静かな至福感はつねに、自分もそうであるように、すべての人間存在は生まれながらにして不完全なものだという憐み深い知と溶け合っていた」。[60]

聖人にとって、すべての人間は罪を負った愛の共同体で結ばれている。そして、地上の出来事と神の真理は断絶されていない。現世におけるいかなる苦難も愛と赦しの神への道に開かれている。むしろ苦難を通りぬけた先に「神の真理」がある。こうした聖人の立場をヴェーバー自身は、「ボードレールが『魂の神聖な売春』と名づけたように、隣人に対する愛、つまり、誰彼を問わない任意の人に対する愛、したがって行きずりの人に対する愛」を現した「愛の無世界論」の一つとして描いた。[61] また「神秘的な愛の感情に基づく無世界論」が心理的な共同体を形成する可能性についても彼は示唆している。[62] さらにドストエフスキーの「聖人」をこのように捉える見方は、『職業としての政治』においても引き継がれている。

無世界論的人間愛と善意の偉大な達人たちは、ナザレの生まれであれアッシジの生まれであれインドの王城の生まれであれ、暴力という政治の手段を用いいようとはしなかった。彼らの王国は「この世のものにあらず」であったが、しかしこの世に影響を与えてきたし、また今も与えているではないか。プラトン・カラタエフやドストエフスキーの聖人の像は今なおこの達人たちのもっとも見事な再構成なのである。[63]

自分と他人の「魂の救済」を願う者は政治という手段を用いない。キリストやゾシマは、「現世という舞台」から退き、そこに働く固有法則性に一切関わろうとしない愛の無世界論の体現として捉えられる。ヴェーバーはこの立場を決して非難するわけではない。むしろ徹底して「魂の救済」のみを求め、政治に一切関わらないという態度を打ち出し、「万人に対する強制と秩序」など「まったく問題にしない」この首尾一貫した立場を、「尊厳の表現」と認めている。[64] 彼らは現世がどれほど苦難に満ちたものであろうと、神の恩寵への道が閉ざされてはいないと考える点で「この世の倫理的非合理性」に耐えうる。それゆえに彼らは、現世の苦しみの抹消を望んで地上に絶対的正義を打ち立てようとはしない。少なくとも、その道を徹底するところでは、目的と手段の関係をめぐるパラドックスを避けられるだろう。

2　愛の無世界論の限界

それにもかかわらず、ヴェーバーはこの愛の無世界論にも対決しなくてはならなかった。彼はロシア正教を古代キリスト教が今なお息づく宗教と特徴づけているが、[65] 古代キリスト教の特徴は、「カイゼルのものはカイゼルに」（マタイ二二―二一、マルコ一二―一七、ルカ二〇―二五）が意味するところの「この世の営みに対する絶対的無関心さ」にあると見ていた。[66] 愛の無世界論が論じられる文脈には、ロシアの宗教性も含めて神秘主義が関連づけられている。[67] 神秘主義の特徴は、禁欲的合理的な行為様式によって救済の確証を得ようとするのではなく、むしろ現世秩序への変革や介入を伴う「行為」を避け、「神的なるものの所有」「神秘的合一」を目的とする「観照」によって自らの魂の救済に辿りつこうとするところにある。その形態は、現世秩序への「順応」や現状維持といった消極的態度から至福千年説に基づく革命的態度まで（ただし合理的な秩序構想をもつ革命思想ではない）、多岐に渡る。しかしこうした神秘主義からは、総じて政治への消極的態度か絶対的無関心が現れるのである。

ヴェーバーは宗教社会学研究のなかで、神秘主義－観照－愛の無世界論に関連する事例を歴史のなかから縦横無尽に取り出して描くが、一方で現世に関わる一切の事柄から身を引くという態度は、近代世界に生きる者、すなわち「無情で無慈悲な経済的生存闘争の営みから自分の生活の糧を得ている」[68]者にとっては、ありえない生き方であるという診断を下してもいた。神秘的な救いの追求は最強度の貴族主義であり、「暴力の永久放棄という一貫した態度」は「トルストイでさえ晩年にそうなれただけ」である。[69]なにより、近代合理的文化のなかでは愛の無世界論的な同胞関係を育てる余地はない。「合理的文化の技術的・社会的諸条件のもとでは、ブッダとかイエスとかフランチェスコのような生き方は、外的な理由だけからしても、破綻するほかはありえない」のである。[70]彼にとって近代とは、「まさに究極のまたもっとも崇高な諸価値が公的な場から、神秘的な生活という隠れた国か、あるいは個々人が互いに直接的な関係をもつ同胞関係へと引きさがっていく」時代である。世界の脱魔術化、すなわち「合理化と主知化」があらゆる領域を席巻し、人びとの社会生活を規制する力が宗教から失われ、科学的知とその応用による技術が人間の生／生活を規定していく時代なのである。[71]

ヴェーバー自身、神に対しては慎重な距離の取り方をしている。彼は自分が「宗教音痴」であると自認はしても、決して「反宗教的」でも「非宗教的」でもなく、この点では「障がいをもつ身であり、ひとりの傷ついた人間」であると述べているように[72]、神を否定するわけではない。だが、「ひとつの神」について積極的に語ることもしない。「多神論」的状況こそが近代世界であり、ここに住む人びとは諸価値間の「闘争」——「神々の闘争」——を前提にせざるをえないと考えていた。

冷徹な老経験主義者ジョン・ステュアート・ミルは次のように述べたことがある。純粋に経験の基盤からひとはひとつの神（*ein* Gott）に達することはできずに〔……〕多神論にいきつく、と。実際、（キリスト教的な意味での）〈現世〉にいる者は、多数の価値系列〔……〕のあいだの闘争以外のものを経験することはできない〔……〕。彼はこれらの神々のいずれに、または、いつひとつの神に、いつ別の神に仕えようとし、また仕えるべきかを選ばねばならない。しかしそのときには、彼はつねにこの世のある神に、あるいはいくつかの別の神々に対する闘争に入る。そしてとくに、キリスト教の神とは――少なくとも山上の説教のなかで告知された神とは、永久に何の関係もなくなるのだ。[73]

「ひとつの神」を徹底させていく生き方は、「別の神」とのあいだの闘争に入ることになるとヴェーバーはいう。人びとのあいだの差異、あるべき秩序世界に対する理念像の違いなどから、われわれは「同じ神」に与することはありえない。異なる「神」を選ぶ者とは互いに同意／承認できない関係に入ることになる。さらに政治から限りなく撤退するという在り方も、晩年のトルストイやイエスにその極限的で理念的な姿を認めうるだけで、こうした生き方を現実に徹底させることはできない。むしろ、そうした極限的・理念的な在り方は、近代人が現世の法則のもとで諸価値間の闘争に巻き込まれて生きる存在であることを逆照射するものともいえるだろう。さらにつきつめれば、暴力を拒否し一切の政治から撤退するという在り方もまた「ひとつの神」として選択した価値であり、「別の神」との間の「神々の闘争」状況から完全に逃れることはありえないことになる。[74] この内容をふまえて、ヴェーバーが心情倫理の問題性をどこに見ていたかを大審問官の思考と態度から検討する。

V　心情倫理の意義と問題性

1　大審問官から導かれる帰結

イヴァンの破綻から解釈するかぎり、心情倫理はその倫理的パトスを現世秩序の倫理化へと向ける時点で、暴力という政治的領域に固有の法則に巻き込まれ、目的による手段の正当化にまつわる矛盾にさらされる危険性を帯びるものであった。だが心情倫理の問題性はそれだけには留まらないのではないか。先に見たように、講演メモにおいて大審問官は「結果責任」に置かれているようにも見えるが、講演論文では「結果責任」は「責任倫理」という言葉に置きかえられ、文脈から推定する限り、大審問官が責任倫理の例として明示的に論じられているとはいえない。もしヴェーバーが大審問官を責任倫理の事例として扱っていないとするならば、そして彼を心情倫理の事例として扱っているとしたら、そこにはどんな理由があるのだろうか。

大審問官は、キリストに従えない多くの人間を愛するがゆえに、神なしに地上に天国を創り出そうとする人物であった。「神なしに」というのはこの場合、人間の生は地上の経験においては断片的なものでしかなく、しかもそこにはいわれなき苦難や悲惨がつきまとっているという事実を甘受しないということである。つまり、彼のいう愛の実践は苦難や悲惨の抹消を意味するが、それは人間の生が「不当な苦難」にさらされうること、そうした生をあえて引き受けようとするところに人間の自由があるといった見方を否定することでもある。このことから考えるならば、大審問官がたとえ（教権を完成させることで人びとを安寧に導いたという意味で）「結果に対する責任」を負い、「世間が愚かであることを、計算している」人物だとしても、彼にとって世間の愚かさ、そして人間の愚かさとは、そのようなものとして人間を創った嘲笑的な神の悪意の現れ以外のなにものでもない。現世の倫理的非合理性に対して、彼は神への反逆という動機を隠し持っている。そして神なしに地上に天国を作り出すという意図のもとで、彼の王国は人間を「幼児」のような存在として無に近いところまで平準化することで構築される。ここにおいては、彼のいう愛を実践するために人間は愚かであり続けることを要請されるだろう。

ヴェーバーによると、心情倫理は論理的に考えると、道徳的に危険な手段を用いるいかなる行為をも拒絶するという可能性しかもたない(75)。しかし「現実の世界」では、「あらゆる暴力の絶滅状態をもたらすであろう最後の暴力」を呼びかけるような事例に事欠かない。倫理的世界の実現という目的を達成するためには、政治的領域特有の暴力という手段に訴えるか、もしくはそれに巻き込まれることを避けられないのである。この点で「目的と手段の正当化をめぐる問題」が不可避的に迫ってくるが、この問題に心情倫理は十分に対処することができない(76)。彼はドストエフスキーを引き合いに出してイヴァンの破綻にその特質を見ていたが、大審問官にもまたそれを見ていただろう。人間への愛に依拠して現世を倫理化するという大審問官の目的は、反転して、人間の主体性とその自由の可能性を際限なく抑圧する王国を構築してしまうかもしれないからだ。

「子どもの受難」に基づいて神を弾劾するイヴァンと、倫理的不正義をこの世から消滅させるために教権を完成させようとする大審問官は、この世を倫理的に合理化するという要求において一致している。両者の差異は、その実現のための行為を革命によって下から実現するか、もしくは権威主義的に上から実現するかの振れ幅として捉えることもできる(77)。たしかに、安寧を保障することは政治秩序の維持に必要なことである。しかし、もしあらゆる苦難を抹消して倫理的に合理的な世界を実現したとしても、その世界が被支配者を無に近いレベルで平準化して統治する体制となって現れるのであれば、個々人にとって自身の生の意味を問う契機はかぎりなく失われることになる。すべてを大審問官のような「受難者」が決定してくれる政治秩序は、自由かつ倫理的な主体たりうる人びとから成る政治的共同体ではない。それはむしろ支配と管理による「隷従の殻」を彷彿とさせるものだ。「蟻塚の幸福」を生きる人間にとって自ら価値を選択する余地はなく（その必要もなく）、したがってそこには「神々の闘争」も存在しないであろう。

2 「政治の倫理的故郷」への糸口

『職業としての政治』の終盤にさしかかるところで、ヴェーバーは「政治の倫理的故郷はどこにあるのか」、「倫理と政治の本当の関係とはいかなるものなのだろうか」と問う。[78] その後、心情倫理と責任倫理が論じられる場面に続いていく箇所である。宗教社会学研究において特定の宗教を分析するために用いられた心情倫理は、敗戦と革命という政治的状況のなかで、革命主義や平和主義に基づいて政治行動をする人びとを批判するために用いられた。そしてこれに対置させる形で責任倫理が導入された。この文脈においてヴェーバーは、政治が倫理的にみて非合理な領域であることの意味を問い、その暴力性に対して、近代的主体は倫理的にいかなる態度をとりうるのかを問いかけるのである。

ヴェーバーは近代世界を経済・政治・美・性愛・知の個々の領域が「内的な自己法則性」をもって分立する事態として捉えた。[79] 諸領域における合理的行為がそれぞれの固有法則性にしたがって展開されるとき、その行為の倫理的価値を諸領域内在的に判定することはできない。「合理的行為それ自体には、個々の場合における行為の倫理的価値が何によって決められるべきか、成果によってか、それともその行為自体の——何らかの方法で倫理的に規定される——固有の価値によってか、そうした真っ先に上がる問題だけでも決着をつけるための手段は与えられていないようにみえる」からである。[80]

たとえば政治的に合理的な行為が倫理的にみて正しいかどうかは、政治的領域にとっては関知するところではない。国家は「根底から愛を欠如させた構成体」であり、政治的領域は「他人を手段として」扱うことや「『規律』のために人間を空虚化し、即物化し、精神的にプロレタリア化すること」[81]も起こりうる領域として現れる。

諸領域の固有法則性は原理的に無人間的・非人格的なものである。しかし同時にこのことは、倫理もまた「他人を目的として扱い、手段として扱うな」というカントの格率が厳然と支配する領域として存立することを意味する[82]。ある政治的行為の倫理的価値を内在的には決定できないというのは、その行為の正しさや不正さを問わなくてもよいという意味ではなく、つねに倫理的領域からそれを追及されるということなのである。

政治と倫理のこの関係に心情倫理は深く関わっている。心情倫理的主体は、経験的世界の倫理的非合理性に批判的に対峙し、世界の倫理的合理化に向けて行為するところにその本質がある。それは既存の世界とは異なる在り方を模索し、変革に向けての力を内在させた存在である。そこには、個々人が自ら選択した価値に照らして、主体的に自らの生を引き受ける自由の可能性が結びついているのである。

しかしイヴァンと大審問官の事例から明らかになることは、こうした心情倫理的主体が、「目的と手段の正当化をめぐる問題」に対して適切な対応をとりうる保証はないという不安定さであった。とりわけ大審問官の創出す王国は価値の闘争を失速させ、個々人が自身の生を引き受ける自由を限りなく委縮させてしまいかねない。その行為の手段と結果が当初の倫理的目的に合致する保証がどこにもないため、心情倫理的な近代的主体は破綻や矛盾にさらされうる存在でもある。この不安定さを見据えたとき、政治との関わりにおいて心情倫理とは別様の形で、政治と倫理の緊張関係に対する応答の仕方が求められることになるだろう。

責任倫理は心情倫理のこうした不安定さを前提に導入された概念であると考えられる。ヴェーバーは、政治に関わる者に、倫理的に合理的な世界を求める人びとの選択する価値や諸価値間の闘争を無化したり排除したりするのではなく、またそれに翻弄されるのでもなく、一定の距離と冷静さをもってそれに対峙することを要請する。「政治の倫理的故郷」は、「他人を手段として扱う」ような「人間性に疎遠」な政治的領域に対して、「他人を目的として扱う」倫理的な在り方を模索する試みを放棄しないことのなかにこそ見出せるのではないだろうか。

Ⅵ　おわりに

ヴェーバーは政治と倫理の緊張関係の解消を求めたわけでは決してない。政治の固有法則からは倫理的価値の決定が不可能であり、倫理は倫理の固有法則に則って政治の合理的行為に真っ向から対立する。ここに現れる緊張関係のなかで、心情倫理的な近代的主体は自ら選択する価値に基づいて人格を形成し、その価値の承認を求めて、あるいはその価値に見合った形で経験的世界の変革に向けて行為することになる。その緊張関係は、近代的主体の自由や尊厳に関わる点できわめて重要である。近代世界を特徴づける「神々の闘争」は、近代的主体の自由に関わる前提条件ともいえるのだ。イヴァンも大審問官も彼らの倫理的パトスを元に現世の倫理的非合理性に対峙しようとしたがゆえに、まさしく心情倫理的な主体なのである。

しかしながら、両者からは心情倫理の問題性も浮かび上がる。心情倫理の問題性とは第一に、倫理的に合理的な世界像という理念から「現世の倫理的非合理性」の最終的解決をめざそうとすることで、目的の倫理性と手段の非倫理性のあいだで解決不可能なジレンマに陥る点にある。第二に、倫理的に合理的な世界が仮に構築されたとしても、それが人間の主体性と自由を抑圧する体制であった場合、意図された倫理的な目的がそれに見合った結果にいたるとは限らないという点である。その場合、個々人が自ら選択した価値にもとづいて、諸価値間の闘争のなかで自らの生を引き受ける契機は縮減されることになるだろう。

また「神々の闘争」は「神」と「悪魔」の関係だとヴェーバーが述べるように、互いに同意も承認もできない諸価値間の緊張と闘争の関係である。自ら選択した価値が他者に受容されるとは限らない。心情倫理に内在する不安定さを考慮すれば――大審問官の構築する世界が人間から選択の自由を奪いかねないように――価値闘争が他者にとって重要な価値の排除や殲滅にいたる可能性も排除できないのではないか。次章ではこうした問題に踏み込んで、「神々の闘争」との関連で心情倫理と責任倫理を検討し、近代的主体と政治的共同体の在り方について論じる。とくに責任倫理が心情倫理とは別の形で政治と倫理の緊張関係に向き合うものだとしたら、そこにどのような内容と意義を見出せるのかについても考察を加えることにする。

［注］

（1）このテーマについては、牧野 一九九三、補論「ウェーバーと『大審問官』――心情倫理と責任倫理との関係によせて」が心情倫理とドストエフスキーに注目して論じている。本章は牧野の研究に触発され展開されている。とくにⅢ以降、ドストエフスキーの引用からイヴァンと大審問官を心情倫理家として解釈し、「無神論者」と「聖人」を対比する論理展開に関して牧野の研究に多くを負っている。

（2）Bendix and Roth 1971, p. 25（一九七五、三五頁）. ヴェーバーは少なくともトルストイについては本格的に取り組む予定だった。一九一一年、ロシアの雑誌『ロゴス――文化哲学のための国際雑誌』に彼の論文「トルストイの倫理」の予告が載ったが、公表はされなかった。Cf. Hanke 1993, S. 171-172. しかしドストエフスキーについてはそうした情報は確認されない。

（3）Weber, MWG I/9, Naturrecht, S. 756; Weber, MWG I/22-2, S. 288（「宗教」一七四頁）; Weber, MWG I/20, S. 333, Anm. 170（「ヒンドゥー教」三一二頁、注八）; Weber, MWG I/17, S. 240, S. 247（「政治」九二頁、一〇〇頁）.

（4）ヴェーバーは次のように言及している。「もしあなたがたが総じてロシア文学を、まさに大文学を理解しようとするならば、つねに、神秘的信仰があらゆるものの築かれている基盤の一つであることを考慮に入れなければなりません。ロシア小説、たとえばドストエフスキーの『カラマーゾフの兄弟』やトルストイの『戦争と平和』あるいはそういったものを読むならば、まず出来事が完全に意味を喪失しているという印象、意味を失った情熱の渦といった印象を受けます。この印象は絶対に偶然のものではありません。〔……〕政治的、社会的、倫理的、文学的、芸術的、家族的に形式を与えられたこの生は、それらの下に広がっている基層に対しては事実上、意味を喪失しているというひそかな確信のなかにその理由があるのです」。Weber,

MWG I/9, Naturrecht, S. 756-757.

（5）Weber, Brief an Marianne Weber vom 5. April 1914, in: MWG II/8, S. 595-596.

（6）本書第二章Ⅱ‐2参照。

（7）田中 二〇〇一、とくに第一部第三章「ウェーバーのロシア論研究序説」参照。

（8）ヴェーバーとドストエフスキーの関係に注目すべしという指摘はあるが（雀部 一九九七、三二〇―三二一頁、住谷 二〇〇〇など）、正面から扱った研究はそう多くはない。以下を参照。Tyrell 1997; Turner 1999; 深澤一九九八、四二頁以下、牧野一九九三、前掲。ティレルはヴェーバーにおいてはトルストイとドストエフスキーを「二卵性」として扱うことが必要だとして、トルストイを「社会的‐倫理的」側面から、またドストエフスキーを「神秘的‐論理的」側面から扱う。とくにドストエフスキーとの関係については「善と悪の関係の偶然性」や「神義論」に関わる問題まで論じられているが、イヴァンの「怒り」と「神義論の断念」がヴェーバーとどのような思想的関連性をもつのかについては十分に論じられていない。ターナーは、ヴェーバーの「教会」概念に「大審問官」を結びつけ、ヴェーバー自身はそれを批判して政治教育や成熟の観点から「ゼクテ」を重視したと論じる。深澤は「カリスマ」や「施設恩寵」といったヴェーバーの概念を用いて「大審問官」を分析する。牧野はヴェーバーの「大審問官物語」理解を検討することで、「心情倫理家」すなわち「宇宙的＝倫理的な『合理主義者』」の「自己欺瞞」を明らかにする。

（9）Honigsheim 1968, pp. 80-82（一九七二、一二九―一三一頁）. ドイツにおけるドストエフスキー受容については以下を参照。Wellek 1962, pp. 8-10. 当時のハイデルベルクにおけるロシア人亡命者を研究したものとしては以下を参照。Birkenmaier 1995.

（10）シュテプーン（Fedor Stepun, 1884-1965）はドイツ系ロシア人であり、一九〇三年から一九〇八年までハイデルベルクに留学し、ハインリッヒ・リッカートのサークルに所属した。また一九一〇年にはヴィンデルバントのもとでロシアの神秘主義者ソロヴィヨーフについて博士号学位論文を書いており、そのドイツへの紹介者とされる。ヴェーバーとは遅くとも一九〇五年までには面識を得ていたようである。一九一四年まではロシアの専門家としてドイツの学者サークルに知られており、雑誌『ロゴス』のロシア語版の編集者兼執筆者として活躍した。彼自身は神秘主義とネオ・スラヴ思想に対抗する立場をとり、ドストエフスキーの世界観について芸術的・社会批判的側面から論文を書いている。一九一四年から一九二二年にはケレンスキー暫定政府に関わったが、ロシア十月革命の後一九二二年にはドイツに亡命した。フーフェンによると、シュテプーンは「自己に固有の職業はロシア革命の意義と精神的克服という研究のなかにあると悟」り、あらためてヴェーバーに向き合うことで

「政治的に責任をもって関わるトランスナショナルな知識人」として自己を表現したという。Hufen 2004, S. 270.

(11) ブブノフ（Nicolai von Bubnoff, 1880-1962）はロシア宗教哲学、とくにドストエフスキーの研究者であった。在独のロシア人たちとのアカデミックな交流については以下を参照。Cf. Honigsheim 1968, p. 81（一九七二、一三〇頁）; Hanke 1993, S. 174-177. MWG I/10, Einleitung, S. 5ff.

(12) ヴェーバーにおけるドストエフスキーというテーマを考えるにあたっては、ルカーチの存在が重要であるのはたしかだが、本書においてはその点にまで踏み込むことはできない。本書に関連するかぎりでこれらの関係についても論じられている研究には、以下のものが挙げられる。Löwy 1979; Karádi 1988（一九九四）; Hanke 1993, S. 177-180; Despoix 1998, S. 53-59; 住谷 一九七〇、二二八―二五七頁、池田 一九七二、池田 一九七五、初見 一九九八、樋口 一九九八、一八五―二〇九頁、西永 二〇〇一、西永 二〇一四。本書第二章注（42）も参照。

(13) Weber, Brief an Hermann Graf Keyserling vom 21. Juni 1911, in: MWG II/7, S. 238. MWG I/10, Einleitung, S. 25.

(14) 従来のヴェーバー研究は、とくに現在にいたるまで関心の高い『プロテスタンティズムの倫理と資本主義の精神』研究に現れるように、欧米圏に比重を置く形で展開してきた。最近のヴェーバー研究における「羽入・折原論争」もまた「倫理」論文を中心に繰り広げられた。当該論争については以下の文献を参照。Cf. 橋本・矢野編 二〇〇八、茨木 二〇〇八、内藤 二〇〇九。もちろんそれは彼の知的世界の全貌ではない。

(15) Weber, MWG I/17, S. 249（「政治」一〇二頁）.

(16) Max Weber, Deutschlands politische Neuordnung, Rede am 4. 11. 1918 in München, in: MWG I/16, S. 364-365.

(17) MWG I/16, Deutschlands politische Neuordnung: Editorischer Bericht, S. 361; Marianne, Lb, S. 639（「伝記」四六八―四六九頁）.

(18) 一九一八年一一月六日、七日付G・W・クラインからヴェーバーへの手紙、Marianne, Lb, S. 640（「伝記」四六九頁）. Cf. Mommsen 1974, S. 318, Anm. 51（一九九四、五四一頁、五八五頁、注五一）.

(19) Dahlmann 1987（一九九四）.

(20) Marianne, Lb, S. 644（「伝記」四七二頁）.

(21) Mommsen [1959] 1974, S. 310（一九九四、五三二頁）.

(22) MWG I/16, Einleitung, S. 35; Weber, Karte vom 5. PSt März 1919 an Verlag Duncker & Humblot, in: MWG II/10, S. 506,

Anm. 2.

(23) Weber, MWG I/10, S. 231（「市民的民主主義」一〇二—一〇三頁）. ヴェーバーは、こうしたロシアのインテリゲンツィアに見られる一般的な特質（最終的な目的さえ正しければ手段や方法を問わない）とその結果として現れる「転向（Mauserung）」を「プラグマティックな合理主義（pragmatische Rationalismus）」と評している。またこうした極端な振れ幅は、それまで愛を説いていた心情倫理家が突然千年王国的預言者に変貌し、すべての暴力を絶滅させるための究極の暴力を持ち込むという『職業としての政治』のなかの記述を連想させるものでもある。Weber, MWG I/17, S. 240（「政治」九二頁）.

(24) Weber, MWG I/10, S. 107（「市民的民主主義」一〇頁）.

(25) Despoix 1998, S. 30-31.

(26) たとえば「市民的民主主義」論文のなかで、「ジェスイットのような集団」である社会民主主義者、「信念強固なマルクス主義者」（おそらくボルシェヴィキを指すと思われる）が教義への信仰の護持を重視し、政治的結果に関心を寄せない様子を描いている。Cf. Weber, MWG I/10, S. 171-172（「市民的民主主義」五四頁）.

(27) Weber, MWG I/17, S. 240（「政治」九三頁）.

(28) Weber, MWG I/17, S. 240（「政治」九二頁）.

(29) Weber, MWG I/17, S. 240, Anm. 129. ヴェーバーが所蔵していたのは、F. M. Dostojewski, *Die Brüder Karamasow*, Deutsch von H. von Samson-Himmelstjerna, 2. Aufl., Band 2, Leibzig: O. Gracklauer, 1901 である。現在、この書を含めたヴェーバーの蔵書の一部は、『マックス・ヴェーバー全集』の編纂が行われているバイエルン学術アカデミー（Bayerische Akademie der Wissenschaften）の一室に保管されている。筆者は二〇一五年九月E・ハンケ氏のご厚意により蔵書のコレクションを見せていただいた。

(30) たとえばハンガリーのボルシェヴィキ政権に加わるルカーチは、ドストエフスキーがいかに革命を呪詛しようとも、彼の描き出した世界は「革命の絶対的、内面的な必然性にたいする文学的賛美」だと論じる（ルカーチ 一九七五、六六頁）。逆に、ロシアのボルシェヴィキ政権に抗して亡命するN・A・ベルジャーエフは、ドストエフスキーはロシア革命が形而上学的宗教現象であることを暴き、この社会主義がもつ宗教的危険性を描いたと解釈する（ベルジャーエフ 一九九二、六五頁以下）。シュミットはドストエフスキーの反ローマ的・反カトリック的態度のなかに、無神論的・無政府主義的・非キリスト教的傾向を見てとっており、根底において権力を何か邪悪なもの・非人間的なものとして拒否するその態度は「最悪の非人間性（die

schlimmste Unmenschlichkeit)」を意味すると述べている。Schmitt［1923］1984, S. 54-55（「カトリック」一六二―一六三頁）. ルカーチとシュミットは政治的には異なる立場であるが、ヴェーバーの近代世界への診断を受け入れることをそれぞれの立場から拒絶した。ルカーチはドストエフスキーの千年王国主義的要素を過激化させた救世主的解放のなかに近代世界の超克を見ようとし、シュミットはカトリック的合理主義に近代世界の経済的合理主義の克服を見た。ヴェーバーを軸に両者を対比させたものとしては以下を参照。Despoix 1998, S. 56-59.

（31）ベルジャーエフ 一九九二、七三頁。

（32）Lukács 1914, S. 874（一九七五、二〇五頁）.

（33）ルカーチ 一九七五、六三頁。

（34）一八七九年五月一〇日N・A・リュビーモフ宛の手紙、ドストエフスキー 一九八六、三三一―三三四頁。

（35）清水は、ゾシマの世界こそがドストエフスキーにとって真理であり「真のロシアの魂」だという（清水 一九九四、二四三頁）。逆にローレンスは、ドストエフスキーのキリスト理解は「大審問官」に代弁されていると解し、大審問官とイヴァンに付与された悪魔的側面を不要と批判する（Lawrence 1962）。またゴロソフケル（一九八八）は、「聖人」と「無神論者」の関係をカントのテーゼとアンチ・テーゼに置きかえ、ドストエフスキーが理想としたのは、両極の世界の深淵を同時に受容する長兄ドミートリイの矛盾を生きぬく力であると説く。ルカーチは、ゾシマとイヴァンの斥力そのものが逆に両者の親近性を表していると捉える（Lukács 1914, S. 874= 一九七五、二〇五頁）。また「大審問官」のテーマにつながるものとして、ソロヴィヨフ 一九八二を挙げておく。

（36）「無神論者」を神の存在を否定する者と捉えるならば、イヴァンは正確には「無神論者」とはいえない。むしろ彼は「無神論者」と「聖人」という両極の世界を揺れ動いていたという解釈もある（ソロヴィヨフ 一九八〇）。さらに無神論者、無神論の定義も一様ではない（cf. ミノワ 二〇一四）。

（37）ドストエーフスキイ［一九二八］一九九八、九一―九二頁。

（38）ドストエーフスキイ［一九二八］一九九八、七三頁。

（39）Cf. Tyrell 1997, S. 52-54.

（40）Weber, MWG I/19, S. 515-516（「中間考察」一五二―一五三頁）.

（41）Weber, MWG I/17, S. 241（「政治」九三頁）.

(42) Weber, MWG I/19, S. 515-516（「中間考察」一五二—一五三頁）.

(43) Weber, MWG I/22-2, S. 291（「宗教」一七八頁）.

(44) E・ソロヴィヨフ 一九八〇、一四八頁。

(45) ドストエーフスキイ［一九二八］一九九八、一〇五頁。

(46) Cf. ミノワ 二〇一四、九七五—九七六頁、牧野 一九九三、二八七頁。

(47) 戦前においてすでにヴェーバーはドストエフスキー（およびルカーチ）を踏まえながら、善い行いと結果のパラドックスについて言及している。「人が『善い』行いをしたところで、善い行いの結果がしばしばまったく非合理的で悪い結果をもたらすということが、人は一般に『善く』行動すべきなのかということについて、彼〔エルンスト・フリック〕を混乱させている。〔……〕わたしは彼に『カラマーゾフの兄弟』を入手し、そのあともう一度ルカーチの対話〔「精神の貧しさについて」〕をみせてやろう。そこにはその問題がまさに扱われているからね」。Weber, Brief an Marianne Weber vom 5. April 1914, in: MWG II/8, S. 595-596. 本書第二章注（42）も参照。

(48) Weber, MWG I/17, S. 240（「政治」九二頁）.

(49) ヴェーバーは一九一八年のある手紙のなかで、「聖人の道」を取らないかぎり「暴力でもって悪に抗する」ことしかなく、「人はそのことについて共同責任（mitverantwortlich）がある」と述べたあと、目的による手段の正当化を「不可解」と断じた。「まさに内戦やそのほかの暴力は——どのような革命も最低限、もっとも少なく見積もっても、目的に対する『手段』としてそれを用います——『神聖な（heilig）』はずであり、正当な自衛戦争はそうではないというのは、わたしにとってはまったく不可解であるし不可解なままです」。Weber, Brief an Kurt Goldstein von 13. November 1918, in: MWG II/10, S. 301.

(50) ドストエーフスキイ［一九二八］一九九八、一〇一—一〇二頁。

(51) Weber, Manuskript von „Politik als Beruf" in: MWG I/17, S. 149. ただし、テキストの改行は／で示している。

(52) 大審問官が心情倫理家か責任倫理家かという問いについては解釈が分かれる。牧野はそれを認識したうえで心情倫理家に数えているが、横田は責任倫理家と解釈する（牧野 一九九三、二八六—二八七頁、二九三頁、横田 二〇一一、八五頁）。デポワは、大審問官を責任倫理家と明示しているわけではないが、暴力という政治の固有法則性に気付いている人物として解釈している。彼は大審問官を、「愛の福音に新しい言葉を付け加えることのできない復活したイエス」の福音を実現するために「倫理的罪を自らに引き受ける」存在とみなす。この解釈は彼によるカール・シュミットの大審問官理解によって補強されている。すなわちデポワによると、シュミットは「すべての人のために責任という重荷を自身にひきうけるかぎりで、大審問官をキリスト教の唯一の救済者と認知する。人間は自由を背負うことができないとイヴァンのようにシュミットは考えていて、そこからカトリシズムを普遍的な官僚制として、また暴力を政治的‐宗教的主権の基盤として正当化する」。デポワは、シュミットが大審問官を通して「『正当性』なき時代の唯一の政治的解決」、すなわち「独裁の正当化」を暗示したものと解釈する（Despoix 1998, S. 57）。しかしシュミットの立場からすれば、大審問官はカトリシズムの戯画でしかなく、根底において無神論的で反キリスト教的なドストエフスキーはそのようにしかカトリシズムを理解できないのだ、と見るだろう。シュミットにとって、カトリシズムとは「人間精神の不合理なる暗闇を無理やり露呈させることはせず、むしろこれに一定の方向性を付与する」導きの存在であり、経済的合理性とは異なる独自の合理性をもつものである。その本質は法的かつ政治的な制度である。ドストエフスキーの大審問官は、人間が自由の重荷に耐えられないという理由によって制度の必要性を正当化するが、教会という制度は個々の人間の事情を基盤に立てられるものではないと、シュミットであれば考えるだろう（Schmitt［1923］1984, S. 23-24, S. 54-55（「カトリック」一四一頁、一六二―一六三頁））。本書第六章Ⅳ―4も参照。

（53）Weber, Manuskript von „Politik als Beruf“, in: MWG I/17, S. 147, S. 149, S. 153. それぞれ、MWG I/17, S. 235, S. 237, S. 249（「政治」八七頁、八九頁、一〇二頁）に対応し、「責任を負う（verantwortlich）」「責任倫理（的）（Verantwortungsethik（-ethisch））」「責任倫理家（Verantwortungsethiker）」という言葉が使われている。ちなみに講演メモでは「心情倫理」という語も厳密には使われていない（「二種類の倫理　⑴心情（Gesinnung）」という形では登場している）。ただし宗教社会学研究ですでにこの語が用いられていることは、本書第三章で見たとおりである。Cf. 牧野 二〇〇〇、一七四頁。

（54）ヴェーバーの講演メモ（Manuskript von „Politik als Beruf“, in: MWG I/17, S. 149）を四ブロックに分割し、それぞれABCDとした場合、講演論文ではB→A→C→Dとなっており、C「（ドストエフスキーの大審問官）」の挿入句は、AとDの間にはさまれる形になっている。

講演メモの構成（段落は「／」で記す。）

A「したがって、さまざまな倫理？／そう――しかしまったく一般的に／⑴目的に対する手段／⑵副次的結果／政治にとって：／暴力という手段／人間の人間に対する／マックス・アドラー（三年戦争）／目的が手段を正当化する／スパルタクス（ただ財産の移行のみ）」……MWG I/17, S. 238-240（「政治」九〇―九二頁）に対応

B「二種類の倫理：／『キリスト者は正しきを行う』⑴心情／↑↓⑵結果に対する責任／⑴について：結果に対する責任を拒否

する／サンディカリスト／抵抗の心情に責任／結果が悪い場合は、世間が愚かなだけ／(2)について：世間が愚かであることを、計算している」………MWG I/17, S. 237-238（「政治」八九―九〇）頁に対応

D「次のことだけは絶対的に拒否：／フェルスター：『善からは善のみが生まれる』／悪からは悪が／まさに逆が正しい」

C「（ドストエフスキーの大審問官）」……MWG I/17, S. 240（「政治」九二頁）に対応

B「二種類の倫理：／『キリスト者は正しきを行う』(1)心情／↑↓(2)結果に対する責任／(1)について：結果に対する責任を拒否する／サンディカリスト／抵抗の心情に責任／結果が悪い場合は、世間が愚かなだけ／(2)について：世間が愚かであることを、計算している」

……………MWG I/17, S. 240-241（「政治」九三頁）に対応

講演論文に即すると、この構成は次のように変わっている。

A「したがって、さまざまな倫理？／そう——しかしまったく一般的に／(1)目的に対する手段／(2)副次的結果／政治にとって：／暴力という手段／人間の人間に対する／マックス・アドラー（三年戦争）／目的が手段を正当化する／スパルタクス（ただ財産の移行のみ）」

C「（ドストエフスキーの大審問官）」（「心情倫理家はこの世の倫理的非合理性に耐えられない。彼は世界論（宇宙論的）＝倫理的『合理主義者』である。諸君のうちでドストエフスキーをご存知の方なら誰でも、この問題が的確に展開されている大審問官の場面を思い出すだろう。」）

D「次のことだけは絶対的に拒否：／フェルスター：『善からは善のみが生まれる』／悪からは悪が／まさに逆が正しい」

(55) Weber, MWG I/22-2, S. 218（「宗教」一七八頁）. 関根によると、ヨブ記そのものには多様な解釈が避けられないという（関根 一九七一、二二四頁参照）。当時ヨブ記は大きな議論の対象となっており、ヴェーバーはB・デューム (Bernhard Duhm) の立場に立っていた（MWG I/22-2, S. 260, Anm. 1）。集団的応報思想に彩られたユダヤ的宗教性のなかで、ヨブ記は個々の人間の運命の個別的な神義論を描いたものとして現れており、その点にヴェーバーはプロテスタンティズムの予定説の前奏を見てとっている。Cf. Weber, MWG I/22-2, S. 260（「宗教」一四七頁）.

(56) ドストエーフスキイ［一九二八］一九九九、一六一—一六三頁。

(57) ドストエーフスキイ［一九二八］一九九九、一六三頁。ここでゾシマがいう「神秘」と大審問官のいう「神秘」は同一のものではない。「大審問官が欲したのは神秘化であり、迷信である。それは神の愛の信仰によって必然的に伴う神秘とはまった

く別物なのだ」。Cf. Vivas 1962, p. 86.
(58) ドストエーフスキイ［一九二八］一九九九、二一九頁。
(59) ドストエーフスキイ［一九二八］一九九九、二一七頁。
(60) Weber, MWG I/19, S. 487（「中間考察」一一二頁）.
(61) Weber, MWG I/9, Naturrecht, S. 757.
(62) Weber, MWG I/22-2, S. 332（「宗教」二二四頁）.
(63) Weber, MWG I/17, S. 247（「政治」一〇〇頁）.
(64) Weber, MWG I/17, S. 234-235（「政治」八六―八七頁）.
(65) Weber, MWG I/9, Naturrecht, S. 755.
(66) Weber, MWG I/22-2, S. 395（「宗教」二八五頁）. Weber, MWG I/22-4, S. 636-637（「支配Ⅱ」五九八頁）. ヴェーバーのこの解釈に対してはトレルチの影響が指摘されている（cf., MWG I/22-4, S. 589, Anm. 25, S. 637, Anm. 40）。
(67) Weber, MWG I/22-2. S. 288（「宗教」一七四頁）.
(68) Weber, MWG I/15, S. 97（「律法」一六四頁）.
(69) Weber, MWG I/15, S. 98（「律法」一六四頁）.
(70) Weber, MWG I/19, S. 520（「中間考察」一六〇頁）.
(71) Weber, MWG I/17, S. 109-110（「学問」七一―七二頁）.
(72) Baumgarten 1964, S. 670（一九七一、一八六頁）.
(73) Weber, MWG I/15, S. 98（「律法」一六四―一六五頁）.
(74) この点に関連して、かつて筆者が福音の絶対倫理に基づく〈非政治的心情倫理〉と、サンディカリストや革命的社会主義者らの〈政治的心情倫理〉を区別して論じたことに対して（内藤 二〇〇二）、佐野誠氏より、〈非政治的心情倫理〉も権力・暴力から距離をおくことによって、結果的に権力・暴力の分配に影響を及ぼすものであり、その意味で〈非政治的〉ではありえないとの批判を受けた（佐野 二〇〇七、二一〇九頁）。筆者があえて概念的な区別を設けようとしたのは、『職業としての政治』においてヴェーバーが福音の絶対倫理に対して一定の敬意を表していることと、革命に関与した同時代人を心情倫理として批判したこととの差異を際立たせるためであった。この区別は今も重要と考えているが、前者を〈非政治的〉と称したことは適切ではなかったと考えている。その理由として第一に、佐野氏のご批判どおり、政治への絶対的無関心が権力・暴力の分配に関与しないという形で政治的影響を及ぼしてしまう可能性、第二に、良心的兵役拒否や平和運動など、イエスやトルストイらの思想がもたらした政治的影響が挙げられる。

(75) Weber, MWG I/17, S. 240（「政治」九二頁）. これは心情倫理を愛の無世界論に引き付けて捉える見方である。本書第三章Ⅲ-3で、宗教倫理の心情倫理的純化から生まれてくる愛の無世界論と原始キリスト教との関連について論じた個所を参照。ただしヴェーバーは心情倫理を原始キリスト教だけではなく、古代ユダヤ教とプロテスタンティズムにおいても用いている。とりわけカルヴィニズムにおいては、信仰擁護としての暴力という手段が神への栄光の点から原理的に容認された点を指摘している（Weber, MWG I/17, S. 244（「政治」九七頁）。

(76) Weber, MWG I/17, S. 240（「政治」九二頁）.

(77) この振れ幅は、ロシア革命論でヴェーバーがロシアのインテリゲンツィアを「プラグマティックな合理主義」と評したことを想起させるものでもある。本章注（23）参照。

(78) Weber, MWG I/17, S. 230, S. 233（「政治」八二頁、八五頁）.

(79) Weber, MWG I/19, S. 485（「中間考察」一〇八頁）.

(80) Weber, MWG I/19, S. 497（「中間考察」一二七—一二八頁）.

(81) Weber, MWG I/17, S. 246（「政治」九九頁）.

(82) Weber, MWG I/12, S. 468-469（「価値自由」三五—三九頁）. ヴェーバーは倫理が独立の一つの領域であることを、カントの格率（「君自身の人格ならびに他のすべての人の人格に例外なく存するところの人間性を、いつでもまたいかなる場合にも同時に目的として使用し決して単なる手段として使用してはならない」）から説明する。ここから彼は、他人を手段として取り扱わざるをえないような領域があり、それは倫理の領域とは別に存在するのだと解釈する。

第六章　「神々の闘争」は「ヴェーバーの遺した悪夢」か

――責任倫理再考

I　はじめに

本研究はこれまで、とくに近代国家の暴力性との関連で心情倫理の問題性を考察し、政治と倫理の緊張関係が近代的秩序のもとで生きる人間の在り様をいかに規定するかを論じてきた。またこの緊張関係はヴェーバーの「神々の闘争」（諸価値間の多元的分裂状況）という時代診断と密接に関連することも論じてきた。この「神々の闘争」からもたらされる帰結に対して、独自の観点から批判を加えたのがカール・シュミットである。

シュミットは『価値の専制』において、価値自由の科学が生み出す「新しい人間（Der Neue Mensch）」を、独善的な価値創造を行い潜在的攻撃性を内在させた価値措定を行う者として、きわめてシニカルに描き出した。「目的は手段を正当化する（Der Zweck heiligt die Mittel）」という格率になんの疑問ももたない彼らは、自らの価値とは異なる価値を反価値・無価値として格下げし、最終的には殲滅の対象とする。そうして彼らは無限の新世界を創り上げていこうとするのだ、と。二〇世紀末以降、グローバリゼーションの圧力のもと世界規模での格差が広がり、国家の弱化・破綻した地域を中心に国境を越えた紛争状況が拡散し続ける現代世界において、シュミットの描いた人間像は不気味なリアリティを帯びている。「テロとの戦い」を掲げて空爆を繰り返す超大国、大量の難民を生み出す破綻国家、過激な宗教的原理主義を梃子に「自爆テロ」も辞さない戦闘員を作りあげ、民間人や市民社会そのものを攻撃の標的とする武装集団——混迷を深める現代世界において暴力が沸騰しその連鎖が止まないのは、まさに「新しい人間」が現代的人間の一類型になってしまっているからではないのか。

シュミットはこうした「新しい人間」を——Ⅳで詳述するように——マックス・ヴェーバーの「神々の永遠の闘争（der ewige Kampf der Götter）」を独自に解釈することによって導き出した。彼はそれを「ヴェーバーの遺した悪夢（Albdruck）」と表現する。第四章で見たように、自らが選択した価値のために徹底的に国家に敵対しようとするメンタリティ、あるいは第五章で見たように、目的が手段を正当化するという論理を遂行しうることなど、本研究が心情倫理の問題性として描いた様相には、この「新しい人間」も一種の戯画として位置づけられそうである。終わりのない永遠の価値闘争は、異なる価値の信奉者を物理的に殲滅するという帰結にいたる可能性も十分に考えられるだろう。だが、はたしてヴェーバーの「神々の闘争」から、シュミットが描いたような「新しい人間」は導き出されるのだろうか。ヴェーバーが「神々の闘争」で想定した事態、そこに現れる人間像はいかなるものだったのだろうか。本章はこの問題に取り組むことで、ヴェーバーの「神々の闘争」に関する議論からは、むしろ「新しい人間」への批判的視座を導き出せるものであることを明らかにする。そこから、心情倫理と責任倫理の関係、および両倫理の意義を把握することができるはずである。

ヴェーバーの「神々の闘争」によって想定された事態と人間像を考察するために、本章では『職業としての学問』と『職業としての政治』に重点的に焦点を当てる。『職業としての政治』は、時事的な政治論文や職業政治家に向けた提言にとどまるものではなく、彼独自の政治哲学の相貌をも帯びるテキストである。その政治哲学は、『職業としての学問』で論じられたテーマ――近代西洋文化の独自性とそれに結びついた生の意味問題および「神々の闘争」という多元的価値の衝突――にも深く関連している。とりわけ『職業としての政治』で展開された「責任倫理」と「心情倫理」に関する議論は、「神々の闘争」から導かれる近代世界とそこに生きる近代人の生にヴェーバーが見出した意義と問題性を理解するために、重要な鍵となるであろう。

以上をふまえ、本章は以下の構成をとる。まず両講演論文の内的・外的関連性を整理したあと（Ⅱ）、世界の脱魔術化と意味問題の前景化、「神々の闘争」によって特徴づけられる近代世界と人間の主体的選択との関連を論じる（Ⅲ）。さらにシュミットの「価値の専制」論をとりあげ、「神々の闘争」に対する一つの批判的解釈と「新しい人間」に関する議論を提示する（Ⅳ）。このシュミットの批判に反論するために、「神々の闘争」に心情倫理と責任倫理を関連づけながら、ヴェーバーが「神々の闘争」から近代に生きる人間と政治社会をどのように構想したかを考察する（Ⅴ）。さらに愛の無世界論の視座から責任倫理について再考することで、Ⅴで論じた内容の補完を試みる（Ⅵ）。最後に、心情倫理と責任倫理が現代世界に対してもちうる意義と展望を考察する（Ⅶ）。

Ⅱ　『職業としての学問』と『職業としての政治』

1　外的な関連性

『職業としての学問』と『職業としての政治』は、ヴェーバーの死後、マリアンネ・ヴェーバー（および、のちにはJ・ヴィンケルマン）の編集によって『学問論集』（初版一九二二年）と『政治論集』（初版一九二一年）に各々包摂された[1]。しかし『職業としての学問』は、『学問論集』の他の科学論文に比べると、近代西洋文化に内在する根本的な問題状況の洞察とそれへのヴェーバーの応答が描写されている点で異質な色合いを帯びている。また、第一次世界大戦中から戦後にかけて新聞メディアに発表された時事論説が大半を占める――ほとんどがドイツの外交問題や内政問題、またドイツの新秩序に関する問題提起を扱っている――『政治論集』のなかで、『職業としての政治』は「政治」に対するヴェーバーの政治哲学的な洞察が語られており、やはり異質さを覚える論考である。

現在刊行中の『マックス・ヴェーバー全集』では両論文が『学問論集』や『政治論集』から切り離され、一つの巻にまとめ上げられている（MWG I/17）。これは両論文の外的関連性と内的関連性を意識してのことである。外的な関連性とは、第一に、両講演がドイツ自由学生団のバイエルン地域連合によって企画された連続講演会の一部であったこと[2]、第二に、講演の名宛人がアカデミックかつデモクラティックな学生であったことが挙げられている[3]。

とはいえ両論文には若干の温度差も存在する。「職業としての学問」講演は一九一七年一一月七日に、「職業としての政治」講演は一九一九年一月二八日に、ミュンヒェンの自由学生団の招きに応じて開催された[4]。一年以上の期間が開いたこの間、ドイツの政治的・社会的状況は大きく変化した。一九一七年後半の対外的政治状況に目を向けると、アメリカの参戦はすでに為されていたものの、ロシア革命の勃発により東部戦線が流動化する時期にさしかかっていた。内政的には、「七月危機」において帝国議会がはじめて存在感を示すにいたったが、祖国党の結成といった保守派の巻き返しがすぐさま起こるなど、講和か交戦かをめぐって対立が顕在化する時期でもあった[5]。ヴェーバーは帝国憲法批判や三級選挙法批判を通じて、プロイセンに有利に創られた第二帝政の政治体制批判、議会主義化および民主化の要請を行うなど、内政問題に集中した時事論説を発表している。これに対し、一九一八年後半から一九一九年にかけては、ベルリンやミュンヒェンの革命、帝政の崩壊、人民委員政府の成立、敗戦の確定と、ドイツは混乱のなか帝政から共和政へと政体を変化させる必要に迫られていた。「ドイツの世界政治上の役割はもうすんだ」と述べたヴェーバーにとって、彼が第一次世界大戦に求めた意義、すなわち、帝国主義的な大国ドイツの列強間における地位の確立という野望は後退したのである。(6)

こうした外的状況の変転は、両講演の聴衆であった青年層のヴェーバーに対する態度の変化とも結びついている。一九一七年の段階では、ヴェーバーと青年層の間には緊張にみちた交友関係があった。同年ラウエンシュタイン城にて開かれた文化大会で、ヴェーバーは若い世代との交流をもった。アカデミックな青年たちの間に広がる知性主義への反発と「体験」信仰に、ヴェーバーはその知性主義でもって対抗し大きな衝撃を与えた。「職業としての学問」講演は、ヴェーバーに「研究者、政治家、教師であるのみならず、政治的また人間的指導者」の役割を求めた彼らからの熱望や期待が渦巻くなかで催されたのである。(7)

これに対し、「職業としての政治」講演に対する青年たちの評判はまったく芳しいものではなかった。(8) この時期、彼らの多くは急進的な左翼や平和主義へと流れていった。一九一八年一一月四日の講演「ドイツの政治的新秩序」では、革命とボルシェヴィズムを批判するヴェーバーに対して、共産主義者たちが敵意と野次でもって応えている。(9) ラウエンシュタイン城で出会いヴェーバーに心酔したE・トラーや、早くからの知己であったG・ルカーチもヴェーバーと疎遠になり、それぞれの仕方で革命に身を投じていった。「自分たちの考えるような世界の転換を信じて待っていた若い平和主義者やコミュニスト」たちは、革命の可能性と展望をまったく認めないヴェーバーから離れていったのである。(10)「職業としての政治」は、若い世代とのこうした断絶が顕著になった時期に開催された講演であった。

2　内的な関連性

それでも両講演論文の内的な関連性を無視することはできない[11]。なにより両講演論文とも、近代文化という条件下における個人的自己決定と政治的自己決定に関わるものであった[12]。『職業としての学問』では、人が自らの人生を運命として引き受けるために何の価値を選ぶのか、あるいは「何のために生きるのか」という問いに対して、学問はまったく寄与できないとその限界が明示され、テキストの最後半部にいたっては、近代という時代に生きる人間の生の意味問題が中心的に論じられる。『職業としての政治』の最後半部では、彼の宗教社会学研究を背景に、政治に内在する暴力から逃れられない現世の人間の生の営みと、それに徹底的に距離をおく倫理的・宗教的態度が対比される。そこには、政治という「愚かさ」に満ちた悪意渦巻く世界とそれを倫理的観点から批判してやまない人間の、決して和解しうることのない緊張関係が描き出されていた。

『職業としての政治』は「政治」に対するヴェーバーの見識が凝縮されたテキストである。政治と倫理の間には「究極的な世界観が衝突しあっていて、最終的にそのうちのどれかが選ばれなくてはならない[13]」というように、ここには『職業としての学問』で論じられた「究極的な世界観の衝突」と「選択」の問題が織り込まれている。両講演論文は、近代的文化状況のもとでの人間の在り方そのものに関わる、ヴェーバーの哲学的・政治哲学的な応答という側面をもつのである。『職業としての学問』と『職業としての政治』のこの内的関連を前提に、近代世界と人間の生の在り様をヴェーバーがどう描いたかを以下の節で見ていこう。

Ⅲ　世界の脱魔術化と意味問題の前景化

1　科学は「意味」を与えるか

『職業としての学問』は、先にも述べたように、アカデミックな青年たちに対する講演を元にしたテキストである。ヴェーバーは当時の青年たちのあいだに「知性ロマン主義」が蔓延することを危惧していた。それは科学から知性主義と合理主義の「弊害」を排除することが、人生における「体験」を得るためにも必要と考える思想潮流であった。ヴェーバーはこうした「体験」という「ドイツの現代の流行」を、『日常』に内面的に耐える力の減少の産物」、「距離の感覚の喪失」、「様式と尊厳の感覚の喪失」と手厳しく批判している[14]。だが実際のところ、ヴェーバーの批判にもかかわらず、こうした「体験」志向は一九二〇年代から三〇年代にかけていっそう顕著なものとなっていく――たとえば、分析的思考は嫌悪しながらも、学問に人生指南を求め、知識人に高い期待を寄せることから「賢人」という言葉がもてはやされたように[15]。こうした状況から、ワイマール期にはヴェーバーの影響力はなかったという評価が出てくるのもまったく理由のないことではない[16]。

ヴェーバーはこうした青年層の動向に釘を差す形で、今日の学問は生の意味問題に応えることはできないと明言する。たしかに古代ギリシアにおいて知は善への道であり、ルネッサンスの時代においても知は神への道を指南するものであった。だが現代の科学は知性主義と合理主義をその特徴としており、学問によって世界の「意味」を知ることなどもはやありえない。もし科学に役割があるとすれば、世界には「意味」があるといった信仰を根幹から枯死させてしまうことであるとすら述べる[17]。

こうしたヴェーバーの科学理解には、彼の宗教社会学研究において展開された「世界の脱魔術化（Entzauberung

der Welt)」という視座が関わっている。

世界の脱魔術化というあの著しい宗教史の過程——古代ユダヤの預言者とともにはじまり、ギリシアの科学的思惟と結合しつつ、救済のためのあらゆる呪術的方法を迷信として冒瀆として排斥したあの過程は、ここ〔禁欲的プロテスタンティズム〕に完結したのである。[18]

世界の脱魔術化は宗教史的には、禁欲的プロテスタンティズムに特徴的な現世内的禁欲による日常への主体的介入という地点において完遂した。そしてこのことが近代西洋に特殊な事情であったとヴェーバーは考える。[19] こうした脱魔術化の推進力は、迷信や呪術、情緒的預言、陶酔忘我などに対して闘った預言者であり、あるいは迷信や呪術を操るとされた人びとを「魔女」として徹底的に迫害した宗教者と法学者であった。[20] 呪術的要素を追放することと合理的な宗教倫理を掲げることによって、西洋社会は脱魔術化のプロセスを辿ってきた。こうした宗教的知性主義の動きはやがて近代科学の発展へと道を開いていくことになる。[21]

2　意味問題の前景化と「神々の闘争」

この宗教社会学研究の成果を背景に、『職業としての学問』では、脱魔術化の果てに現代は「神遠き預言者なき時代」にいたったと論じられる。宗教の力は私的な領域へと押しやられ、代わりに予測可能性と計算可能性が現代世界を特徴づける。[22] こうした時代にあって科学に「実践的かつ技術的な意味を超える何か」はあるのかという問いに対して、ヴェーバーは、生の意味問題に応えない学問は無意味とするトルストイの見解を重ねあわせながら、[23] 科学はもはや人間の生きる意味に応える術をもたないと明言するのである。[24]

世界の脱魔術化とは、世界から意味が失われていく過程であり、科学の「進歩」の名のもとに即物化した世界が到来することである。そしてこの事態によって引き起こされたものが、意味問題の前景化である。

> 知性主義が呪術への信仰を抑圧し、そうして世界の出来事が「脱魔術化」され、呪術的意味内容を失い、それらがただなお「存在」し「生起」するだけになり、それ以上のなにものをも「意味」しなくなるにつれ、つねに全体としての世界と「生活態度」に対する要請――これらは有意義にかつ「意義深く」秩序づけられているはずだという要請――は、いっそう切実なものとして立ち現れる。[25]

キリスト教への信仰が薄れていく近代西洋世界では、特定の宗教教義によって人びとの倫理的価値を束ねることはもはや不可能となる。神から遠く離れ根無し草となる人間は、自己の存在の意味を、また世界の意味をあらためて問いなおさなくてはならない。「一方で、現実が単なる事実性へと還元されるものであるならば、他方で意味というものが個人の決断および知的な誠実性の問題となってしまう」のである。[26]現実は単なる事実にすぎず、意味は個人の内側から発見されなくてはならない。それゆえ主体性が前景化し、人間は世界への意味づけを強いられた存在となる。

こうした近代人の類型は、初期近代にあってはまだ「隠れたる神」という隔絶した宗教的価値が強烈に存在したため、無意味化する世界に抗して立つ根拠を神のうちに見出すことができただろう。だが、神の国を求める情熱が醒め宗教的根幹が徐々に枯渇していくとき、そうした宗教的理念は世俗化し、ただ行為の形式だけが残る。近代という時代が進行するにつれ、個人の内側から世界を意味づけ自らの意志で世界に関与していくという行為形式だけは継続するが、その根拠の部分は空白化するため、個人の選ぶ価値の多元化・分散化が生じるのである。この事態を表した言葉が「神々の闘争」である。

古き多くの神々は、脱魔術化され、したがって非人格的な諸力という形をとってその墓場から立ち現れて、われわれの生を支配する力を得ようと努め、再びお互いに神々の永遠の闘争をはじめている。(27)

ヴェーバーはここに現れる「神々の闘争」を峻厳な緊張関係のもとに描き出した。

個々人にとっては、最終的に決定した立場に即して、一方が悪魔となり他方は神となる。個々人は、自分にとっていずれが神で、いずれが悪魔であるかを決定しなくてはならない。そしてこのことは生活秩序すべてを貫いていえることである。(28)

神々の争いを司るものは運命であって「学問」ではないというように、(29)ヴェーバーは、何のために生きるのかという生の意味問題を「運命」という言葉と結びつける。そしてプラトン——おそらく「エルの物語」——を引き合いに出して、(30)魂の究極的な決定を通じて自己の運命を選択するのだと主張する。(31)プラトンにおいては善き生を選びとるために哲学することに力点があったが、そうした古代的な知と善の必然的な結びつきをヴェーバーは切り離している。選択は自己の運命を決定する一回限りの籤であり、熟慮して選ぶべきだが、いったん選んでしまったら、それは自らの責任として引き受けるべきものである——エルの物語をヴェーバーは、魂の行為と自らの存在をかけての選択の物語として読み込んだ。

3　事実と価値の分離への批判

事実と価値を分離し、主体的な決断に重きをおくヴェーバーのこうした見方に対しては、多くの批判もなされてきた。たとえば、古典的な実践的政治哲学の権威回復をめざすシュトラウスは、科学のなしうることを諸価値の対立の意味確定に限定し、その解決を「各個人の自由で非理性的な決断」に委ねてしまったヴェーバーを、際限のない相対主義とニヒリズムに行き着くと批判した(32)。またアーペルも、「目的の価値評価という倫理的問題は究極的には非合理的な主観的決断の領域へと追放するしかな」く(33)、その結果、ヴェーバーは倫理的規範の間主観的妥当性の根拠づけを不可能にしたと批判する。ヴェーバーの「神々の闘争」と価値自由の科学は、科学から規範性を奪い個人の決断主義を強調することで、ニヒリズムと相対主義への回路を開いたものとみなされてきたのである。次の節では、別の視点から「神々の闘争」とその帰結の危険性を批判した思想家の一人としてシュミットを取り上げる。彼はヴェーバーの「神々の闘争」にどのような危険な帰結を読み込んだのだろうか。

Ⅳ　シュミットの「価値の専制」論

1　ヴェーバーとの関係

二〇世紀末以降、シュミット研究の文脈においていわゆる「シュミット・ルネッサンス」が起き、ヴェーバーとシュミットの知的影響関係についても新しい水準の研究が登場しはじめた(34)。まずは両者の関係について若干述べておこう。ヴェーバーは長らく離れていた正教授としての地位に再び就くため、一九一八年にミュンヒェンに移り、一九二〇年にそこで生涯を閉じた。シュミットは一九一七年から一九二一年までミュンヒェンに居住し、ミュンヒェン商科大学講師であったときにヴェーバーの講義に出席している。[35] 彼が「職業としての学問」と「職業としての政治」講演を直接傾聴したかは定かではないが、彼の著作に『職業としての学問』や『職業としての政治』からの引用や参照箇所が見受けられることから、テキストを講読しているのはたしかである。[36] 彼の著作には、ヴェーバーの重要な諸概念（正当性と合法性、カリスマ概念など）を受容しながらそれと批判的に格闘した痕跡がちりばめられている。ただしシュミットは、合理主義的で経済的思考に支配された近代の運命というヴェーバーの時代診断は受け容れても、それに耐えるべしとする彼の実践的態度を受け容れようとはしなかった。コリヨ＝テレーヌは、「マックス・ヴェーバーの科学的理想と現代世界の政治構造との間に存在する結びつき」にシュミットは注目していたけれども、ヴェーバーの「科学的な禁欲的実践に対するシュミットの根本的な嫌悪」があったと指摘している。[37]

2　価値の専制

ヴェーバーの価値自由の科学と「神々の闘争」に応答したシュミットの作品として、『価値の専制』（一九六七年）や『政治神学Ⅱ』（一九七〇年）が挙げられる。彼は『政治神学Ⅱ』において、価値哲学がもたらす危険性とその危うさを、直接的にはブルーメンベルクと対決することで論じている。ヴェーバーが価値的思考を取ったのはあくまでも「学問的作業の補助手段」としてであったと限定的に捉えているのだが、それでも価値自由の科学と科学者の知的禁欲がいかなる世界を到来させ、いかなる人間を生み出すかを暗い論調で描き出すことで、ヴェーバーと批判的に対峙しているといえるだろう。[38]

シュミットが「価値」概念に見出した特徴は何よりも序列化である。「一切の価値が、最高のものから最低のものまで、価値の軌道上にあるということが決定的である」というように、[39] 価値はより高次のものからより低次のものへの序列化を伴うとされる。さらにこの序列化は、価値が「経済という自己に適合的な領域の外に出るや否や」、高次の価値による「劣等価値の差別化、反価値の根絶と殲滅の反価値宣告」という事態を招く[40]。シュミットはこうした事態を、ハルトマンの言葉を借りながら「価値の専制（die Tyrannei der Werte）」と表現した。

また、ある価値が妥当するためにはその価値の措定（Setzungen）を前提とする。この価値の措定を個人（das menschliche Individuum）に求めたのが、ヴェーバーである。自らが拠って立つ価値を措定する個人は、科学的実証主義の価値自由要請を逃れ、この実証主義に「自己の自由な主観的世界観」を対置する。シュミットはこの価値措定の純主観的自由に、「諸価値・諸世界観の永遠の闘争」「万人の万人に対する永遠の闘争」の到来を見出した[41]。

古き神々はその墓所より起き上がり、古き闘争を再開する。しかし神々は脱魔術化され――今日付言しなくてはならないように――新しい闘争手段を手にしている。それはもはや武器などではなく、おぞましい殲滅手段と根絶方法である。これこそ、価値自由の科学とそれによって奉仕された産業と技術の戦慄すべき産物なのである。ここでは一方にとっての悪魔は、他者にとっては神となる。「そしてこのことは生活秩序すべてを貫いていえることである……しかも永遠に」。マックス・ヴェーバーのこのような衝撃的な表現には多くの頁が費やされうるだろう。闘争を扇動し敵意を呼び覚ましておくのは、つねに諸価値なのである。古き神々が脱魔術化され単に妥当する諸価値になってしまうことは、闘争を幽鬼じみたものとし、闘争者を絶望的なまでに独善的にする。これこそがマックス・ヴェーバーの叙述が後に遺した悪夢である[42]。

概して第一次世界大戦以後、思想家たちの「科学技術の時代」への危機意識はヴェーバー以上に深刻さを増していくが、シュミットもまたそうであって、彼は価値自由の科学と結びついた技術による人間精神の支配、およびその基盤となるリベラルな社会を徹底的に批判した。ヴェーバーが即物化された世界に対して前面に押し出した知的禁欲や知的誠実は、その世界に適合的な要請なのであって、まさにその点で彼は価値自由の科学の最強度の擁護者とシュミットには映ったのである。(43)

3　「新しい人間」

シュミットはヴェーバーの価値自由と知的禁欲の要請を徹底的に拒否した。そして、価値自由の科学が生み出す「新しい人間」を、独善的な価値創造を行い、潜在的攻撃性を内在させた価値措定を行う者として描きだした。すなわち、脱魔術化と主知化によって人間の認識が拡大することは、「新たな世界を自己創造することを可能にする条件」として「無」を生み出す過程でもある。「脱神学化・脱政治化・脱法律化・脱イデオロギー化・脱歴史化・その他諸々の脱‐脱化（Ent-Entungen）」によって、「新しい人間」は無限の新世界を創り上げていく。この過程で旧きものは無価値・反価値へと貶められていく。高次の価値のために低次の価値をより劣等の価値として取扱うことは正当とされるから、「新しい人間」たちの価値闘争は、目的は手段を正当化するという格率のまかりとおる、きわめて独善的なものと成り果てるのだ、と。(44)

シュミットは「神々の闘争」を、価値の序列化の果てに到来する神と悪魔の殲滅戦として読み込んだ。彼にとって問題だったのは、価値の序列化以上に、それをなす主体（永遠の闘争を繰り返す「新しい人間」）が複数乱立する事態であろう。決定主体を個人に帰すヴェーバーの立場にシュミットは与しない。なによりシュミットの「政治」概念は——第一章で確認したように——主権者という敵と友の区別を為す決定主体・審級の存在を前提にするものであった。「神々の闘争」はそうした決定主体を個人のレベルにまで解体し分散させた混乱状態でしかないのである。

4　カトリシズムの合理性

それではシュミットにとってそうした個人に代わる存在とは何だったのか。彼はその一つをカトリシズムの合理性に見ていた。そこには彼独自の公私二元論が関係する。シュミットは、リベラリズムが歴史的に最初に獲得した自由が宗教の自由であったことに注目する。リベラリズムは宗教を私的なものとしたが、宗教がもつつねに「他を吸収し自己を絶対化する作用」が働くと、逆に私的なものが宗教的なものとして神聖化されるという事態を引き起こす。その結果、リベラリズムの核心にある私的所有権が神聖化されるにいたったのだとシュミットはいう。この私的なものに基礎を置くリベラリズムに対し、彼はカトリック教会の法的機構を公的なものとして対峙させる。(45)

シュミットにとってカトリックの「合理性」は、「経済の絶対的即物性《ザッハリヒカイト》とは違って、すぐれて政治的なもの」である。(46)彼は、教会に対して「現代の運命に男らしく耐えることのできない人間」(47)に安息の場としての役割だけを付与するヴェーバーの姿勢には与しない。教会という制度の本質を、「魂なき時代の魂に満ちた対極物」「経済競争の苦痛を和らげる衛生設備」という点に見ることはできないというのである。(48)カトリック教会というこの「矛盾に満ちた生命の複合体」(49)は、キリスト教を私的なものとみなすのではなく、それを「一つの可視的制度」へと作りあげた「自己固有の権力のエートス」をもつ存在なのである。(50)教会は、「人間精神の不合理なる暗闇」を無理やり曝け出すようなことはせず、それに「一つの方向性」を与える。(51)それは、経済的思考の蔓延する即物的世界のなかで、「新しい人間」たちが独善的な価値闘争を展開する事態に抗しうる政治的権威を具現した一つの制度であり、人間精神の導き手となる制度なのである。

V　「神々の闘争」と責任倫理

1　「神々の闘争」は価値の序列化か

シュミットは、脱魔術化と価値領域の多元化が到来するという近代世界に対するヴェーバーの診断を受け容れている。しかしその帰結については、彼独自のカトリシズムの立場から冷ややかに見ている。彼は、知的禁欲や個人の主体的な運命の選択といったヴェーバーの提起した実践的態度には与せず、そこに現れる人間や社会を「ヴェーバーの遺した悪夢」と表現するのである。それでは、このシュミットの批判をヴェーバーの立場から反論できるのだろうか。和解不可能な神と悪魔の対立は互いの殲滅戦へと発展するのだろうか。たとえヴェーバーがそのように考えていなかったにしても、その意図を超えて、「神々の闘争」の帰結はシュミットのいう「悪夢」になってしまうのだろうか。

ヴェーバーの意図を再度確認すれば、なにより彼は諸価値間の緊張関係については語っても、価値の序列化について論じたわけではない。また彼が価値闘争から想定した人間像は、脱‐脱化をくり返す「新しい人間」ではなく、矛盾・相克・葛藤に引き裂かれる存在であった。「倫理がこの世に『妥当する』唯一のものではなく、倫理と並んで別の価値領域が存在すること、場合によっては、倫理的な『罪』を自ら引き受ける者だけがそれらの価値を実現しうること」をヴェーバーは強調する。(52) 彼が科学と一線を画すことで強調したかったことは、即物化する世界に放り出された人間にもなお「生の意味」あるいは「死の意味」を与えるような、魂の内奥をゆさぶる力の存在であり、和解不可能な、そうした諸価値のあいだで葛藤を強いられる——往々にして悲劇的な結果であっても——生の可能性である。それゆえ、個々人に緊張と葛藤を強いる「神々」のあいだに序列をつける契機は、ヴェーバーの思考には存在しない。序列化は緊張関係の緩和や解消をめざすものになるが、それは彼の意図するところではなかった。[53]

　しかし、ヴェーバーの力点が価値の序列化にないとしても、その議論がシュミットのいう「悪夢」へと帰結する可能性はないのか。この点で考慮すべきなのが、『職業としての政治』における心情倫理と責任倫理である。

2　心情倫理と価値の専制

　実は、諸価値間の緊張関係にとって心情倫理のもつ意義はきわめて重要である。こうした闘争の契機をもたらすものが心情倫理にはあるからである。ヴェーバーは心情倫理について、『職業としての政治』以前にすでに、禁欲的プロテスタンティズムの現世内的禁欲を分析するなかで、神の御心に適うように「堕落せる集塊」たる現世を変革しようとする心的態度として説明していた。近代西洋文化の普遍的意義を探究するヴェーバーは、世界の脱魔術化の完結をプロテスタンティズムに見ており、心情倫理はまさにそこで、「内面からの革命的作用」でもって世界を動的に展開させていく駆動力とされたのである。[54]行為の結果よりも行為そのものの価値を重視する姿勢を、ヴェーバーは批判的に論じたわけでは決してない。「可能なものを越えたところに存在する不可能なものへと手を伸ばそうとする」「心情の価値」は、「成果の価値」と並んで西洋文化の特質と深く結びついたものとみなされているのである。[55]

　しかし、こうした心情倫理が批判的に描き出されたのが、政治と倫理の相克を論じた『職業としての政治』の最後半部である。そこでは、結果を省みないという心情倫理特有の性質には政治的領域との深刻な衝突をもたらす危険性があると指摘されている。「心情倫理家が突然千年王国の預言者に急変してしまうこと、たとえば、たった今『暴力に対する愛』を説いていた人が、次の瞬間には暴力——あらゆる暴力の絶滅状態をもたらすであろう最後の暴力——を呼びかける」、これが現実の世界においてしばしば経験する事態だとヴェーバーは述べる。[56]

バイエルン革命に参加した急進的平和主義者フェルスター、「意図の高貴さ」だけはあったと評されるバイエルン革命の指導者アイスナーの名を挙げながら、ヴェーバーは、政治が「悪魔の諸力との契約」であることを考えず、「結果に対する責任」を他人に転嫁し、他人のためにその「愚かさや卑俗さを根絶」しようとする「心情政治家」の未熟さを非難した(57)。

心情倫理は、脱魔術化の果てに到来する即物的な近代世界において、意味問題の前景化を前に、人間が生の意味と可能性を求めて取りうる一つの実践的態度と結びついている。それが現世の諸価値とのあいだに引き起こす緊張関係を、ヴェーバーは一方できわめて重視している。だが他方、政治と倫理の緊張関係に目を転じるとき、政治に特有の「正当な暴力という特殊な手段」を人間集団が把握していることを考慮しないわけにはいかない(58)。自らの選んだ価値に殉じる態度と思考が、現世を、その卑俗さと愚かさを根絶すべき自らの「義務遂行の対象」の場と捉え返していくとき、他の価値の殲滅による理想世界の実現という革命的回路が開かれうる。それは結果的に、「神々の闘争」が「新しい人間」の独善的闘争となり、神と悪魔の殲滅戦になるとしたシュミットの解釈に親和する方向であろう。

3　何が正しいと誰が判断できるのか

たしかに、『職業としての政治』における心情倫理批判の文脈で「神々の闘争」を解釈するならば、シュミットのいう「ヴェーバーの遺した悪夢」は必ずしも的を外しているとはいえない。留保しながらではあるが、「新しい人間」は心情倫理的主体の戯画としてもみなせる余地はある。だが、一つの可能性を論理的につきつめるとそうなるというのと、ヴェーバー自身がそこまで行き着いたわけではないことの違いをシュミットは見ようとはしない。逆に、ヴェーバーが「神々の闘争」をニヒリズムや「悪夢」として描かなかったのはなぜか、という問いもまた成り立つはずである。おそらくそこには、ヴェーバーが「神々の闘争」に込めた意味と責任倫理が重要な鍵となってくるだろう。

　シュミットにもう一度目を向けるならば、彼の「神々の闘争」批判の背景には、「誰が決断するのか」という問いを核心に据えた、彼独自の政治神学がある[59]。何が神で何が悪魔かを区別できる審級は、被造物にすぎない人間個人のレベルでは想定されていない。シュミットが「神々の闘争」を批判するのは、「新しい人間」が決定主体たろうとすることの僭越と傲慢さゆえである。シュミットにとっては、何が正しいかを決断できる主権者こそが重要であり、それを彼はカトリック教会とヨーロッパ公法上の国家に見出している[60]。彼にとってはそれこそが政治的領域の独自性を守り、かつ市民社会に浸透している技術的‐経済的合理性に抗しうる制度であった。

　対してヴェーバーは、「神々の闘争」と称される価値の多元的分裂と諸価値の衝突状況においては、個々人が決定主体として価値を選択し態度決定することを唱えている。そして彼はなんらかの普遍的価値を根拠づけたり前提にしたりはしない[61]。この諸価値の衝突がシュミットの危惧する「新しい人間」による独善的な闘争へと転化するのは、自己の価値を他者の価値と妥協させることを一切拒否する場合であろう。しかしながら、ヴェーバー自身がこうした意味での価値衝突を考えていたとはいいがたい。たとえば彼は次のように述べる。

> わたしは、和解不可能な紛争〔が生じること〕、したがって不断の妥協が必要となることを、価値領域に特徴的なことだとみなしております。では、その妥協はどのようにしてなされるべきかについては、「啓示」宗教を別として、誰も無理に決定しようとすることはできません[62]。

シュミットは価値自由の科学について、それが技術と結びつくことによって「敵」を殲滅する方法と手段を生み出したと批判する。しかしヴェーバーは、価値自由の科学の積極的意義を次のように規定している。第一に、現実に異なる意見をもつ人、あるいは見かけ上異なる意見をもつ人を「公正に見る」という、（科学的ではないが）人格的な副次的成果を伴う点、第二に、行為の経験的な因果的考察を行うことで行為の究極的な動機を知ること ができる点、第三に、異なる価値評価をする人と議論する場合に現実に対立しあっている論点を確定できる点である。ヴェーバーの考える「価値討議（*Werdiskussion*）」の本来的意義とは、討議相手と自分自身それぞれが実際に依拠しているところの価値を把握し、この価値に対して態度決定できるようにすることである。価値評価をめぐる討議は不毛であったり無意味であったりするのではなく、究極的に原理上調停不可能な対立を前提にしているという認識に討議者たちがいたればよいのである(63)。

自己と異なる立場の理解は、むしろ少なくとも同じほど容易に、そして多くの場合はずっと高い蓋然性をもって、人がお互いに合意できないということ、なぜ合意できないのか、また何について合意できないのか、ということの認識に導くのである(64)。

ここには、諸価値の分裂という状況を出発点にしながらも、自己の価値を他者の価値と照らし合わせることで、その一面性を認識する姿勢がある。なによりも異なる意見をもつ他者を、その価値に同意するのではないが理解はするという姿勢、および人格的に「公正に見る」という副次的成果の点で、少なくともヴェーバーは、自ら選択した価値を絶対化し他者の排除をも厭わない価値闘争を想定していたとはいえないのである。

以上の検討から、「神々の闘争」が招く事態を批判し決定主体としての主権者の存在を強調したシュミットに対して、ヴェーバーの思考に即するならば、「神々の闘争」からは価値の闘争を前にして何が正しいとは誰もいえないという認識を導き出せるだろう。「神々の闘争」がこの認識をもたらすものである場合、次にできることは何なのか。価値闘争において一つの価値を運命として選んだとしても、そこから生じてくる事態に対してどう対応するのかという問題を軽視してよいわけではない。ある具体的な事態の確定、事後に伴う別の事態の様態と発展の分析、それらの蓋然性の推定、具体的事情のもとでの人びとの見解の把握——こうした作業は、つねに生起する新しい事態に対して「目的と避けられない手段との間の、また意欲された目標と避けられない副次的結果との間の調停を、新しく行わせることになりうる」[65]。一つの価値を選んだとしても不断の妥協と調整は必要である。何が正しいかを判断できるものはないからこそ、事実確定や比較考量や蓋然性の測定といった科学的な作業は、目的と手段、目的と結果の距離を乖離させないためにも重要なのである。

このことは政治的実践においていっそう重要となる。ある政治的決定の正しさを判定するものがあるとすれば、「将来の前での責任（Verantwortung vor der *Zukunft*）」とヴェーバーが唱えるように、歴史や未来からの判定であろう[66]。出来事の渦中にある現在にはそうした審級は存在しない。だがこれはニヒリズムや相対主義や決断的個人主義として捉えるべきではない。なぜなら、何が正しいかを誰も決定できないのであれば、ある政治的決定や取られた手段がどんな結果をもたらすかを比較考量し、あらゆる結果と副次的結果の可能性を模索しながら進むしかない、というのがヴェーバーの思考だからだ。そのプロセスにおいて価値の葛藤は永遠に続くのである。責任倫理が「自分の行為の予見しうる結果の責任を負うべき」であるのは、まさにこの点にかかってくる。

心情倫理においては、何が正しいかの判定はつねに「自分自身の法廷の前」において為されるだろう[67]。心情倫理には、現世が不当な苦難と愚鈍に満ちた非合理なものであるがゆえに、現世に敵対的に対峙する傾向がある。それは程度の差こそあれ、現世の脱価値化・反価値化と結びついている。究極的にはその倫理は宗教的・形而上学的な「あの世の国」に由来するものである。これに対し責任倫理は、現世の脱価値化に異議を唱える「この世の国」の政治倫理である。(68) それは、政治的領域における心情倫理家に対してのみならず、他の価値との葛藤を完全に消去し、目的が手段を正当化することに何の疑義ももたない「新しい人間」への批判的視座を内在させた政治倫理なのである。

Ⅵ　責任倫理と愛の無世界論

1　「共に在る」ことは可能か

責任倫理は価値自由と結びついて、一つの価値を選択したからといって、その内容にのみ責任を負うのではなく、それがもたらす結果や副次的結果に対しても責任を負い、その後も不断の妥協と調整を続けることを要請する。またそれは「将来の前での責任」というように、正しさを判定する法廷は自己の外部に持ち出され、己れの選択が過去から未来にわたる集合体としての政治的共同体のなかで次の一手を積み重ねるものであること、自らの行為の結果が他者にどのような影響や作用を及ぼすのかについての考慮をも、選択する主体に課している。(69)

とはいえ、ヴェーバーのいう責任倫理が政治的共同体に共存する他者の存在を想定しているとまではいえても、どの範囲、どの程度まで他者への応答性を内在させたものかは明瞭ではない。実際、ヴェーバーは責任について「結果に対する責任」だけ取り出し、「責任の規定の含む他のさまざまな意味、すなわち隣人に対する釈明や隣人への配慮といったこと」を主題にしなかったという批判も一方では根強く存在する。(70) 加えて、「神々の闘争」のもとでの価値討議によって、何らかの価値の共有や間主観的価値の形成につねにいたるという保証を、ヴェーバーから明示的に導くことは難しいだろう。彼は、価値討議によって、それぞれの価値は原理上調停しがたく対立していると当事者たちが認識することの意義までは唱えても、その先の合意可能性については慎重な語り方をする。そうなると、彼のいう「不断の妥協」は、戦術的な利害調整にとどまるかもしれないし、人びともまた、自らの利害関心に関わる範囲でのみ討議の場に参加するだけかもしれない。利害調整が破綻する事態、もしくは調整すら不可能な事態も排除できないのである。

これまで論じてきたように、たしかに「神々の闘争」をニヒリズムや「悪夢」として読み込むシュミットの解釈には、ヴェーバーの思考に即して反論できるだろう。しかし、価値の対立が一方の価値の殲滅にいたる闘争へと転化しないためには、異なる価値を選択する他者を人格的に「公正に見る」だけではなく、異なる価値を選択する他者の存在そのものを承認することが求められるのではないか。いいかえれば、お互い価値を共有できない者同士が、たとえ共有できないままであっても、同じ政治的共同体のなかで「共に在る」ことは可能かが問われなくてはならないのである。それは異なる諸価値間の闘争が成り立つための根源的な前提として、人びとが共に在ろうとする動機に目を向けることである。この意味で他者の存在に対する根源的な承認をヴェーバーの責任倫理から読み込むことはできるのだろうか。この問いに対しては、ヴェーバーの思考に即することからは若干離れることになるが、彼の思考に見出せるある種の型に示唆を得て、以下では再び愛の無世界論に着目して責任倫理の再解釈を試みる。

2　再び愛の無世界論へ(71)

ヴェーバーはその方法論において、われわれが編入され取り囲まれた生の現実の特性を理解しようとするとき、そうした現実が「歴史的にこうなって別のものとはならなかった根拠(72)」は何かという問い方をする。こうした手法は彼の宗教社会学研究にも反映しており、そこでは近代西洋文化が辿った合理化という経路とそこで起きた出来事が、別の経路や出来事と比較される。また、合理化とそれによって抑圧されたもの／隠蔽されたものにも同時に目が向けられ、合理化の先に現れる近代国家や官僚制や資本主義的秩序世界を特徴づける「非人格性（Unpersönlichkeit）」と、宗教的同胞関係に現れる「人格性（Persönlichkeit）」との対比が描かれることになる。

人格性と結びつけられる同胞関係を、ヴェーバーは「政治団体からの解放をもっとも徹底的に成し遂げる」教団的宗教性に特有のものと論じている。[73] この宗教的同胞関係がただひたすらに人格性に徹して一切の形式や境界を打ち破っていくものとなるとき、それは「無定形の形式をなさない愛の関係[74]」である愛の無世界論へと展開されていく。ヴェーバーは一九一〇年にカルヴィニズムと愛の無世界論を対比したさい、前者が「慈善」を全面否定し合理的な「経営」へと転化させることで同胞関係への要請を打ち砕いたのに対し、後者は「『同胞関係』という純粋に人間的な基盤の上」に立つものであると論じた。[75] 愛の無世界論において「隣人」とは、「彼の苦しみと願いを通じてのみ関わる、そのつど偶然に出会われた者」のことである。隣人に向けられる態度は、「絶対的な自己献身のその理由や結果を問うことも、またおよそ懇願者の品格や自力救済能力を問うこともなく」、ただひたすらに、その人の「苦しみと願い」に寄り添っていくものとして描かれる。[76] さらに、神秘的な愛の感情にもとづく無世界論が心理的な共同体の形成へと作用することも指摘される。[77]

こうした愛の無世界論は、ヴェーバーの近代文化世界の診断において重要な位置を占めている。愛の無世界論は、経済・政治・美・性愛・知の諸領域における合理的文化が「人間性に疎遠」な「根底から愛を欠如させた構成体[78]」であることを曝け出すために対置された概念であるからだ――もちろん彼は、合理的文化の技術的・社会的諸条件のもとでは、無世界論的な同胞関係を育てる余地はないと明言しているのだが。[79] しかし愛の無世界論を対置させるヴェーバーの思考そのものが、「こうなって別のものとはならなかった」その別様の世界の痕跡をつねに意識させるものとなっていることに留意したい。

愛の無世界論が逆説的に指し示すのは、近代世界とは、合理的文化が人間的なものを徹底的に疎外し、人と人との間を社会的環境・地位・身分・属性・能力等によって幾重にも分断し、お互いの差異を差異として意識や制度のなかに固定化させた世界であるということだ。近代文化世界において人びとは「政治的、社会的、倫理的、文学的、芸術的、家族的に形式を与えられた生[80]」を生きている。けれども、愛の無世界論が形式化・差別化・階層化された諸秩序の境界線を踏み越え無形式の基層へと沈潜していく先には、そうした属性や差異を一切問うことのない他者の存在が現れてくる。それは、人びとや秩序のうちにある境界線は今あるような形に構築されたものでしかなく、基層において、われわれが存在すること、そして誰かとともに存在することの根源的な偶然性と不確実性を示唆している。偶然に出会う者を「隣人」とみなすような在り方に政治的潜在力をあえて読み込むならば、差異を固定化し序列化する力学への気付き、他者との差異や関係性の問い直し、そして他者の存在の承認へと向かわせる力を見出せるのではないだろうか。

3　責任倫理と他者

この観点からあらためて責任倫理を眺めてみた場合、責任倫理もまた愛の無世界論を反映した概念であることが見えてくる。

『職業としての政治』においてヴェーバーは、「政治、すなわち手段としての権力と暴力（Macht und Gewaltsamkeit）に関わりあう者は、悪魔の諸力（diabolische Mächte）と契約を結ぶものである[81]」という真実に、もっとも鋭く気づいてきたのは救済宗教の側であると述べる。「無世界論的な人間愛と善意の偉大な達人たち」の名を挙げながら、「自分の魂の救済と他者の魂の救いを求める者」は、政治という方法によってそれを求めることはしない[82]。逆に、「暴力という手段を用いて、また責任倫理の道を通ってなされる政治的行為を追求する者」

は、「魂の救済」を危うくする。[83] たとえ指導者がどれほど高潔な倫理的目的をもっていたとしても、それを実現させるためには「追従者という人間『装置』」が必要であり、彼らに外的・内的プレミアムを用意しなければこの装置はうまく機能しない。指導者による高潔な目的の達成は、追従者たちの倫理的に卑俗な行為動機に支えられることになるし、また彼らの空虚化・即物化・精神的プロレタリア化も必須になる。[84] ヴェーバーは、ここに現れる倫理的パラドックスに対して次のように述べる。

> 政治一般を行う者、まして職業としての政治を行う者は、あの倫理的パラドックスと、このパラドックスの圧力のもとで自分自身はどうなるのだろうかということに対する責任を自覚しなくてはならない。繰り返すが、彼はどんな暴力のなかにも潜んでいる悪魔の諸力と関わりあうのだ。[85]

ここでは政治の暴力性という「悪魔の諸力」をめぐって、それに責任倫理的に関わる立場とそれを絶対的に拒絶する宗教倫理の立場とが先鋭に対比されている。こうした政治的暴力と倫理との緊張関係は、ヴェーバーの国家規定にも反映していた。本書第二章において論じたように、「正当な物理的暴力の独占」という彼の国家規定は、「暴力でもって悪に抗するなかれ」という聖句に表されるような、倫理的・人間的なものに徹することで国家の暴力プラグマに原理的に対立する立場を沈潜させたものであった。責任倫理もまた政治と倫理の緊張関係のもと、「悪魔の諸力」と関わる者に、「魂の救済」を犠牲にしかねない倫理的パラドックスに自覚的であることを強く要請するものとして描かれている（そして心情倫理が批判されるのも、政治に働く「悪魔の諸力」に気づかないという点にあった[86])。

ヴェーバーは国家の暴力性に愛の無世界論を対置させたとき、他者が何者であるかを問うこともなく受け入れる倫理的在り方を政治的領域の彼方から指し示すものとして描写した。そして責任倫理にも、他者との人格的な関係性に徹底して殉ずる愛の無世界論を――その道を選ぶことは決してできないという形であったとしても――対置させている。この点に注目するならば、他者との倫理的な関係性を問う回路を、ヴェーバーの責任概念の根幹に見出すこともできるのではないだろうか。責任倫理は、暴力を固有法則とする政治的領域に関わる者に、排除や敵対ではなく、何が正しいかを誰も決定できないがゆえに不断の妥協と調整を粘り強く続けることを要請するものである。愛の無世界論から抽出される他者の根源的な承認は、この要請を根底から支えるものとして作用するだろう。

Ⅶ　おわりに

ヴェーバーは、近代世界においては、意味問題の前景化ゆえに心情倫理が近代人の生の可能性にとって大きな意義をもつことを認めている。「可能なものを超えたところに存在する不可能なものへと手を伸ばそうとする」ように、従来の倫理や規範からすれば認められないことであっても、諸個人がそれを破ってまでも実現したい価値を選び、その実現に向かって手を伸ばそうとすることは妨げられるべきではないと彼は考えていた。選択の自由を認めることとは、生を構想する自由を根本において認めることであり、こうありたいと願う人間の生の可能性・多様性を開くことにつながる。永遠の価値闘争が続く世界は、かつては想像することもできなかったものが、一つの選ばれうる価値として公の舞台へと躍り出てくることを可能にする世界でもある。そこには、諸個人の選択によってつねに新たな価値が闘争の場に押し出されてくるダイナミズムがある。世界への意味づけを強いられた存在たる諸個人は、こうありたいと願う生の在り様やアイデンティティを構想し、再解釈し、それにあらたな意味を吹き込み、場合によってはその実現をめざして権利要求を行う。意味化・再意味化の永遠のプロセスは、従来の規範や価値を新しい未知なる文脈で読み替え、世界を動的に展開させていくことでもある。そして、官僚制などによって社会や個人の生が萎縮し硬化していくことに強い危機意識を示したヴェーバーにとって、心情倫理はまさに世界を動的に展開させる力であるからこそ重要だったのである。

しかし、世界の動的な展開は、それ自体が正しい方向へと進むように保証されているものではない。それはまた近代世界とそこに生きる人間のアイデンティティを流動化させ、不安定さのなかへと投げ込むことでもあるだろう。「世界の再魔術化」に関する議論が展開され[87]、グローバリゼーションが政治・経済・社会・家族関係などあらゆる領域にわたって進行する現代に、「何が正しいとは誰もいえない」というテーゼは無力なものにも映る。だが、「新しい人間」が不気味なリアリティをもつ現代においてこそ、特定の価値を絶対視し、諸価値間の緊張関係や葛藤を消去してしまうことは、結果的に際限のない暴力を生み出すメカニズムに連なっているのではないかとも考えられる。もっといえば、「正義の戦争」や「聖戦」が唱えられる事態に対して、「正しさ」を僭称することの危うさを痛感するからこそ、何が正しいと誰がいえるのかという思考は、こと政治の世界においてはいっそう、柔軟かつ複眼的な視座を開く前提となるものだろう。ヴェーバーの「神々の闘争」から導かれる個人の運命をかけた選択と責任倫理は、その後の経過に対しても不断の調整と妥協とを要請するものである。何が正しいのか誰も判断することはできないという前提、一つの価値を至上のものとはしないという前提から出発することは、現代においてこそ必要とされる政治的態度といえるのではないだろうか。

だが現代において必要とされる思考は、おそらくそれだけでは不十分である。価値闘争が独善的なものに転化しないためには、お互い価値を共有できない者同士が、たとえそれらを共有できず対立したままであっても、共に在ることはできるのかという問いにも向き合う必要がある。本章ではその手がかりを、愛の無世界論が自他や秩序を分断する境界線を、ひたすらに人格的・倫理的なものに徹することによって揺るがしていく思想であることに求めた。ヴェーバーは国家を規定するさいに、国家の暴力性に徹底的に否を唱える愛の無世界論の立場を対置させた。同様に責任倫理にも、政治が「悪魔との契約」であることの忘却を戒める点に、愛の無世界論が指し示す別様の在り方を意識させる側面がある。このかぎりで責任倫理は、主体的決断という形で責任を自己へと還元するだけではなく、責任の根幹に他者へと開かれた回路をも指し示す倫理として読み直せるのである。

[注]

（1）Max Weber, *Gesammelte Aufsätze zur Wissenschaftslehre*, hrsg. Marianne Weber, J. C. B. Mohr（Paul Siebeck）, 1922. Max Weber, *Gesammelte Politische Schriften*, hrsg. Marianne Weber, J. C. B. Mohr（Paul Siebeck）, 1921.

（2）ミュンヒェン大学の自由学生団の指導者イマヌエル・ビルンバウムによって「職業としての精神労働」という連続講演が企画され、「職業としての学問」「職業としての教育」「職業としての芸術」「職業としての政治」それぞれの講演候補者との調整が進められたが、ヴェーバーによる「学問」と「政治」の二講演のみが実現した。経緯については以下を参照。MWG I/17, Wissenschaft als Beruf, Editorischer Bericht, S. 49-60; 野崎 二〇一六、三三五―三四〇頁。

（3）MWG I/17, Einleitung, S. 1-3, Wissenschaft als Beruf: Editorischer Bericht, S. 49-59.

（4）ただし野崎は『職業としての学問』について、一九一七年一一月の原講演と、加筆・修正を加えられた後一九一九年一月に行われた再講演の二回講演であったという説を唱えている（野崎 二〇一六、三二八―三五〇頁）。両講演論文の出版が同時期であったことを考えれば（cf. 本書序章注（14））、『職業としての学問』が、少なくとも一九一七年から一九一九年にかけての社会的・政治的状況を反映していないわけはないだろう。

（5）Dann [1993] 1996, S. 234-235（一九九九、一六〇―一六一頁）.

（6）Weber, Brief an Otto Crusius vom 24. November 1918, in: MWG II/10, S. 320（『政治論集2』六六〇頁）.

（7）MWG I/17, Einleitung, S. 14.

(8) MWG I/17, Einleitung, S. 15.

(9) MWG I/16, Deutschlands politische Neuordnung: Edirotirscher Bericht, S. 360-361.

(10) Marianne, Lb, S. 644(「伝記」四七一頁).

(11) 両講演を元に改訂された原稿が一九一九年三月にデュンカー&フンブロート出版社にまとめて送られ、五月に印刷にまわり、六月末から七月初旬に出版された。この経緯については本書序章注(14)参照。

(12) MWG I/17, Einleitung, S. 3.

(13) Weber, MWG I/17, S. 230(「政治」八二頁).

(14) Weber, MWG I/12, S. 485(「価値自由」六三―六四頁); Weber, MWG I/17, S. 101(「学問」五七頁).

(15) Cf. Üner 1981; 生松 一九七七、四八―六〇頁。

(16) ワイマール期におけるヴェーバーの影響力の射程を論じたものとしては以下を参照。Schroeter 1980; Lepsius, 1981b; Fogt 1981; Factor and Turner 1982.

(17) Weber, MWG I/17, S. 92(「学問」四一頁).

(18) Weber, MWG I/18, S. 280(「倫理」一五七頁). ヴェーバーは、第二イザヤとエレミヤの預言者の精神が原始キリスト教を経て宗教改革にまで流れ込むという精神的系譜を、自由主義神学から受け継いでいる。Cf. 上山 二〇〇五、一七六―一八五頁。

(19) Weber, MWG I/19, S. 263(「序論」七六頁).

(20) Cf. 上山 一九九八。

(21) Weber, MWG I/17, S. 87(「学問」三三頁). 本書第三章Ⅳ - 2も参照。

(22) Weber, MWG I/17, S. 87, S. 106(「学問」三三頁、六七頁).

(23) このテーマについては、とくにトルストイの内的苦悶を吐露した告白の書『懺悔』が重要であり、野崎がこのテキストの意義について詳細に論じている。トルストイ[一九三五]一九六一、野崎 二〇一六、一九〇―一九一頁、二九六―二九八頁。トルストイ[1935]1961.

(24) Weber, MWG I/17, S. 93(「学問」四二―四三頁).

(25) Weber, MWG I/22-2, S. 273(「宗教」一六〇頁).

(26) Kippenberg, 1997, S. 236(二〇〇五、二六三頁).

(27) Weber, MWG I/17, S. 101（「学問」五六―五七頁）.
(28) Weber, MWG I/17, S. 101（「学問」五六頁）.
(29) Weber, MWG I/17, S. 100（「学問」五五頁）.
(30) ソクラテスとグラウコンの対話のなかに戦士エルの物語がある。エルは戦死したあと息を吹きかえし、彼の魂があの世で見たことを語りだす。それは死んだ魂たちが次の人生を選ぶために運命の女神の籤を引くという話であった。
「運命を導くダイモーン（神霊）が、汝らを籤で引き当てるのではない。汝ら自身が、みずからのダイモーンを選ぶべきである。〔……〕責は選ぶ者にある。神にはいかなる責もない」（プラトン［一九七九］二〇〇一、三六五頁）。
(31) Weber, MWG I/12, S. 470（「価値自由」四〇―四一頁）.
(32) Strauss 1953, pp. 41-42（一九九六、五〇頁）.
(33) Apel, 1973, S. 373（一九八六、二三七頁）.
(34)「シュミット・ルネッサンス」とは、自由主義を批判的に考察しようとする左派の思想家たちが、その問題性を徹底的に追及したシュミットに注目する潮流を表現したものである。Cf. Mouffe 1999（二〇〇六）; 佐野 二〇〇三、古賀 二〇〇七。
(35) シュミットは一九一九／二〇年冬学期のヴェーバーの最後のゼミに参加している。安藤 二〇〇三、一九七―一九八頁。一九七二年九月一二日シュミットから安藤英治宛書簡も参照。安藤・亀嶋・今野 二〇〇五、一七九頁。
(36) ヴェーバーの学問論がシュミットに与えた影響については、佐野 二〇〇三、四九―八六頁を参照。またシュミットは、第一次世界大戦敗戦後のドイツに対してヴェーバーが『職業としての政治』において下した診断「凍てついた暗く厳しい極北の夜」のフレーズを、一九四七年一一月二八日の日記に書き記している（Schmitt 1991, S. 53）。
(37) Colliot-Thélène 1999, p. 154, n. 31（二〇〇六、二三二頁、注三一）. 一九四八年三月一二日のシュミットの日記には次のように書き付けられている。「この荒れ狂った非合理性はなんと痛ましく醜いものであるか。絶え間なく痙攣しながら、合理的なイチジクの葉でもってその非合理性を覆いくるもうとしているけれども。誠実な学者の禁欲がもつ重みは倫理的には良いものだが、しかし学問的にはまったく何の成果ももたないものだ」（Schmitt 1991, S. 113）。
(38) シュミットのヴェーバー批判を受けて、レヴィットは一九三九／四〇年の論文（Löwith［1939/40］1988）に追記して、一九六四年に、第三帝国の枢密顧問官であったシュミットを政治的に批判した（レヴィット 一九七一、一八四―一八八頁）。
(39) Schmitt［1967］1979, S. 17（「価値の専制」一八二頁）.

（40）Schmitt［1967］1979, S. 22（「価値の専制」一八七―一八八頁）.
（41）Schmitt［1967］1979, S. 31（「価値の専制」二〇〇―二〇一頁）.
（42）Schmitt［1967］1979, S. 31-32（「価値の専制」二〇一頁）. シュミットによるヴェーバーの引用箇所は、Weber, MWG I/17, S. 100-101（「学問」五五―五六頁）である。ただし、文章の配列はシュミットによって変更されている。佐野はこの箇所について、「シュミット自身が第二次世界大戦中にはナチスに加担したにもかかわらず」、「近代啓蒙や近代理性の負の側面を逆手に取った巧みなヴェーバー批判」と評している（佐野二〇〇七、四二頁）。
（43）Colliot-Thélène 1999, p. 151（二〇〇六、二二六頁）. ヴェーバーの価値自由論について付言すると、彼はその方法論的考察においては、主観的価値判断を無批判に社会的事実の認識や分析に滑り込ませることを警戒し、事実と価値判断を峻別することの必要性を一貫して唱えた。そして歴史と社会および政治に関する経験的叙述では、規範的な見方を徹底して斥けた。ただし、彼が価値判断や規範的な見方を無意味としたわけではないことには留意すべきである。学問の役割は規範的価値を提供することではなく、各人が自らの価値を選びとるための前提条件として明瞭な事実認識と概念とを提供することだと彼は考えていたからである。もちろんシュミットが受け入れなかったのは、ヴェーバーのこの姿勢なのであるが。
（44）Schmitt［1970］1990, S. 124-126（「政治神学Ⅱ」一二二―一二三頁）; Schmitt［1967］1979, S. 38（「価値の専制」二一一頁）.
（45）Schmitt［1923］1984, S. 47-49（「カトリック」一五七―一五八頁）.
（46）Schmitt［1923］1984, S. 27（「カトリック」一四三頁）.
（47）Weber, MWG I/17, S. 110（「学問」七二頁）.
（48）Schmitt［1923］1984, S. 19-20（「カトリック」一三七頁）.
（49）Schmitt［1923］1984, S. 56（「カトリック」一六三頁）.
（50）Schmitt［1923］1984, S. 53（「カトリック」一六一―一六二頁）.
（51）Schmitt［1923］1984, S. 24（「カトリック」一四一頁）.
（52）Weber, MWG I/12, S. 466（「価値自由」三三頁）.
（53）この点について西永亮氏から、ある価値の選択は「序列化＝秩序」を前提することなく可能なのかと問題提起された（西永二〇一四、一一八頁）。個人の主観的な観点からの価値の序列化はありうるだろうが、少なくともヴェーバーは何らかの〈客観的な価値体系〉を前提に考える思想家であったとはいえないだろう。

(54) Weber, MWG I/22-2, S. 369-370（「宗教」二六一―二六二頁）.

(55) Weber, MWG I/12, S. 478（「価値自由」五二―五三頁）.

(56) Weber, MWG I/17, S. 240（「政治」九二頁）.

(57) Weber, MWG I/17, S. 241, S. 249-250（「政治」九四頁、一〇二―一〇三頁）.

(58) Weber, MWG I/17, S. 245（「政治」九七頁）.

(59) Schmitt [1970] 1990, S. 107（「政治神学Ⅱ」一〇五頁）.

(60) Schmitt [1970] 1990, S. 110（「政治神学Ⅱ」一〇七頁）.

(61) ヴェーバーは普遍的価値や根本的規範があるとする立場には懐疑的であった。たとえば彼は次のように述べている。「いわゆる『究極の立場』ですか？　そんなものは無駄口とセンセーションを招くだけで、それ以外には何もありません。とりわけわたしは、きわめて長きにわたる経験と根本的な確信から次のような見解をもっております。すなわち、自分の『究極の』態度決定（と憶測したもの）を、鮮明に先鋭化させたまったく具体的な諸問題に対する態度において『検証する』ことによってのみ、自分自身の本当の意志が個々人に明確になるのだ、ということです」。Weber, Brief an Erich Trummler vom 17. Januar 1918, in: MWG II/10, S. 66（『政治論集2』六四七―六四八頁）. また柳父は、「神々の永遠の闘争」の「永遠性」を強調し、ヴェーバーが特定の価値を政治的に絶対化することには同調しなかったと指摘する。柳父二〇一〇、三九―四〇頁。

(62) Weber, Brief an Robert Wilbrandt vom 2. April [1913], in: MWG II/8, S. 165.

(63) Weber, MWG I/12, S. 464-465（「価値自由」三〇―三一頁）.

(64) Weber, MWG I/12, S. 465（「価値自由」三一頁）.

(65) Weber, MWG I/12, S. 477（「価値自由」五一頁）.

(66) Weber, MWG I/17, S. 232（「政治」八四頁）.

(67) Weber, MWG I/12, S. 479（「価値自由」五三―五四頁）.

(68) Mehring 1990, S. 612.

(69) メーリンクによると、ヴェーバーのいう将来への責任とは、H・ヨナスのいうような自然的血縁関係者や、固有の文化国民の存続という意味ではなく、来るべき人間の道徳的な水準の高さを保証する「子孫の世界」への責任である（Mehring 1990, S. 611）。

(70) Schulz 1972, S. 717（一九八〇、一四八頁）.
(71) この部分については、拙稿の一部を基にして加筆修正している。Cf. 内藤二〇〇三。
(72) Weber, Objektivität, S. 170-171（「客観性」七三頁）.
(73) Weber, MWG I/22-2, S. 372（「宗教」二六四頁）.
(74) Weber, MWG I/9, Naturrecht, S. 757.
(75) Weber, MWG I/9, Naturrecht, S. 762-763.
(76) Weber, MWG I/22-2, S. 385-386（「宗教」二七五—二七六頁）.
(77) Weber, MWG I/22-2, S. 332（「宗教」二三四頁）.
(78) Weber, MWG I/19, S. 517（「中間考察」一五五頁）.
(79) Weber, MWG I/19, S. 520（「中間考察」一六〇頁）.
(80) Weber, MWG I/9, Naturrecht, S. 756-757.
(81) Weber, MWG I/17, S. 241（「政治」九四頁）.
(82) Weber, MWG I/17, S. 247（「政治」一〇〇頁）.
(83) Weber, MWG I/17, S. 248（「政治」一〇一頁）.
(84) Weber, MWG I/17, S. 245-246（「政治」九八—九九頁）.
(85) Weber, MWG I/17, S. 247（「政治」九九—一〇〇頁）.
(86) Weber, MWG I/17, S. 248-249（「政治」一〇一頁）.
(87) 世界への意味づけを強いられた主体的存在たることが、近代人に過大な負荷をかけることはいうまでもない。こうした負荷から逃れる経路として、新興宗教の興隆や消費活動を論じることができるだろう。たとえばリッツァーは、現代の消費社会の管理と継続を再魔術化と合理化によって説明しようとし、ゲインはボードリアールとヴェーバーを対比させるさいの鍵概念として「再魔術化」を用いている。Cf. Ritzer 2001; Gane 2004, S. 131-150.

　また現代のヨーロッパでは、可視化されてきたイスラムという新しい宗教とどう向き合うのか、EUの東方拡大に伴い、ヨーロッパを統合する精神的な理念とは何なのか、この点でキリスト教という遺産を考慮しないですむのかという問いが見られるように、ヨーロッパの公的領域に再び宗教が表舞台に登場しはじめている。それはたとえば左派リベラルの代表であるハーバーマスが前ローマ教皇ベネディクトゥス一六世（当時は枢機卿）と対話をしたり、宗教や信仰の問題を公共圏の議題から外すべきではないと主張したりする動きにも現れているだろう。ハーバーマス／ラッツィンガー 二〇〇七、ハーバーマス 二〇一〇参照。

終章　総括と展望

以上本書では、ヴェーバーの政治的思考における政治と倫理の緊張関係に注目することで、近代国家との関係において近代的主体がどのような特質をもって現れてくるかを、とくに暴力の問題と心情倫理から接近して論じてきた。この考察によって詳らかにしようとしたことは、以下の四点である。

第一に、「正当な物理的暴力の独占」というヴェーバーの近代国家規定のなかには、政治社会学的観点のみならず、政治哲学的観点からの政治と倫理の緊張関係が織り込まれていることである。ヴェーバーは、トルストイに代表されるロシア思想を導きの糸としながら、宗教社会学研究のなかで展開された愛の無世界論をその対極に位置づけることによって、国家の暴力性を鮮明に浮かび上がらせている。愛の無世界論は「倫理的であること」を徹底させるところに現れてくる極限的な在り方であり、政治的領域の限界点である。ヴェーバーはイエスやブッダといった宗教的な達人、トルストイやドストエフスキーの小説の登場人物を挙げながら、その思想や態度が、現世諸秩序における固有法則に避けがたく巻き込まれる人間に倫理的影響力を及ぼし続ける点を指摘した。しかし同時に、近代世界においてはそうした峻厳な生き方は徹底できないとして、その事実を直視しない者たちを批判したのである。

第二に、政治と倫理の緊張関係は、物理的暴力を独占する近代国家に諸個人が対峙し抵抗する地点に現れ、とくにそれは心情倫理において先鋭化することである。心情倫理においては、暴力を内在させる政治的領域が倫理的に非合理な事態を露わにすればするほど、倫理的に合理的な秩序世界の理念像が提起され、その理念像に基づいた現世改革に向けての行為が促される。ここに浮かび上がるのは、一方では人格的・倫理的な生のあらたな意味づけをつねに開いていく、動的な変革の力を内在させた近代的主体の姿である。しかし他方それは、意味喪失・破綻や挫折・意図せざる結果にさらされる不安定な存在でもある。[1]

第三に、心情倫理のこの不安定な特質はとくに政治的領域において露わになることである。それは世界の脱魔術化の結果、神という絶対的根拠が後退し、諸価値の多元化という「神々の闘争」が前提となる近代世界の在り方と関連する。絶対的基準がない以上、どのような価値も客観的にはその「正しさ」を保証されえない。近代世界はこうした不安定さを内包した世界である。ここでは、心情倫理的主体は自らが選択した価値に基づいて、倫理的に非合理的な秩序世界に対峙することになる。そしてその「正しさ」の判定は「自分自身の法廷」に委ねられる。この選択された価値に対する自己遡及的な正当化は、政治的領域においては、程度の差こそあれ「目的による手段の正当化」を容認する傾向を伴う。ヴェーバー自身はこうした正当化を強く批判し、選択された価値に基づいて経験的世界の倫理化をめざす以上、心情倫理もまた政治的領域に固有の暴力性から免れることはできないことを直視せよと警告した。『職業としての政治』においてヴェーバーが危惧したのは、自らの選んだ価値に殉じることを最重要視し、卑俗さと愚かさに満ちた世界を自らの「義務遂行の対象」の場と捉え返していくとき、究極的には、他の価値の殲滅による理想世界の実現という革命的回路が開かれることである。倫理的に構想された世界像が、それに見合った結果を導く保証はどこにもない。だからこそヴェーバーは、「善からは善のみが生まれ、悪からは悪のみが生まれうるという単純な命題」は、世界史の全過程からも日常の経験からも、その逆こそが真実だと論じたのである。

第四に以上の見解から、責任倫理は、心情倫理が現世の倫理的非合理性に対して応答する倫理であり、かつそれが政治的領域のなかで露呈させる問題性を十分に認識するからこそ、あらためて導入されたと考えられることである。本研究は、ヴェーバーが心情倫理を高く評価したとか、彼自身が心情倫理家であったと論じるものではないし、従来の多くのヴェーバー研究が論じてきたように、彼の精神と政治的思考を規定するエートスが責任倫理であったことを否定するものでもない。事柄に対して距離を置く態度、ある政治的決定がもたらす結果や副次的結果の比較衡量、国民の政治的自立を促す政治教育、自律と自由な精神の涵養、騎士的な品位や名誉感情や愛国心の保持など、「この世の価値」に基づいた責任倫理的思考と態度こそ――本研究では十分には扱わなかった点であるが――、ヴェーバーが首尾一貫して依拠した立場であろう。

だが彼の責任倫理的な政治的思考は、心情倫理を否定するところに生じているのではなく、心情倫理に内包される意義と問題性を共有するからこそ生じているのである。心情倫理を中心にヴェーバーのテキストを検討するなかで浮かび上がってくるのは、近代という時代そのものが、倫理的であることの意味を先鋭に問いそれに応答する者をまさに倫理的に主体化していくという事態である。それは非人格化・非倫理化する現世諸秩序に抵抗することを通じて主体化され、その意味で意志的であり、絶えざる自己確証を求めて行為へと促される主体である。政治と倫理の緊張関係が近代的主体を特徴づけていることを注視するからこそ責任倫理は提起されたのであり、そこには「結果責任」や「〈権力〉責任政治」だけでは論じきれない要素が込められているのである。

ヴェーバーは責任倫理を導入することによって、政治と倫理の緊張関係に対して、心情倫理とは異なる形での応答へと回路を開いたのだといえる。本研究において主張できることは、責任倫理とは、世界の脱魔術化と「神々の闘争」に現れる諸価値の多元化に対して、「何が正しいと誰がいえるのか」という思考でもって向き合うことを要請する倫理であるということだ。一つの政治的決定や政治的価値の選択がなされたとしても、それを絶対化するのではなく、選択後に起こりうる事態に対する予測や検証、他の諸価値との比較衡量や妥協や調整、結果と副次的結果にいたるまでの計算が必要とされる。それゆえ責任倫理には、心情倫理が選択された価値の正しさを「自分自身の法廷」に差し戻して検証するのとは異なる回路への分岐が組み込まれている。

またそれは、ある選択が政治的共同体とそこに住まう他者の存在に影響を及ぼすものであることへの配慮を要請する倫理でもある。とくに「神々の闘争」が神と悪魔の殲滅戦へと転化しないためには、不断の妥協と調整のみならず、他者の存在の根源的な承認が求められるだろう。この点で、本研究は倫理的であることを徹底させる愛の無世界論に重要な政治的意義を見出している。責任倫理は、暴力を内在させる政治的行為が「悪魔との契約」であることの忘却を戒める倫理でもある。いいかえればそれは、愛の無世界論が政治的領域の限界点から指し示す倫理的在り方を——その実現の困難さとともに——つねに意識させる倫理でもあるということだ。「自己」に責任を遡及させるだけではなく「他者」にも開かれた倫理として責任倫理を捉え返す点に、現代の政治的課題にも接続し示唆を与えうるような意義を見出せるのではないだろうか(2)。

現在、世界の様相はヴェーバーの見据えた時代と状況から——その延長上にありながらも——大きく変容している。巨大な格差や貧困を生みだしつつ富を増幅させていく資本主義的経済秩序、人間を道具的に利用し管理する技術に長けた政治的秩序、生物工学や情報技術や生殖医療技術等において驚異的な進展をみる科学技術など、倫理的にみて非合理的な世界は、その強度を増して展開し続けている。人間を管理対象へ、数値へ、物質へと還元していく諸領域の固有法則性にわれわれはすでに巻き込まれ、そしてあらたに巻き込まれていくだろう。それゆえ、誰もが手段として扱われない倫理的に合理的な世界を構想し、また倫理的であることの意味を問う契機はつねに偏在している。この意味を問い続けるかぎり——そのさい、どの価値を選び準拠するのかという点にすでに倫理的な問題が含まれているのだが——われわれは今なお心情倫理的に主体化され続けている。そして「悪魔との契約」たる政治に「正当な暴力という特殊な手段」が控えている以上[3]、政治と倫理の関係についてヴェーバーが論じた問題は今もなお現代的・実際的なテーマで在り続けている。ヴェーバーの提示する責任倫理と心情倫理には、何よりも近代国家と暴力の問題が刻み込まれている。その政治哲学的思考を追うことは、政治に内在する暴力の問題、およびそれに対する倫理的抵抗の不可避性とその実現の困難さについての原理的考察を辿ることでもある。暴力のポリティクスを封じ込めうる新しい政治秩序が模索される現在、政治と倫理の関係、および政治における責任の在り方を問うヴェーバーの政治哲学的思考がその課題に寄与する可能性は十分にあるといえるだろう。

[注]

（1）本研究では、諸領域の固有法則性と対立というヴェーバーの理念的レベルの議論に基づいて、倫理的なものが政治の固有法則性によって縮減されていく事態への抵抗的主体として心情倫理的主体を描いている。しかし当然のことながら、本研究はヴェーバーの複雑で広域にわたる思考の一面に焦点を当てて考察したものにすぎない。彼自身の別様の思考に則するならば――社会構造や諸勢力間のせめぎあいによる多様な展開の可能性をつねに考慮する点など――諸領域相互の対立と分化と並んで、それらの妥協や相互浸透の側面を描くこともできるだろう。たとえばグローバル化が進展する現在、経済活動の固有法則性の徹底化に対して、政治や宗教からの反発や抵抗、およびそれらの妥協や結託といった多様な展開の可能性が考えられる。そこに組み込まれる人間の在り方を、本書で論じた心情倫理的主体とは別の形で検討することも可能かもしれない。この点については小島修一氏からのご意見によって気付かされた。

（2）素描的であるが、ヴェーバーの責任倫理論の現代的意義について、個人的責任から〈共同体〉の責任へと展開される側面を指摘できるだろう。彼以降、ヤスパースやアーレント、H・ヨナスそしてI・ヤングらの責任論が〈共同体〉を前提にした議論となるように、ヴェーバーの責任倫理論は、個人的責任とは異なる責任を考えさせる転換点だったのではないか。従来の責任論は、個人の過失に対して（のみ）責任を彼／彼女が負うという法的責任論が中核である。その責任論は、カントにみられるような法と道徳の分離によって、自由な近代的主体は自律的であるがゆえに「責任」を引き受けるという形で「法」に服従する、というロジックでもって成立する。しかし、二〇世紀の歴史が個々人の負える範囲を超えた「責任」の問題に目を向けさせたこと、また昨今の自己責任論の横行など、自律的な近代的主体を前提にした法的・個人的責任論の限界と弊害を考えるならば、個人の責任の範囲を越えるにもかかわらず、〈共同体〉が倫理的であるためにわれわれが負うべき責任とは何かという問いが、ヴェーバー以降の時代には問われるようになっている。Cf. ヤスパース 一九九八、Arendt 2003（二〇〇七）; Jonas 1979（二〇〇〇）; Young 2011（二〇一四）. ただし〈共同体〉の責任といっても、それがナショナルあるいはフェルキッシュなそれに回収されてしまう可能性もある。実際ヴェーバーが責任倫理を使った文脈はナショナルな価値に基づいたものであったし、戦争責任（Kriegsschuld）の問題も複雑に絡んでいる。その点については、ヴェーバーの責任倫理が彼の時代的文脈のなかでどのような意味をもっていたのかという問いと、二〇世紀以降の世界が抱える問題に思想的着想を与える概念としてどう解釈するかという問題とは、分けて考える必要があるだろう。

（3）Weber, MWG I/17, S. 245（「政治」九七頁）.

補論　公共圏と宗教――ヴェーバー的思考の可能性

Ⅰ　はじめに

ヨーロッパにおける宗教と政治をめぐる緊張関係は、一九九〇年頃から現在にかけて、ムスリム女性のスカーフ着用問題、イギリスやスペインで起きたイスラム過激派による「テロ」、シャルリ・エブド事件やパリ同時多発「テロ」事件、難民危機などを契機として、イスラムの可視化とイスラム過激主義の「脅威」という形で尖鋭化している。もちろんJ・カサノヴァが強調するように、ヨーロッパ内部における宗教への新しい関心はイスラム過激主義の台頭や脅威にのみ由来するのではなく、グローバリゼーション、移民社会化、EU統合、福祉国家モデルや教会と国家の関係の変化など、ヨーロッパ内部の原因にも由来している。(1) カサノヴァは、啓蒙の影響と福祉国家の制度化によりヨーロッパは急激な世俗化を経験したが、これは特殊ヨーロッパ的な現象であり、現代ではヨーロッパも含めて世界的に諸宗教への新たな関心が寄せられていると見ている。J・ハーバーマスも、一九八九／九〇年の転換期以降宗教があらたな政治的重要性を獲得したと指摘し、「社会全体がおおむね世俗的であっても、宗教集団が依然として存在し、さまざまな宗教的伝統に依然重要性があることを考慮しなくてはならない社会」として「ポスト世俗化」社会を唱えている。(2)

この問題領域を論じるさい、いわゆるヴェーバー・テーゼがアンチ・テーゼとしてよく引用される。「倫理」論文でヴェーバーは、禁欲的プロテスタンティズムの倫理が資本主義の精神の揺籃となったあと、宗教的精神は枯渇し、その行為様式のみが資本主義に適合的に作用する近代世界が到来するという説を提示した。一般的に彼は、諸領域に貫徹する近代化と合理化、そして脱宗教化としての世俗化・脱魔術化を唱えた論者と見なされている。ところが宗教の復権という現代特有の現象を前にすると、ヴェーバーの議論はもはや時代遅れに映るため、ヴェーバー・テーゼの限界が指摘されるのである（Ⅱ）。

この指摘は、ヴェーバーの心情倫理が古代イスラエルの預言者に始まり禁欲的プロテスタンティズムに帰着するという脱魔術化の壮大な流れと関連し、西洋文化世界の発展の推進力であったことを振り返るならば、(3)彼の思考の枠組みが「近代西洋文化世界」という時代と場の制約を伴うものであったことに目を向けさせるものである。それではヴェーバー・テーゼ、より包括的にヴェーバー的思考は、現在の状況に対しては無力なものとなるのか。そのように結論づけることは早計であると考える。本章では脱魔術化概念の含意を問いなおすことで、公共圏と宗教をめぐる問題領域に対して、なおもヴェーバーから思考の手がかりを得られる可能性を提示する（Ⅲ）。そのうえで、あらためて現代の状況に対して、ヴェーバーの思考がなおもちうる意義と可能性を検討し、とくに人びとを分断する差異の根源的承認や和解の根拠に対して責任倫理から導かれる規範的思考を模索する（Ⅳ）。

Ⅱ　ヴェーバーはどのように論じられているか——近代化／世俗化の主唱者

この問題領域においてヴェーバーがどのように論じられているかを素描してみよう。一九九四年にカサノヴァは世俗化論を三つの命題に分類した。宗教が国家・市場・法などと並ぶシステムの一つにすぎなくなり、公的領域における影響力を減少させるという「分化説」、近代化によって宗教は衰退し消滅するという「衰退説」、宗教は私的な領域に限定された個人の選択によるものという「私事化説」である。彼は分化説がなおも近代の構造的傾向であるとしても、衰退説はもはや適合せず、私事化説は西洋近代のリベラルな思考と親和性の高い「歴史的オプション」の一つにすぎないと論じた。(4) そして宗教の「脱私事化」を唱えることで、近代社会における世俗化論の見直しを迫った。(5)

西洋の発展が普遍的ではなく特殊なものであったと見るこうした議論は、世俗化論の主唱者とされるヴェーバーの現代的意義の減少という形で提示されることが多い。それは例えば「いまやマックス・ヴェーバーの『西洋合理主義』が、じつは特殊な道であったというふうに見える」といったハーバーマスの表現や、(6)「一般に、マックス・ウェーバーの『世界の魔術からの解放』や『脱魔術化』という議論に代表されるように、近代化が進めば宗教は衰退する、と考えられていた」が、「そうした世俗化論は、事実としても理論としても、次第にその守備範囲を縮小せざるをえなくなっている」といった藤本の表現に現れている。(7) カサノヴァはヴェーバーを衰退説ではなく分化説に位置づけたが、ヴェーバーもまた宗教の未来については近代世界の猛攻を凌いで生き延びることはできないと見ていた、と論じる。さらにヴェーバーが提示した禁欲的プロテスタンティズムと近代西洋社会との関係は世俗化の一つのパターンにすぎず、他の宗教にもそれ独自の世俗化の制度化に果たす役割がありうると述べた。(8) またH・ヨアスはヴェーバー・テーゼ、とくに「経済成長のための文化的・宗教的前提に関する問い」

は、キリスト教的北大西洋文化圏以外では「袋小路に通じていた」と述べて、宗教と経済倫理の関係よりも、宗教と政治倫理の関係に関心をよせるトレルチにより多くの現代的意義を認めている。(9) 以上から、宗教の衰退・後退という形での世俗化＝脱魔術化＝近代化というテーゼは特殊西洋の文脈にあてはまるにすぎず、しかも現在のヨーロッパにおいてすらあてはまらなくなってきたというのが大方の議論の主調といえるだろう。

マックス・ヴェーバーは、自らの比較宗教社会学研究が「他ならぬ西洋という地盤において、またそこにおいてのみ、普遍的な意義と妥当性をもつような発展傾向をとる文化的諸現象」の現れた理由を問うものであると最初に明言した。(10) 彼の壮大な比較研究が近代西洋文化世界を軸とし、またその発展に普遍的意義を見出していたのはたしかである。そのかぎりで、カサノヴァやヨアスが宗教の世界的復興という現象を前に、ヴェーバーのいう「普遍性」に疑義を呈するのも一理あることである。

しかしこうした議論に対して、ヴェーバーに即してみると二つの疑問点がうかびあがる。第一に、ヴェーバーの使う「世俗化」は「近代化」であり「脱魔術化」なのか。ヴェーバー自身が「世俗化」と「脱魔術化」をそれぞれどういう意味で使っていたのか。さらに、現代的文脈で用いられている「世俗化」をヴェーバーのいう「世俗化」と等置できるのか。第二に、カサノヴァやヨアスは世界規模での宗教の復権という現象から世俗化の普遍性を疑問視するが、ヴェーバーが近代において不可避的傾向と見ていたのは、宗教の衰退・後退の意味での世俗化だったのだろうか。

Ⅲ　ヴェーバーはどのように論じたか

1　「世俗化」概念の使用法

ヴェーバーに目を向けると、たしかに『職業としての学問』では「合理化と主知主義化」「世界の脱魔術化」との関連で、「究極のまたもっとも崇高な諸価値」が「公的な場」から後退すると論じられた[11]。この観点を強調すれば、ヴェーバーは宗教の後退の不可避性を論じたとも解釈できるし、「神の死」に表象される無神論的思想状況の下、二〇世紀前半のヨーロッパにおける宗教の影響力の低下を指摘したともいえるだろう。とはいえ先に挙げた第一の疑問点に対して、まずはヴェーバーが「世俗化」を使った文脈の確定作業が必要である。

ヴェーバーはどのような意味で「世俗化」を使っていたのか。säkular, Säkularisierung, Säkularisation という用語に限定して彼のテキストを俯瞰すると[12]、第一に、修道院や教会領の世俗的転用・没収の意味で用いられていることが分かる。教会領還俗をめぐっての教会勢力と貴族層（後には市民層）の利害関心のせめぎあい、およびこの流れに伴う修道院規律崩壊への抵抗として起こる修道院改革が論じられる文脈である[13]。この使い方は中世ヨーロッパ・キリスト教世界においてのみならず、古代エジプトやペルシアにおけるヘル権力による神殿領の転用や、仏教僧院の事例にも現れる[14]。

第二に、「思考の世俗化」を促す諸力に注目する文脈である。とくに政治的・法的諸力が、呪術的に保障された伝統から人びとを解放して妥当すべき規範を思考させる諸力として扱われる[15]。例としてヴェーバーは、古代ローマの法的思考の発展を世俗化として捉えており[16]、「思考の世俗化」によって宗教法から離れ、その競合相手もしくは代用物として自然法が現れる過程を論じる[17]。また呪術師の啓示の採用を氏族長会議によって決定するいう事例もこれに妥当するだろう[18]。

第三に、近代化との関連で世俗化が用いられる場合である。ヴェーバーはアメリカ社会を特徴づける自発的な団体（クラブや協会）が、ゼクテといった「宗教的構想から生まれた現象が、近代においていたるところで絡め取られていったあの特徴的な『世俗化』プロセスの絶えざる進行」を経て登場してきたと述べる。[19] またアメリカの大学が「ゼクテとしての伝統」を否認する傾向についても、「アメリカ的生活の一般的な『世俗化』傾向の一つの現れ」と評する。[20] ここで述べられる近代化と世俗化の関連を脱宗教化として解釈することもできるが、アメリカ社会に対するヴェーバーの記述は、世俗化された団体の根底にある宗教的水脈をつねに指し示すものであるから、世俗化＝近代化を宗教の枯渇として一義的に捉えているとはいいがたい。また「国家と教会の分離」という原則があるにしても、アメリカのカトリック多数派の地域において、宗教予算の廃止が任意の補助金という形で潜在的な「宗教予算」を導入したという事例を挙げて、特権の喪失を甘受させるほどの利益を教権制にもたらす可能性を示唆している。[21]

現代の研究水準では、「西欧の発展の特殊キリスト教的な歴史性を認識する」ことなしに世俗化概念を用いることは、西洋中心主義へと傾斜し世俗化と近代化の多様性を見過ごすことになると批判されている。[22] ヴェーバーの世俗化概念がこうした批判にどこまで耐えうるのかは慎重な検討が必要である。しかし彼の思考に即するならば、世俗化が進むかどうかは当該宗教の特質、法と国家に対する当該宗教の関係、政治権力に対して祭司層や教会勢力がもつ権力の程度、祭司層・預言者・信徒層の関係、政治権力の構造などに依存するとして――きわめてヴェーバーらしい発想であるが――その社会構造や諸勢力間のせめぎあいによる多様な展開の可能性を見ていることにも留意が必要である。[23] ヴェーバーの使用例を素描するかぎりでは、彼の世俗化概念が一義的な近代化や脱宗教化のみを意味するものと捉えるのは一面的すぎるであろう。[24]

2 「世俗化」は「脱魔術化」か

興味深いことに、『古代ユダヤ教』ではこの世俗化概念は登場しない。もちろんその理由は、政治的共同体として破壊され宗教的共同体として再構築されることにより、古代イスラエルでは律法が人びとの生活を規定する力を最大限に発揮し、法や政治がもたらす世俗化への圧力が逓減されたからであろう。しかしより重要なのは、世俗化概念の登場しないこの古代イスラエルの宗教にこそ、脱魔術化の端緒が開かれたとヴェーバーが見ていることである。それは古代イスラエルの預言者に始まり、ヘレニズムの学問的思考と結合しつつ禁欲的プロテスタンティズムにおいて完結するプロセスとされる。[25] ヴェーバーにとって脱魔術化の本意とは、宗教の衰退や後退ではなく、何よりも「呪術の拒否」にあった点を押さえることは重要である。呪術の拒否は、魔女裁判に見られるように呪術への信仰を徹底的に抑圧し、人間は神の栄光のための単なる手段にすぎないという「徹底的な神中心の思想[26]」を基盤にして起こりえた。超越的な神を準拠点にして呪術を排斥する態度が鮮明に現れたのは古代ユダヤ教と禁欲的プロテスタンティズムのみであり、ヴェーバーはこの線上に西洋文化独自の展開を捉えているのである。このことからも世俗化と脱魔術化はヴェーバーにおいては単純には等置できない概念であるといえるだろう。

この点は先に述べた第二の問い、すなわち、ヴェーバーが近代世界において不可避的傾向とみていたのは、宗教の衰退・後退の意味での世俗化だったのかという問題と関わってくる。むしろ脱魔術化概念においてこそ、普遍的・不可避的傾向が論じられたのではないか。それは呪術の拒否を徹底させた宗教的知性主義が、神の創造した世界の法則を明らかにするという理由で近代科学の揺籃となったことと関連する。やがて世界の事象が科学的思考の対象へと客体化され、「学問の合理的・組織的な専門的経営」および「訓練された専門家集団」が現代の文化を支配するにいたったとヴェーバーは述べる。[27] この科学的認識の力は対象の支配と利用を可能にする。科学技術の応用可能性により、対象支配の絶対性は西洋文化圏を越えて拡大する。つまり、脱魔術化が普遍的とされるのは宗教が衰退することではなく、脱魔術化の延長上に現れる近代科学の合理的認識と自然支配が普遍化可能性

を帯びているということなのである。(28)

それは人間の生活態度や社会秩序の形成に作用する力が宗教から科学へと移行したということであり、同時に、人間をも含めてあらゆるものが科学（技術）の支配／利用対象となりうるということでもある。世界から「意味」が失われていくにつれ、自然のみならず人間もまた単なるモノにまで還元される。これは倫理的にはかぎりなく非合理な世界が出現していることになる。しかし非合理な世界であればあるほど、倫理的に意味ある世界とは何かという問いが倫理的・哲学的・宗教的に立ち上がってくる。このことは、われわれの死生観を根底から揺さぶる先鋭的テーマが、生殖医療技術や遺伝子工学、商業ベース化する代理出産など、最先端の科学技術と交錯する地点で発生していることと無関係ではないだろう。(29)

ヴェーバーは、脱魔術化によって世界から「意味」が失われていくにつれ、主観的な意味付与の余地が生みだされると述べる。(30) 倫理的規範の自明性が不確実な現代において、倫理的に合理的な意味ある世界を問うための根拠は自ら選択した価値に依らざるをえない。脱魔術化から帰結するものは、選択されうる諸価値の分散化・多元化という「神々の闘争」状況なのである。(31)

このように見てくるならば、世俗化論の無効という形でヴェーバーを退けるのではなく、ヴェーバーに依拠することで現代的状況を分析することも十分可能である。すなわち、脱魔術化の果てに人間存在を含め世界の事象が認識と支配の対象となる結果、世界の再意味化という倫理的要請が生じ、それに対する一つの応答／選択として宗教が尖鋭的に浮上しているという見方である。脱魔術化の果てに即物化する世界において、倫理的関心の先鋭化および主観的な価値選択とその多元化が、現代において宗教に対する新たな関心を呼び覚ましているのである。その意味でなおもわれわれはヴェーバーの見通した脱魔術化プロセスの延長上にいる。(32)

Ⅳ　「共に在る」ことを問う視座としての責任倫理

1　「神々の闘争」から何が帰結しうるのか

以下では、「世俗化」された既存の政治的・文化的諸価値と宗教的価値との衝突という現代の状況に対して、ヴェーバーの議論からどのようなアプローチが可能か敷衍してみよう。この状況を「神々の闘争」に表象される諸価値の多元化の文脈で読むことはできるだろう。しかしそこで生じる諸価値間の緊張関係に対していかなる解釈と対応がありうるかについては、ヴェーバーは必ずしも明示的であったわけではない。この点については――本書第六章で論じたことに依拠して――二つの方向が考えられる。

一つは「神々の闘争」の激化という方向で解釈することである。諸価値の多元化を前提とする世界では、意味問題の前景化が個々人の実践的態度と結びつくとき、諸価値間の激しい緊張関係を引き起こす。例えばフランスでは国家と教会の分離を共和主義的なライシテの原則に沿って強調することで、フランス対イスラムという二項対立的言説を強化する傾向が見られる[33]。ムスリムの女性がまとうヘッドスカーフを法規制の対象とし、またそのことをめぐって激しい論争が繰り広げられたように、啓蒙主義的宗教批判の遺産を受け継ぐフランス的政治文化とイスラム教という新参の宗教との間に緊張関係が表出している。第六章でみたシュミット流の「神々の闘争」解釈に沿うならば、こうした緊張関係は、闘争を扇動し敵意を喚起しながら価値の序列化への力学を作動させることになるだろう。また世俗的規範への同一化が可能な者の間においてのみ普遍的な諸権利が保障されるとするならば、そこで想定される「普遍主義」とは一体何なのかという問いも生じる。こうした事態はハーバーマスが「世俗主義の過剰な一般化」として批判し、カサノヴァやJ・W・スコットも警戒する在り方である[34]。

もう一つは、諸価値の相容れなさを前提にしながら共生の可能性を考えるという課題を、責任倫理の要請として読み直す方向である。政治は暴力を固有法則とする以上、排除と敵対を生み出すものである。だがつねに排除と敵対にいたるわけではないし、別様の在り方を模索する試みも政治の営みの一つであろう。責任倫理は価値の闘争を前にして「何が正しいと誰がいえるのか」という認識のもとで、政治的共同体の在り方を考慮させる倫理である。それは、特定の価値を至上のものとする独善および相容れない価値の排除に歯止めをかけ、不断の妥協と調整へ向かうことを要請するものである。また「共に在る」ことを政治的領域において粘り強く模索すべきという要請をそこから読み取ることもできるだろう。

2 「共に在る」ために（1）――リベラリズムの応答

それでは「共に在る」可能性について、現在どのような議論が展開されているのか。これについては――ヴェーバーからは離れることになるが――宗教的市民と世俗的市民の共生の制度的保障をめぐるハーバーマスの議論をみてみよう。

ハーバーマスは哲学の立場から、現代ヨーロッパにおいても「宗教が生き延びているという現象」を、「内側からの認知的な挑戦」として受け止めるべきだと考えており、世俗化された社会において宗教がもつ意味を積極的に考察の対象にしようとする。[35] そして過度な世俗主義を批判し、世俗的市民が排他的な世俗主義を自らの反省によって克服し、宗教的共同体の存続を認めるポスト世俗化社会に生きていることを認識するよう要請する。[36]

こうした議論は、ハーバーマスの唱える憲法パトリオティズム（Verfassungspatriotismus）と関連する。市民の同権と相互承認に基づいた〈憲法によって統治されるリベラルな公共体〉を維持するためには、抽象的な憲法原理だけではなく、具体的な「自国民固有の歴史という文脈」に基づくこと、また正義の諸原理が「文化的価値志向の濃密な網の目」のなかに入り込むこと、要するに、文化や歴史の厚みによっても支えられることが必要だという。[37] 当然、宗教はそうした文化的・歴史的背景を構成する要素となり、ここに宗教的市民と世俗的市民の共生の可能性が論じられるのである。

とはいえ、ハーバーマスは世俗化された社会における宗教の役割を積極的に認めるとしても、リベラルな秩序と世俗的理性の優越を前提にすることでは一貫している。たとえば彼は宗教的市民に対して、何らかの宗教的価値を世俗的言語へと「翻訳」するという制度的留保条件を要請する。[38] 世俗的市民による世俗的理性の自己反省は必要としながらも、「翻訳」という条件の受入れや世俗的理由の優先は、宗教的市民に要請されることになる。ハーバーマスにとってリベラルな秩序は、民主主義的な政治参加・世俗化された生活世界・自由な討議空間によって支えられている。宗教が近代的秩序の暴力性に対する批判的潜在力をもつことを認めるにしても、それはあくまでも理性と法的・道徳的な普遍主義の結びついたリベラルな政治秩序の枠内においてなのである。[39]

3　「共に在る」ために（2）――リベラリズムへの批判

もちろん、ハーバーマスの唱える憲法パトリオティズムは、文化的・歴史的・宗教的背景に根差した諸価値を「伝統」として「善」と密接に結びつける保守的な立場とは異なる。むしろそうした立場に抗して、原理的に対等な者の間の討議による公共の空間が想定されている。「多元的社会における複雑な生活状況」に適うのは「万人に対して同じ敬意を払うという厳格な普遍主義しかありえないから」である。[40] その点でこのリベラリズムは万人に対して開かれ、あらたな文化的諸価値の創出や変化にも柔軟に開かれたものであるといえるだろう。

しかしながらこのリベラリズムは、政治的なものや経済的なもの、宗教を含むあらゆる文化的なものから相対的に独立した〈普遍性〉を前提にしている。W・ブラウンは、リベラリズムが「自らを文化や宗教に支配されることなく、それらを匿いうる唯一の政治的教義として表現する」点に対して、その〈普遍性〉を「思い込み（conceit）」と評する。リベラリズムは非リベラルなものを脱政治化し「文化」へと還元しながら、そうした諸文化から中立であるとして、それらを寛容の対象とするか否かについて判定しうる位置に自らを置こうとする。しかしながら、リベラリズムもまたその内部に「非リベラルな文化の線条痕」、〈他者〉を抱え込んだ不純で混淆した一つの文化であるとブラウンは述べる。(41) この認識は重要である。「神々の闘争」という諸価値の多元的状況においてヴェーバーの責任倫理から引き出せるのは、一つの価値が他の価値に優越すると決定することは誰にもできないというテーゼである。この観点からすれば、〈普遍性〉を標榜するリベラリズムに対しても、それは多数ある諸価値のうちの一つにすぎないという見方がつきつけられることになるだろう。

またハーバーマスが想定するのは、市民の同権と相互承認および平等主義的個人主義から成り立つリベラルな公共体である。そこでは原理的に万人が「道徳的共同体の一員」であるとされるのだから、(42) 彼のいう宗教的市民も、すでに公的領域に現れているか、現われることが可能な人びとということになる。彼らは翻訳の制度的条件を受け入れ、世俗的理由を優先することに同意しうるだろう。しかしハーバーマスは、その世俗的規範の共有を前提とする公的領域に現れることのできない人びとが、なぜその空間に現れることができないのかを問うことはない。J・バトラーの言葉を引くならば、「ある種の存在のみが承認可能な主体として現れることができ、他の主体が現れることができないような仕方でその〔公的〕領域が規制される」こと自体については、(43) ハーバーマスの関心からは外れるのである。

これに対しバトラーの関心はむしろ、私的領域へと囲い込まれ脱政治化されてきた人びとの生を政治の問題として再現することにある。彼女は、発話行為を中心とする公的領域と身体性にもとづく私的領域とを切り分ける思考に対して、人間の不安定で可傷的な身体に注目することで、身体の政治を構築しようとする。彼女のこうした視座は、人間の倫理的かつ政治的存在としての条件、いいかえれば、「いかに善く生きるか」という倫理的問い、また、「いかに共に生きるか」という政治的問いが成り立つ以前において、人間の生の実存的条件に目を向けるところから発せられている。

この政治的・社会的枠組みの外部において現れてくるのは、われわれが「選択しなかった人びと」、「直接的な社会的帰属の感覚の対象にもならない人びと」と、この地球上で共生しているという根源的事実である。アーレントのアイヒマン批判を重ね合わせながら、バトラーは、自由や選択という政治的価値が問われるその前提において、われわれはこの地球上で共生する相手を選ぶことはできないという事実をつきつける。「意志されざる近接性と選択されざる共生」こそが人間の「政治的実存の前提条件」なのである[44]。

ここまでくると、ヴェーバーの議論の射程からはかなり離れた地点に立つようにも思われる。しかし、本書第六章Ⅳにおいて論じた責任倫理と愛の無世界論の関係を踏まえるならば、われわれが存在することの根源的な偶然性と不確実性が政治的共同体にとって有する意味への思考を促す点で、ヴェーバーの政治哲学と決して接続不可能ではないのである。

Ⅴ　おわりに

本章では、宗教の世界的復興という現代的状況に対して、ヴェーバーの思考が意義と可能性をなおもちうるかを検討した。ヴェーバーの思考の枠組みが近代西洋文化世界という時代と場の制約を伴うことは明らかであるし、近代化と世俗化を脱宗教化と捉えるいわゆるヴェーバー・テーゼが現代の状況に適合しがたくなっているという指摘にも、一定の妥当性はある。しかし本章では、彼が普遍的・不可避的傾向と見ていたのは、宗教の一般的衰退というよりは、脱魔術化の延長上に現れる近代科学の合理的認識および科学技術による自然支配とその利用であったと考えている。宗教の世界的復興という現象も——その要因は複合的であるにしても——この問題と切り離すことはできないだろう。この点をふまえるならば脱魔術化はなおも現在進行形のプロセスである。現代の現象を分析するさいにヴェーバー的思考の可能性を委縮させる見方は、決して適切とはいえないのである。

さらに現代は、諸価値の多元化と諸価値間の対立によって、〈他者〉と共生することの困難さにも直面している。また新自由主義的な市場中心主義と国家経営の結びつきによって、ナショナルなレベルでもグローバルなレベルでも格差が拡大し、不安定な生を強いられる人びとの脆弱さや可傷性が際立つ時代ともなっている。公的領域における共生の可能性を制度的・手続き的に模索する試みだけでなく、公的領域の境界線がどのように形成され、誰をそこに包摂し誰をそこから排除するのか、その権力作用そのものを問い直すこともまた必要なのである。それは、人びとが「共に在る」ことの根源的意味を問う政治哲学が要請されるということを意味するだろう。互いに価値を共有できない者同士が、たとえそれを共有できないままであっても、同じ政治的共同体のなかで「共に在る」ことは可能なのか。この可能性は、他者の、そしてわれわれの存在の根源的な偶然性や被傷性を承認することによって開かれるのではないだろうか。

[注]

（1）Casanova 2007, S. 343.
（2）Mendieta 2010, p. 3（二〇一四、一六七頁）.
（3）Weber, MWG I/18, S. 280（『倫理』一五七頁）; Kippenberg 1997, S. 235（二〇〇五、二六一頁）.
（4）Casanova 1994, pp. 19-20, pp. 212-215（一九九七、三〇—三一頁、二六九—二七三頁）.

（5）その後カサノヴァはグローバリゼーションの影響をさらに重視し、西洋中心主義を修正して、リベラルな公私二元論への批判をいっそう強めている。Cf. Casanova 2008（二〇一一）.

（6）Habermas［2005］2013, S. 121（二〇一四、一三五頁）.

（7）藤本 二〇一四、五三—五四頁。ここで引用した文章はあくまでも世俗化論の主唱者としてのヴェーバーへの一般的な言及である。一九六四年のハイデルベルク・シンポジウムですでにヴェーバーと対決したハーバーマスにせよ、藤本やカサノヴァにせよ、ヴェーバーを表層的に扱っているわけでは決してないであろう。

（8）Casanova 1994, p. 18, p. 234（一九九七、二九頁、二九六頁）.

（9）Joas 2007, S. 27-28.

（10）Weber, MWG I/18, S. 101（「序言」五頁）.

（11）Weber, MWG I/17, S. 109-110（「学問」七一—七二頁）.

（12）「世俗」を表す用語としてヴェーバーは他にも profane, diesseite, Diesseitigkeit, irdisch, weltlich, Welt などを用いるが、ここでは取り上げない。

（13）Weber, MWG I/22-4, S. 306, S. 620, S. 627（「支配Ⅰ」「支配Ⅱ」二一二頁、五七六頁、五八九頁）; Weber, MWG I/18, S. 472（「倫理」三五一頁）.

（14）Weber, MWG I/6, S. 373, S. 420, S. 549（「農業事情」七三頁、一三四頁、二八〇頁）; Weber, MWG I/20, S. 74（「ヒンドゥー教」二五頁）.

（15）Weber, MWG I/22-3, S. 466（「法社会学」三一四頁）.

（16）Weber, MWG I/22-3, S. 498（「法社会学」三五四頁）.

（17）Weber, MWG I/22-3, S. 512（「法社会学」三七八頁）. Cf. Weber, MWG I/17, S. 186-187（「政治」三八頁）.

（18）Weber, MWG I/22-2, S. 178-179（「宗教」六六頁）.

（19）Weber, MWG I/18, S. 501, S. 507（「ゼクテ」九〇頁、九四頁）.

（20）Weber, MWG I/18, S. 263, Anm. 89（「倫理」一四四頁、注四）.

（21）Weber, MWG I/22-4, S. 654（「支配Ⅱ」六二四頁）. 一八七〇年、ニューヨークのカトリック系の学校と福祉施設は総額四〇万ドル以上を受領した。ヴェーバーは一九〇四年の在米時にこの情報を照会したと推定されている（cf. Weber, MWG I/22-4,

S. 654, Anm. 82)。ヘルシアも世俗化は必ずしも宗教の衰退を意味しないと述べる。たとえば第二次世界大戦後のドイツにおいて、教会と国家の分離は、教育的なテレビ番組制作や保育所・学校・病院経営など、教会が公共圏のなかに新しい活動領域を開いていくことであったと指摘する（ヘルシア 二〇一四、一三四―一三五頁）。

（22）Casanova 2008, p. 104（二〇一一、三四二―三四三頁）.

（23）Weber, MWG I/22-3, S. 513（「法社会学」三七八頁）.

（24）ヨーロッパにおける世俗化論が政治的言説として浮上してくるのは一九五〇年代以降とも指摘される（cf. ヘルシア 二〇一四）。この点からしても、ヴェーバーの使用法と現代的文脈における使用法との違いに慎重であるべきだろう。

（25）Weber, MWG I/18, S. 280（「倫理」一五七頁）.

（26）大林 一九九四、八一頁。

（27）Weber, MWG I/18, S. 104（「序言」八頁）. Cf. Schluchter 2009, S. 9-13.

（28）一九六四年のマックス・ヴェーバー・シンポジウムで寺尾誠が当時の日本人の技術観を「『かん』とか『こつ』とか言われる自然および社会に関する経験的知識」であり、「創造の点で西欧の技術的合理主義よりも低い段階」にあると記している。そこでは「科学的認識の成果としての技術」の背後にヴェーバーの理性信仰を見るなど、科学技術と理性との関連が素朴に肯定されている（大塚 一九六五、三五三―三五四頁）。

（29）ハーバーマスは現代の科学主義的自然主義を批判する文脈において、ヴェーバーの「世界の脱魔術化」という語は「コミュニケーションに依存した理解に対して、観察に依拠した知が優位するという示唆を裏書きするように見える」と述べている。遺伝子工学や脳科学・ロボット工学などが「精神の自然化（Naturalisierung des Geistes）」を推し進める誘因となる事態にあって、科学主義的自然主義は、「実験による観察と法則言明と因果的説明」に還元できない類の言明、たとえば道徳的・法的・宗教的言明の価値を貶める。ハーバーマスは、「責任をもって行為する人格」や「言語および行為能力を有する主体」を自然主義的に客体化することは、規範的背景の合意を想定する政治統合の理念とは相容れないと批判している。Habermas［2005］2013, S. 147-148, S. 213-214（二〇一四、一六一頁、二三四頁）.

（30）Weber, MWG I/12, S. 397（「カテゴリー」二三頁）; Weber, MWG I/22-2, S. 273（「宗教」一六〇頁）.

（31）本書第六章も参照。

（32）ただしこの状況はシュルフターのいうように、再魔術化への欲求も生み出しうる（Schluchter 2009, S. 12）。

（33）ヨプケはライシテの二形態として、個人の権利を重視するリベラルなライシテと、国家の統一性を重視する共和主義的ライシテを挙げる。二〇〇四年の宗教標 法の成立は、「グローバルに政治化するイスラムという状況下での権利重視の裁判所に対する政治的反発（backlash）」と評される。Joppke 2009, p. 33（二〇一五、五七頁）. ただし彼によると、「フランス人」とはエスニシティや宗教からではなく共和主義的観点から政治的に定義された存在であり、「フランス人」と「ムスリム」は競合するものではない。フランスのムスリムはライシテを概ね受容・支持しており、二〇〇四年の共和主義的ライシテの先鋭化によってリベラルなライシテが消え去ったわけではないと見ている（ibid., pp. 122-123=二一〇—二一一頁）。

（34）Cf. Habermas［2005］2013, S. 134（二〇一四、一四七—一四八頁）. ハーバーマスは、宗教を近代以前の社会からの遺物として捉え、信教の自由を「文化的自然保護」のようにしか理解できない類の世俗主義を批判する（ibid. S. 145=一五九頁）。カサノヴァは、ヨーロッパ啓蒙主義を受け継ぐコスモポリタニズムが、社会変革を近代西洋的価値観のグローバルな拡大や規範的プロジェクトと捉え、宗教を時代遅れで反動的なものとみなし、さらには許容しがたい宗教をすべて「原理主義」とみなすことで、世俗と宗教の衝突を支持する勢力となりかねないことを警戒する。Casanova 2008, p. 119（二〇一一、三六九—三七〇頁）. スコットは「われわれ対彼女ら／彼らを通じて形成される世界観」のもとでは、自己批判の余地も変革に対する思考も退けられ、他者との差異は恐るべきものとされ、他者は敵として表象されることになると論じる。Scott 2007, p. 18-19（二〇一二、二六頁）.

（35）Habermas［2005］2013, S. 113（二〇一四、一二七頁）.

（36）Habermas［2005］2013, S. 145-146（二〇一四、一五九—一六〇頁）.

（37）Habermas［2005］2013, S. 111（二〇一四、一二五頁）.

（38）Habermas［2005］2013, S. 136（二〇一四、一四九頁）; Habermas 2011, S. 25-26（二〇一四、二八頁）.

（39）三島二〇〇七、一一六頁。

（40）Habermas 2004, S. 18（二〇〇九、一四頁）.

（41）Brown, 2006, pp. 22-23（二〇一〇、三一—三二頁）.

（42）Habermas 2004, S. 30（二〇〇九、三一頁）.

（43）Butler 2015（二〇一八、四九—五〇頁）.

（44）Butler 2015（二〇一八、一四九—一五一頁）.

[文献一覧]

＊ヴェーバーの著作に関しては以下の略語で表記し、注に頁数および邦訳の略語と頁数を記す。

A. Max Weber

【マックス・ヴェーバー全集】

MWG: *Max Weber Gesamtausgabe*, Tübingen: J. C. B. Mohr（Paul Siebeck）. 以下、巻号を記す。

MWG I/4: *Landarbeiterfrage, Nationalstaat und Volkswirtschaftspolitik, Schriften und Reden 1892-1899*, hrsg., Wolfgang J. Mommsen in Zusammenarbeit mit Rita Aldenhoff, 1993 [— Der Nationalstaat und die Volkswirtschaftspolitik, Akademische Antrittsrede = 二〇〇〇 田中真晴訳『国民国家と経済政策』未來社、「国民国家」と表記].

MWG I/6: *Zur Sozial- und Wirtschaftsgeschichte des Altertums, Schriften und Reden 1893-1908*, hrsg., Jürgen Deininger, 2006 [— Agrarverhältnisse im Altertum（3. Fassung）= 一九五九 弓削達・渡辺金一・増田四郎監訳『古代社会経済史』東洋経済新報社、「農業事情」と表記].

MWG I/9: *Asketischer Protestantismus und Kapitalismus, Schriften und Reden 1904-1911*, hrsg., Wolfgang Schluchter in Zusammenarbeit mit Ursula Bube, 2014 [— Die protestantische Ethik und der „Geist" des Kapitalismus = 一九九四 梶山力訳・安藤英治編『プロテスタンティズムの倫理と資本主義の《精神》』未來社、「倫理初版」と表記、— Das stoisch-christliche Naturrecht und das moderne profane Naturrecht, Diskussionsbeiträge auf dem Ersten Deutschen Soziologentag am 21. Oktober 1910, Naturrecht と表記].

MWG I/10: *Zur Russischen Revolution von 1905, Schriften und Reden 1905-1912*, hrsg., Wolfgang J. Mommsen in Zusammenarbeit mit Dittmar Dahlmann, 1989 [— Zur Lage der bürgerlichen Demokratie in Rußland = 一九九七 雀部幸隆・小島定訳

「ロシアにおける市民的民主主義の状態について」『ロシア革命論Ⅰ』名古屋大学出版会、「市民的民主主義」と表記、―Rußlands Übergang zum Scheinkonstitutionalismus = 一九九八 肥前栄一・鈴木建夫・小島修一・佐藤芳行訳「ロシアの外見的立憲制への移行」『ロシア革命論Ⅱ』名古屋大学出版会、「外見的立憲制」と表記].

MWG I/12: *Verstehende Soziologie und Werturteilsfreiheit, Schriften und Reden 1908-1917*, hrsg., Johannes Weiß in Zusammenarbeit mit Sabine Frommer, 2018 [―Über einige Kategorien der verstehenden Soziologie= 一九九〇 海老原明夫・中野敏男訳『理解社会学のカテゴリー』未來社、「カテゴリー」と表記、―Der Sinn der „Wertfreiheit" der soziologischen und ökonomischen Wissenschaften= 一九七六 松代和郎訳『社会学および経済学の「価値自由」の意味』創文社、「価値自由」と表記].

MWG I/15: *Zur Politik im Weltkrieg, Schriften und Reden 1914-1918*, hrsg., Wolfgang J. Mommsen in Zusammenarbeit mit Gangolf Hübinger, 1984 [―Zwischen zwei Gesetzen= 一九八二 山田高生訳「二つの律法のはざま」中村貞二・山田高生・林道義・嘉目克彦訳『政治論集1』みすず書房、「律法」と表記、―Rußlands Übergang zur Scheindemokratie= 一九九七 雀部幸隆・小島定訳「ロシアの外見的民主主義への移行」『ロシア革命論Ⅰ』、―Die russische Revolution und der Friede= 一九九七 雀部幸隆・小島定訳「ロシア革命と講和」『ロシア革命論Ⅰ』、―Wahlrecht und Demokratie in Deutschland= 一九八二 山田高生訳「ドイツにおける選挙法と民主主義」『政治論集1』、「選挙法」と表記、―Parlament und Regierung im neugeordneten Deutschland = 一九八二 中村貞二・山田高生訳「新秩序ドイツの議会と政府」中村貞二・山田高生・嘉目克彦・脇圭平訳『政治論集2』みすず書房、「新秩序」と表記].

MWG I/16: *Max Weber Zur Neuordnung Deutschlands, Schriften und Reden 1918-1920*, hrsg., Wolfgang J. Mommsen in Zusammenarbeit mit Wolfgang Schwentker, 1988 [―Der freie Volksstaat; ―Sachliche (angeblich: „politische") Bemerkungen am 19. 1. 1920 zum Fall Arco; ―Erklärung zum Fall Arico am 23. Januar 1920; ―Deutschlands politische Neuordnung; ―Das neue Deutschland= 一九八二 嘉目克彦訳「新しいドイツ」『政治論集2』、―Deutschlands Vergangenheit und Zukunft; ―Zeugenaussage im Prozeß gegen Ernst Toller; ―Zeugenaussage im Prozeß gegen Otto Neurath].

MWG I/17: *Wissenschaft als Beruf 1917/1919, Politik als Beruf 1919*, hrsg., Wolfgang J. Mommsen und Wolfgang Schluchter in Zusammenarbeit mit Birgitt Morgenbrod, 1992 [―Wissenschaft als Beruf = 一九八〇 尾高邦雄訳『職業としての学問』岩波文庫（岩波書店）、「学問」と表記、―Politik als Beruf = 一九八〇 脇圭平訳『職業としての政治』岩波文庫（岩波書

店)、「政治」と表記〕.

MWG I/18 : *Die protestantische Ethik und der Geist des Kapitalismus/ Die protestantischen Sekten und der Geist des Kapitalismus, Schriften 1904-1920*, hrsg., Wolfgang Schluchter in Zusammenarbeit mit Ursula Bube, 2016 〔— Vorbemerkung= 一九七二 大塚久雄・生松敬三訳「宗教社会学論集　序言」『宗教社会学論選』みすず書房、「序言」と表記、— Die protestantische Ethik und der Geist des Kapitalismus = 一九八九 大塚久雄訳『プロテスタンティズムの倫理と資本主義の精神』岩波文庫(岩波書店)、「倫理」と表記、必要に応じて一九〇四/〇五年版 (MWG I/9所収) は「倫理初版」、一九二〇年版 (MWG I/18所収) は「倫理改訂版」と表記、— Die protestantischen Sekten und der Geist des Kapitalismus= 一九六八 中村貞二訳「プロテスタンティズムの教派と資本主義の精神」『ウェーバー　宗教社会論集　世界の大思想Ⅱ—七』河出書房新社、「ゼクテ」と表記〕.

MWG I/19: *Die Wirtschaftsethik der Weltreligionen, Konfuzianismus und Taoismus, Schriften 1915-1920*, hrsg., Helwig Schmidt-Glintzer in Zusammenarbeit mit Petra Kolonko, 1989 〔— Die Wirtschaftsethik der Weltreligionen, Einleitung = 一九七二 大塚久雄・生松敬三訳「世界宗教の経済倫理　序論」『宗教社会学論選』みすず書房、「序論」と表記、— Die Wirtschaftsethik der Weltreligionen, Zwischenbetrachtung: Theorie der Stufen und Richtungen religiöser Weltablehnung = 一九七二 大塚久雄・生松敬三訳「世界宗教の経済倫理　中間考察——宗教的現世拒否の段階と方向に関する理論」『宗教社会学論選』みすず書房、「中間考察」と表記〕.

MWG I/20: *Die Wirtschaftsethik der Weltreligionen, Hinduismus und Buddhismus 1916-1920*, hrsg., Helwig Schmidt-Glintzer in Zusammenarbeit mit Karl-Heinz Golzio, 1996 〔— Die Wirtschaftsethik der Weltreligionen, Hinduismus und Buddhismus = 一九八三 深沢宏訳『世界諸宗教の経済倫理Ⅱ　ヒンドゥー教と仏教』日貿出版社、「ヒンドゥー教」と表記〕.

MWG I/21: *Die Wirtschaftsethik der Weltreligionen, Das antike Judentum, Schriften und Reden 1911-1920*, hrsg., Eckart Otto unter Mitwirkung von Julia Offermann, 2005 〔— Die Wirtschaftsethik der Weltreligionen, Das antike Judentum = 一九九六 内田芳明訳「古代ユダヤ教」『古代ユダヤ教（上・中・下）』岩波文庫（岩波書店）、「ユダヤ教」と表記、— Die Pharisäer = 一九九六 内田芳明訳「パリサイびと」『古代ユダヤ教（下）』岩波文庫（岩波書店）、「パリサイびと」と表記〕.

MWG I/22-1: *Wirtschaft und Gesellschaft, Die Wirtschaft und die gesellschaftlichen Ordnungen und Mächte, Nachlaß, Teilband 1: Gemeinschaften*, hrsg., Wolfgang J. Mommsen in Zusammenarbeit mit Michael Meyer, 2001 〔— Politische Gemeinschaften

＝一九五四 濱島朗訳「政治共同體」『権力と支配』みすず書房、「政治的共同体」と表記〕.

MWG I/22-2: *Wirtschaft und Gesellschaft, Die Wirtschaft und die gesellschaftlichen Ordnungen und Mächte, Nachlaß, Teilband 2: Religiöse Gemeinschaften*, hrsg., Hans G. Kippenberg in Zusammenarbeit mit Petra Schilm unter Mitwirkung von Jutta Niemeier, 2001〔―Religiöse Gemeinschaften＝一九七六 武藤一雄・薗田宗人・薗田坦訳『経済と社会――宗教社会学』創文社、「宗教」と表記〕.

MWG I/22-3: *Wirtschaft und Gesellschaft, Die Wirtschaft und die gesellschaftlichen Ordnungen und Mächte, Nachlaß, Teilband 3: Recht*, hrsg., Werner Gephart und Siegfried Hermes, 2010〔―Die Entwicklungsbedingungen des Rechts＝一九七四 世良晃志郎訳『経済と社会――法社会学』創文社、「法社会学」と表記〕.

MWG I/22-4: *Wirtschaft und Gesellschaft, Die Wirtschaft und die gesellschaftlichen Ordnungen und Mächte, Nachlaß, Teilband 4: Herrschaft*, hrsg., Edith Hanke in Zusammenarbeit mit Thomas Kroll, 2005〔―Herrschaft＝一九六〇 世良晃志郎訳『経済と社会――支配の社会学Ⅰ』創文社、一九六二 世良晃志郎訳『経済と社会――支配の社会学Ⅱ』創文社、「支配Ⅰ」「支配Ⅱ」と表記〕.

MWG I/22-5: *Wirtschaft und Gesellschaft, Die Wirtschaft und die gesellschaftlichen Ordnungen und Mächte, Nachlaß, Teilband 5: Die Stadt*, hrsg., Wilfried Nippel, 1999〔―Die Stadt＝一九六五 世良晃志郎訳『経済と社会――都市の類型学』創文社、「都市」と表記〕.

MWG I/23: *Wirtschaft und Gesellschaft, Soziologie, Unvollendet 1919-1920*, hrsg., Knut Borchardt, Edith Hanke und Wolfgang Schluchter, 2013〔―Soziologische Grundbegriffe＝一九八九 阿閉吉男・内藤莞爾訳『社会学の基礎概念』恒星社厚生閣、「基礎概念」と表記、―Die Typen der Herrschaft＝一九七〇 世良晃志郎訳『支配の諸類型』創文社、「諸類型」と表記〕.

【書簡集】

Jb: *Jugendbriefe*, hrsg., Marianne Weber, Tübingen: J. C. B. Mohr（Paul Siebeck）, 1936〔＝一九九五 阿閉吉男・佐藤自郎訳『マックス・ウェーバー　青年時代の手紙（上・下）』（新訳）文化書房博文社、「青年時代」と表記〕.

MWG II/4: *Briefe 1903-1905*, hrsg., Gangolf Hübinger und M. Rainer Lepsius in Zusammenarbeit mit Thomas Gerhards und Sybille Oßwald-Bargende, 2015.

MWG II/5: *Briefe 1906-1908*, hrsg., M. Rainer Lepsius und Wolfgang J. Mommsen in Zusammenarbeit mit Birgit Rudhard und Manfred Schön, 1990.
MWG II/6: *Briefe 1909-1910*, hrsg., M. Rainer Lepsius und Wolfgang J. Mommsen in Zusammenarbeit mit Birgit Rudhard und Manfred Schön, 1994.
MWG II/7: *Briefe 1911-1912*, hrsg., M. Rainer Lepsius und Wolfgang J. Mommsen in Zusammenarbeit mit Birgit Rudhard und Manfred Schön, 1998.
MWG II/8: *Briefe 1913-1914*, hrsg., M. Rainer Lepsius und Wolfgang J. Mommsen in Zusammenarbeit mit Birgit Rudhard und Manfred Schön, 2003.
MWG II/9: *Briefe 1915-1917*, hrsg., Gerd Krumeich und M. Rainer Lepsius in Zusammenarbeit mit Birgit Rudhard und Manfred Schön, 2008.
MWG II/10: *Briefe 1918-1920*, hrsg., Gerd Krumeich und M. Rainer Lepsius in Zusammenarbeit mit Uta Hinz, Sybille Oßwald-Bargende und Manfred Schön, 2012.

【その他】

＊マリアンネ・ヴェーバーによる伝記はマックス・ヴェーバーの著書ではないが、末尾に記す。
PS: *Gesammelte Politische Schriften*, Tübingen: J. C. B. Mohr (Paul Siebeck), 1921.
RS I: *Gesammelte Aufsätze zur Religionssoziologie I*, Tübingen: J. C. B. Mohr (Paul Siebeck), 1920.
RS II: *Gesammelte Aufsätze zur Religionssoziologie II*, Tübingen: J. C. B. Mohr (Paul Siebeck), 1921.
RS III: *Gesammelte Aufsätze zur Religionssoziologie III*, Tübingen: J. C. B. Mohr (Paul Siebeck), 1921.
WL: *Gesammelte Aufsätze zur Wissenschaftslehre*, J. C. B. Mohr (Paul Siebeck), [1922] 1988 [— Die »Objektivität« sozialwissenschaftlicher und sozialpolitischer Erkenntnis=一九九八 富永祐治・立野保男訳・折原浩補訳『社会科学と社会政策にかかわる認識の「客観性」』岩波文庫（岩波書店）、Objektivität=「客観性」と表記].
WuG: *Wirtschaft und Gesellschaft*, 5. Aufl., Tübingen: J. C. B. Mohr (Paul Siebeck), [1921] 1972.
Weber, Marianne, 1926, *Max Weber: Ein Lebensbild*, Tübingen: J. C. B. Mohr (Paul Siebeck) [=一九六三 大久保和郎訳『マックス・

ウェーバー』みすず書房、Marianne, Lb=「伝記」と表記].

B．ヴェーバー以外の文献

【欧文文献】

Anderson, Benedict, [1983] 1991, *Imagined Communities*, London: Verso [=一九九七 白石さや・白石隆訳『想像の共同体——ナショナリズムの起源と流行』NTT出版].

Anter, Andreas, 2014, *Max Weber's Theory of the Modern State, Origins, Structure and Significance*, trans. by Keith Tribe, New York: Palgrave Macmillan.

Apel, Karl-Otto, 1973, *Transformation der Philosophie, Bd. II, Das Apriori der Kommunikationsgemeinschaft*, Frankfurt am Main: Suhrkamp [=一九八六 磯江景孜他訳『哲学の変換』二玄社].

——— 2001, *The Response of Discourse Ethics: to the Moral Callenge of the Human Situation as Such and Especially Today*, Leuven: Peeters.

Arendt, Hannah, 1958, *The Human Condition*, Chicago: University of Chicago Press [=一九九四 志水速雄訳『人間の条件』ちくま学芸文庫（筑摩書房）].

——— 1963, *On Revolution*, New York: Viking Press [=一九九五 志水速雄訳『革命について』ちくま学芸文庫（筑摩書房）].

——— [1969] 1972, On Violence, in: *Crisis of the Republic*, San Diego: Harcourt Brace & Company [=二〇〇〇 山田正行訳「暴力について」『暴力について——共和国の危機』みすず書房].

——— 2003, Collective Responsibility, in: *Responsibility and Judgment*, Jerome Kohn, ed., New York: Schocken Books [=二〇〇七 中山元訳「集団責任」『責任と判断』筑摩書房].

Arendt, Hannah, Jaspers, Karl, 1985, *Briefwechsel 1926-1969*, Lotte Köhler und Hans Saner, hrsg., München: Piper [=二〇〇四 大島かおり訳『アーレント＝ヤスパース往復書簡 1926-1969 1』みすず書房).

Aron, Raymond, 1965, Max Weber und die Machtpolitik, in: Stammer 1965 [=一九七六 溝部明男訳「マックス・ウェーバーと権力

政治』].

Bäumer, Gertrud, 1915, *Zwischen zwei Gesetzen*, in: *Die Frau*, 23 Jg., Heft 1.

Baumgarten, Eduard, hrsg., 1964, *Max Weber: Werk und Person*, Tübingen: J. C. B. Mohr (Paul Siebeck) [=一九七一 生松敬三訳『マックス・ヴェーバー5　人と業績』福村出版].

Beetham, David, [1974] 1985, *Max Weber and the Theory of Modern Politics*, 2nd ed., Cambridge: Polity Press [=一九八八 住谷一彦・小林純訳『マックス・ヴェーバーと近代政治理論』未來社].

Bendix, Reinhard and Roth, Guenther, 1971, *Scholarship and Partisanship: Essays on Max Weber*, Berkeley: University of California Press [=一九七五 柳父圀近訳『学問と党派性――マックス・ウェーバー論考』みすず書房].

Birkenmaier, Willy, 1995, *Das russische Heidelberg: Zur Geschichte der deutsch-russischen Beziehungen im 19. Jahrhundert*, Heidelberg: Wunderhorn.

Breuer, Stefan, 1995, Das Syndikat der Seelen, Stefan George und sein Kreis, in: Treiber und Sauerland 1995.

Brown, Wendy, 2006, *Regulating Aversion: Tolerance in the Age of Identity and Empire*, Princeton and Oxford: Princeton University Press, 2006 [=二〇一〇 向山恭一訳『寛容の帝国――現代リベラリズム批判』法政大学出版局].

Butler, Judith, 2015, *Notes Toward a Performative Theory of Assembly*, Cambridge: Harvard University Press [=二〇一八 佐藤嘉幸・清水知子訳『アセンブリ――行為遂行性・複数性・政治』青土社].

Casanova, José, 1994, *Public Religions in the Modern World*, Chicago and London: The University of Chicago Press [=一九九七 津城寛文訳『近代世界の公共宗教』玉川大学出版部].

――― 2007, Die religiöse Lage in Europa, in: Joas und Wiegandt 2007.

――― 2008, Public Religions Revisitied, in: Hent de Vries, ed., *Religion: Beyond a Concept*, New York: Fordham University Press [=二〇一一 藤本龍児訳「公共宗教を論じなおす」, 磯前・山本編 二〇一一].

Chalcraft, David, 1994, Bringing the Text Back In: On Ways of Reading the Iron Cage Metaphor in the Two Editions of *The Protestant Ethic*, in: Ray and Reed 1994.

Chołuj, Bożena, 1995, Max Weber und die Erotik, in: Treiber und Sauerland 1995.

Colliot-Thélène, Catherine, 1999, Carl Schmitt versus Max Weber: Juridical Rationality and Economic Rationality, in: Mouffe 1999 [=

二〇〇六 内藤葉子訳「カール・シュミット対マックス・ヴェーバー——法的合理性と経済的合理性」].
Dahlmann, Dittmar, 1988, Max Webers Verhältnis zum Anarchismus und Anarchisten am Beispiel Ernst Tollers, in: Mommsen und Schwentker 1988［= 一九九四 松井克浩訳「マックス・ヴェーバーのアナーキスムとアナーキストに対する関係——エルンスト・トラーの場合」］.

Dann, Otto,［1993］1996, *Nation und Nationalismus in Deutschland 1770-1990*, 3. Aufl., München: C. H. Beck［= 一九九九 末川清・姫岡とし子・高橋秀寿訳『ドイツ国民とナショナリズム 1770-1990』名古屋大学出版会］.

Davydov, Jurij N., 1995, Max Weber und Lev Tolstoj: Verantwortungs- und Gesinnungsethik, in: Jurij N. Davydov und Piama P. Gaidenko, *Rußland und der Westen: Heidelberger Max Weber- Vorlesungen 1992*, Frankfurt am Main: Suhrkamp.

Despoix, Philippe, 1998, *Ethiken der Entzauberung: Zum Verhältnis von ästhetischer, ethischer und politisicher Sphäre am Anfang des 20. Jahrhunderts*, Frankurt am Main: Philo.

Diggins, John Patrick, 1996, *Max Weber: Politics and the Spirit of Tragedy*, New York: Basic Books.

Factor, Regis A. and Turner, Stephen P., 1982, Weber's Influence in Weimar Germany, in: *Journal of the History of the Behavioral Sciences*, Vol. 18-2.

Foerster, Friedrich Wilhelm, 1902, Über die Lage verantwortlicher Staatsmänner gegenüber den Forderungen des Christentums, aus: *Der Friede*, 9. Jg., Nr.13/14, 1902, in: Hipler 1988.

——— 1918a, Staat und Sittengesetz, in: *Politische Ethik und politische Pädagogik, mit besonderer Berücksichtigung der kommenden deutschen Aufgaben*, München: Ernst Reinhard.

——— 1918b, Friedenshemmungen und Friedensmöglichkeiten, in: Hipler 1988.

——— 1919a, *Zur Beurteilung der deutschen Kriegsführung*, Veröffentlichung der "Deutschen Friedensgesellschaft", Berlin-Stuttgart, Berlin: Verlag Neues Vaterland.

——— 1919b, Zur Frage der deutschen Schuld am Weltkrieg, aus: *Preußische Jahrbücher*, Bd. 178, Heft. 1, Berlin, 1919, in: Hipler 1988.

——— 1919c, *Weltpolitik und Weltgewissen*, München: Verlag für Kulturpolitik.

——— 1919d, Politik und Moral, in: Foerster 1919c.

——— 1919e, Die staatliche Selbstbehauptung und die Lehren der Bergpredigt, in: Foerster 1919c.

——— 1953, *Erlebte Weltgeschichte 1869-1953: Memorien*, Nürnberg: Glock & Litz.

——— 1956, Staat und Sittengesetz, in: *Politische Ethik*, 4. neubearbeitete Aufl., Heilbronn: Paulus.

Fogt, Hermut, 1981, Max Weber und die deutsche Soziologie der Weimarer Republik: Außenseiter oder Gründervater?, in: Lepsius 1981b.

Freund, Ludwig, 1961, *Politik und Ethik: Möglichkeiten und Grenzen ihrer Synthese*, Gütersloh: Gütersloher Verlagshaus Gerd Mohn.

Gane, Nicholas, 2004, *Max Weber and Postmodern Theory: Rationalization versus Re-enchantment*, New York: Palgrave Macmillan.

Green, Martin, 1974, *The von Richthofen Sisters: The Triumphant and the Tragic Modes of Love, Else and Frieda von Richthofen, Otto Gross, Max Weber, and D. H. Rawrence, in the Years 1870-1970*, New York: Basic Books.

Gyldenfeldt, Heinrich von, 1993, Verantwortung statt Gesinnung?: Anmerkungen über Schwierigkeiten bei der Weberlektüre, in: Anton Sterbling, hrsg., *Zeitgeist und Widerspruch Soziologische Reflexione über Gesinnung und Verantwortung*, Hamburg: Verlag Dr. R. Krämer.

Habermas, Jürgen, 1982, *Theorie des kommunikativen Handelns, Bd. 1, Handlungsrationalität und gesellschaftliche Rationalisierung*, 2. Aufl, Frankfurt am Main: Suhrkamp［＝一九八五 河上倫逸／M・フーブリヒト／平井俊彦訳『コミュニケイション的行為の理論（上）』未來社］.

——— 2004, *Die gespaltene Westen, Kleine Politische Schriften X*, Frankfurt am Main: Suhrkamp［＝二〇〇九 大貫敦子・木前利秋・鈴木直・三島憲一訳『引き裂かれた西洋』法政大学出版局］.

———［2005］2013, *Zwischen Naturalismus und Religion: Philosophische Aufsätze*, 2. Aufl., Frankfurt am Main: Suhrkamp, STW［＝二〇一四 庄司信・日暮雅夫・池田成一・福山隆夫訳『自然主義と宗教の間——哲学論集』法政大学出版局］.

——— 2011, “The Political”: The Rational Meaning of a Questionable Inheritance of Political Theology, in: Mendieta und VanAntwerpen, 2011［＝二〇一四 金城美幸訳「政治的なもの——政治神学のあいまいな遺産の合理的意味」］.

Hanke, Edith, 1993, *Prophet des Unmodernen: Leo N. Tolstoi als Kulturkritiker in der deutschen Diskussion der Jahrhundertwende*, Tübingen: Niemeyer.

——— 2001, Erlösungsreligionen, in: Kippenberg und Riesebrodt 2001.

Hennis, Wilhelm, 1987, *Max Webers Fragestellung: Studien zur Biographie des Werks*, Tübingen: J. C. B. Mohr (Paul Siebeck) [＝一九九一 雀部幸隆・嘉目克彦・豊田謙二・勝又正直訳『マックス・ヴェーバーの問題設定』恒星社厚生閣].

Hipler, Bruno, hrsg., 1988, *Friedrich Wilhelm Foerster: Manifest für den Frieden, Eine Auswahl aus seinen Schriften (1893-1933)*, Paderborn: Ferdinand Schöningh.

Honigsheim, Paul, 1968, *On Max Weber*, New York: The Free Press [＝一九七二 大林信治訳『マックス・ウェーバーの思い出』みすず書房].

Hoschek, Maria, 2003, *Friedrich Wilhelm Foerster (1869-1966): Mit besonderer Berücksichtigung seiner Beziehungen zu Österreich*, 2. Aufl., Frankfurt am Main: Peter Lang.

Huber, Wolfgang, 1983, Sozialethik als Verantwortungsethik, in: Alberto Bondolfi, Werner Heierle und Dietmar Mieth, hrsg., *Ethos des Alltags: Festgabe für Stephan H. Pfürtner zum 60. Geburtstag*, Zürich: Benziger Verlag.

Hufen, Christian, 2004, Russe als Beruf, in: Stepun 2004.

Hürten, Heinz, 2003, Revolution und Zeit der Weimarer Republik, in: Alois Schmid, hrsg., *Handbuch der Bayerischen Geschichte, IV/I, Das Neue Bayern: Von 1800 bis zur Gegenwart*, München: C. H. Beck.

Joas, Hans, 2007, Gesellschaft, Staat und Religion: Ihr Verhältnis in der Sicht der Weltreligionen, in: Joas und Wiegandt 2007.

Joas, Hans und Wiegandt, Klaus, hrsg., 2007, *Säkularisierung und die Weltreligionen*, Frankfurt am Main: Fischer.

Jonas, Hans, 1979, *Das Prinzip Verantwortung: Versuch einer Ethik für die technologische Zivilisation*, Frankfurt am Main: Insel Verlag [＝二〇〇〇 加藤尚武監訳『責任という原理——科学技術文明のための倫理学の試み』東信堂].

Joppke, Christian, 2009, *Veil: Mirror of Identity*, Cambridge: Polity [＝二〇一五 伊藤豊・長谷川一年・竹島博之訳『ヴェール論争——リベラリズムの試練』法政大学出版局].

Kalberg, Stephan, trans., 2002, Max Weber, *The Protestant Ethik and the Spirit of Capitalism*, Oxford: Blackwell.

Karádi, Éva, 1988, Ernst Bloch und Georg Lukács im Max Weber-Kreis, in: Mommsen und Schwentker 1988 [＝一九九四 石塚省二訳「ヴェーバー＝クライスにおけるエルンスト・ブロッホとゲオルク・ルカーチ——比較の試み」].

Keyserling, Graf Hermann, 1923, *Das Reisetagebuch eines Philosophen*, 7. Aufl., Darmstadt: Otto Reichel Verlag.

Kippenberg, Hans G., 1997, *Die Entdeckung der Religionsgeschichte: Religionswissenschaft und Moderne*, München: C. H. Beck［= 二〇〇五 月本昭男・渡辺学・久保田浩訳『宗教史の発見――宗教学と近代』岩波書店］.

――― 2001, »Meine Religionssystematik«, in: Kippenberg und Riesebrodt 2001.

Kippenberg, Hans. G und Riesebrodt, Martin, hrsg., 2001, *Max Webers 'Religionssystematik'*, Tübingen: J. C. B. Mohr（Paul Siebeck）.

Lawrence, David Herbert, 1962, Preface to Dostoevsky's *The Grand Inquisitor*, in: Wellek 1962.

Lepsius, M. Rainer, 1977, Max Weber in München: Rede anläßlich der Enthüllung einer Gedenktafel, in: *Zeitschrift für Sozilogie*, Jg. 6, Heft. 1［= 一九七八 水沼知一・白井暢明訳「ミュンヘンにおけるマックス・ウェーバー――記念額除幕に際しての講演」『みすず』一〇―一一月号］.

――― 1981a, Die Soziologie der Zwischenkriegszeit: Entwicklungstendenzen und Beurteilungskriterien, in: Lepsius 1981b.

――― hrsg., 1981b, *Kölner Zeitschrift für Soziologie und Sozialpsychologie: Soziologie in Deutschland und Österreich 1918-1945: Materialien zur Entwicklung, Emigration und Wirkungsgeschichte*, Sonderheft 23, Opladen: Westdetuscher Verlag.

Löwith, Karl,［1932］1988, Max Weber und Karl Marx, in: Löwith 1988［= 一九六六 柴田治三郎・脇圭平・安藤英治訳『ウェーバーとマルクス』未來社］.

――― ［1939/40］1988, Max Weber und seine Nachfolger, in: Löwith 1988.

――― ［1964］1988, Max Webers Stellung zur Wissenschaft, in: Löwith 1988［= 一九八九 上村忠男・山之内靖訳「学問による世界の魔力剥奪」『学問とわれわれの時代の運命』未來社］.

――― 1988, *Karl Löwith Sämtliche Schriften 5: Hegel und die Aufhebung der Philosophie im 19. Jahrhundert- Max Weber*, Stuttgart: J. B. Metzler.

Löwy, Michael, 1979, *Georg Lukács: From Romanticism to Bolshevism*, trans. by Patrick Camiller, London: NLB.

Lukács, Georg, 1912, Von der Armut am Geiste: Ein Gespräch und ein Brief, in: *Neue Blätter*, 2. Folge, Heft 5-6 , Hellerau und Berlin: Verlag der Neuen Blätter［= 一九七五 池田浩士編訳「精神の貧しさについて――対話と手紙」『ルカーチ初期著作集　第１巻』三一書房］.

――― 1914, *Th. G. Masaryk: Zur russischen Geschichtes- und Religionsphilosophie*, Soziologische Studien, Jena: Eugen Diederichs, 1913, 2 Bd., in: *Archiv für Sozialwissenschaft und Sozialpolitik*, Bd. 38., Tübingen: J. C. B. Mohr（Paul Siebeck）［= 一九七五

池田浩士編訳「T・G・マサリク『ロシアの歴史哲学と宗教哲学――社会学的研究』書評」『ルカーチ初期著作集　第一巻』、三一書房].
——— 1914/15, *Solovieff Wladimir: Ausgewählte Werke*, Bd. I, (XVI u. 386 Seiten), Jena: Eugen diederich, 1914, in: *Archiv für Sozialwissenschaft und Sozialpolitik*, Bd. 38., Tübingen: J. C. B. Mohr (Paul Siebeck) [= 一九七五 池田浩士編訳「ヴラジミル・ソロヴィヨフ『選集』書評」『ルカーチ初期著作集　第一巻』].
——— 1916/ 17, *Solovieff, Wladimir: Die Rechtsfertigung des Guten*, Ausgewählte Werke, Bd. II (LII und 523 Seiten), Jena: Eugen Diederichs, 1916, in: *Archiv für Sozialwissenschaft und Sozialpolitik*, Bd. 42, Tübingen: J. C. B. Mohr (Paul Siebeck), S. 978-980 [= 一九七五 池田浩士編訳「ヴラジミル・ソロヴィヨフ『選集』書評」『ルカーチ初期著作集　第一巻』].
——— 1920, *Die Theorie des Romans: geschichtsphilosophischer Versuch über die Formen der großen Epik*, Berlin: Paul Cassirer [= 一九九四 原田義人・佐々木基一訳『小説の理論』ちくま学芸文庫（筑摩書房）].
Max, Pascal, 1999, *Pädagogische und politische Kritik im Lebenswerk Friedrich Wilhelm Foersters (1869-1966)*, Stuttgart: ibidem-Verlag.
Mehring, Reinhard, 1990, Politische Ethik in Max Webers 'Politik als Beruf' und Carl Schmitts 'Der Begriff des Politischen', in: *Politische Vierteljahresschrift*, 31-3.
Mendieta, Eduardo, 2010, A Postsecular World Society? On The Philosophical Significance of Postsecular Consciousness and The Multicultural World Society: An Interview with Jürgen Habermas, trans., by Matthias Fritsch, http://blogs.ssrc.org/tif/wp-content/uploads/2010/02/A-Postsecular-World-Society-TIF.pdf / https://tif.ssrc.org/2010/02/03/a-postsecular-world-society/ (Accessed 16. Feb, 2016) [=二〇一四 箱田徹訳「ハーバーマスへのインタヴュー　ポスト世俗化世界社会とは?――ポスト世俗意識と多分化型世界社会の哲学的意義について」（聞き手E・メンディエッタ）、メンディエッタ／ヴァンアントワーペン編 二〇一四].
Mendieta, Eduardo and VanAntwerpen, Jonathan, ed., 2011, *The Power of Religion in the Public Sphere*, New York: Columbia University Press [=二〇一四 E・メンディエッタ／J・ヴァンアントワーペン編『公共圏に挑戦する宗教――ポスト世俗化時代における共棲のために』箱田徹・金城美幸訳、岩波書店].
Meurer, Bärbel, 2013, *Max und Marianne Weber und ihre Beziehung zu Oerlinghausen*, Bielefeld: Aisthesis Verlag.

Mitzman, Arthur, 1970, *The Iron Cage: An Historical Interpretation of Max Weber*, New York: Knopf〔=一九七五 安藤英治訳『鉄の檻――マックス・ウェーバー 一つの人間劇』創文社〕.

――― 1977, Anarchism, Expressionism and Psychoanalysis, in: *New German Critique*, Vol. 10.

Mommsen, Wolfgang J., [1959] 1974, *Max Weber und die deutsche Politik 1890-1920*, 2. Aufl., Tübingen: J. C. B. Mohr (Paul Siebeck)〔=一九九三 安世舟・五十嵐一郎・田中浩訳『マックス・ヴェーバーとドイツ政治 1890-1920 Ⅰ』未來社、一九九四 安世舟・五十嵐一郎・小林純・牧野雅彦訳『マックス・ヴェーバーとドイツ政治 1890-1920 Ⅱ』未來社〕.

――― 1974, *Max Weber: Gesellschaft, Politik und Geschichte*, Frankfurt am Main: Suhrkamp〔=一九七七 中村貞二・米沢和彦・嘉目克彦訳『マックス・ヴェーバー――社会・政治・歴史』未來社〕.

――― 1994, *Max Weber und die deutsche Revolution 1918/19*, Stiftung Reichspräsident-Friedrich-Ebert-Gedankstätte: Nr. 18, Heidelberg.

――― 1997, Max Weber and the Regeneration of Russia, in: *The Journal of Modern History*, Vol. 69-1.

Mommsen, Wolfgang J. und Schwentker, Wolfgang, hrsg., 1988, *Max Weber und seine Zeitgenossen*, Göttingen: Vandenhoeck & Ruprecht〔=一九九四 鈴木広・米沢和彦・嘉目克彦監訳『マックス・ヴェーバーとその同時代人群像』ミネルヴァ書房〕.

Mouffe, Chantal, ed., 1999, *The Challenge of Carl Schmitt*, London: Verso〔=二〇〇六 古賀敬太・佐野誠編訳『カール・シュミットの挑戦』風行社〕.

Nordbeck, Gesine, 1916, Zwischen zwei Gesetzen?, in: *Die Frau*, 23 Jg., Heft 4.

Owen, David and Strong, Tracy B., ed., 2004, Max Weber, *The Vocation Lectures*, trans. by Livingstone, Rodney, Indianapolis: Hackett Publishing Company.

Pilger, Ludwig, 1922, *Friedrich Wilhelm Foerster als Ethiker, Politiker und Pädagoge*, München: Arche Verlag.

Pipes, Richard, 1955, Max Weber and Russia, in: *World Politics: A Quarterly Journal of International Relations*, Vol. 7-3.

Preuss, Ulrich K., 1999, Political Order and Democracy: Carl Schmitt and His Influence, in: Mouffe 1999〔=二〇〇六 松尾哲也訳「政治的秩序と民主主義――カール・シュミットとその影響」〕.

Ray, Larry J. and Reed, Michael ed., 1994, *Organizing Modernity: New Weberian Perspectives on Work, Organization and Society*, London: Routledge.

Riesenberger, Dieter, 1976, *Die katholische Friedensbewegung in der Weimarer Republik*, Düsseldorf: Droste Verlag.

Ritzer, Goerge, 2001, Enchanting a Disenchanted World: Revolutionizing the Means of Consumption, in: *Explorations in the Sociology of Consumption: Fast Food, Credit Cards and Casinos*, London: Sage Publications.

Roth, Günter, 1987, Max Webers zwei Ethiken und die Friedensbewegung damals und huete, in: *Politische Herrschaft und persönliche Freiheit: Heidelberger Max Weber-Vorlesungen 1983*, Frankfurt am Main: Suhrkamp.

——— 1996, Marianne Weber als liberale Nationalistin, in: Jürgen C. Heß, Hartmut Lehmann und Volker Sellin, hrsg., *Heidelberg 1945*, Stuttgart: Franz Steiner Verlag.

Schluchter, Wolfgang, 1971, *Wertfreiheit und Verantwortungsethik: Zum Verhältnis von Wissenschaft und Politik bei Max Weber*, Tübingen: J. C. B. Mohr（Paul Siebeck）［= 一九八四 住谷一彦・樋口辰雄訳『価値自由と責任倫理――マックス・ヴェーバーにおける学問と政治』未來社］.

——— 1988a, Gesinnungsethik und Verantwortungsethik: Probleme einer Unterscheidung in: *Religion und Lebensführung, Bd.1, Studien zu Max Webers Kultur- und Werttheorie*, Frankfurt am Main: Suhrkamp［= 一九九六 嘉目克彦訳『信念倫理と責任倫理――マックス・ヴェーバーの価値理論』風行社］.

——— 1988b, Die Religionssoziologie: Eine werkgeschichtliche Rekonstruktion, in: *Religion und Lebensführung, Bd.2, Studien zu Max Webers Religions- und Herrschaftsoziologie*, Frankfurt am Main: Suhrkamp［= 一九九〇 佐野誠訳「宗教社会学――作品史の再構成」河上倫逸編『ヴェーバーの再検討――ヴェーバー研究の新たなる地平』風行社］.

——— 2009, *Die Entzauberung der Welt*, Tübingen: Mohr Siebeck.

Schmitt, Carl,［1922］1993, *Politische Theologie*, Berlin: Duncker & Humblot［= 一九七一 田中浩・原田武雄訳『政治神学』未來社、「政治神学」と表記］.

———［1923］1984, *Römischer Katholizismus und politische Form*, Stuttgart: Klett-Cotta［= 一九八〇 小林公訳「ローマカトリック教会と政治形態」長尾龍一・小林公・新正幸・森田寛二訳『政治神学再論』福村出版、「カトリック」と表記］.

———［1932］1958, Legalität und Legitimität, in: *Verfassungsrechtliche Aufsätze aus den Jahren 1924-1954, Materialien zu einer Verfassungslehre*, Berlin: Duncker & Humblot［= 一九八三 田中浩・原田武雄訳『合法性と正当性』未來社、「合法性」と表記］.

——— [1932] 1963, *Der Begriff des Politischen*, Berlin: Duncker & Humblot [= 一九七〇 田中浩・原田武雄訳『政治的なものの概念』未來社、「政治概念」と表記].

——— [1932] 1963, Das Zeitalter der Neutralisierungen und Entpolitisierungen, in: *Der Begriff des Politischen* [= 一九八三 田中浩・原田武雄訳「中性化と非政治化の時代」『合法性と正当性』未來社、「中性化」と表記].

——— 1938, *Der Leviathan in der Staatslehre des Thomas Hobbes*, Hamburg: Hanseatische Verlagsanstalt [= 二〇〇七 長尾龍一訳「レヴィアタン——その意義と挫折」『カール・シュミット著作集Ⅱ』慈学社、「レヴィアタン」と表記].

——— 1958, Staat als ein konkreter, an eine geschichtliche Epoche gebundener Begriff (1941), in: *Verfassungsrechtliche Aufsätze aus den Jahren 1924-1954, Materialien zu einer Verfassungslehre*, Berlin: Duncker & Humblot [= 二〇〇七 長尾龍一訳「ジャン・ボダンと近代国家の成立」『カール・シュミット著作集Ⅱ』慈学社、「ボダン」と表記].

——— [1970] 1990, *Politische Theologie II: Die Legende von der Erleidigung jeder Politischen Theologie*, 3. Aufl., Berlin: Duncker & Humblot [= 一九八〇 長尾龍一訳「政治神学Ⅱ」『政治神学再論』、「政治神学Ⅱ」と表記].

——— [1967] 1979, Die Tyrannei der Werte, in: Sepp Schelz, hrsg., *Die Tyrannei der Werte*, Hamburg: Lutherisches Verlagshaus [= 一九八〇 森田寛二訳「価値の専制」『政治神学再論』、「価値の専制」と表記].

——— 1991, *Glossarium: Aufzeichnungen der Jahre 1947-1951*, Eberhard Freiherr von Medem, hrsg., Berlin: Duncker & Humblot.

Schmoller, Gustav, 1900, *Grundriß der Allgemeinen Volkswirtschaftslehre*, Erster Größer Teil, Leipzig: Duncker & Humblot.

Schroeter, Gerd, 1980, Max Weber as Outsider: his Nominal Influence on German Sociology in the Twenties, in: *Journal of the History of the Behavioral Sciences*, Vol. 16-4.

Schulz, Walter, 1972, *Philosophie in der veränderten Welt*, Pfullingen: Neske [= 一九八〇 藤田健治監訳『変貌した世界の哲学４——責任化の動向』二玄社].

Schwentker, Wolfgang, 1988, Leidenschaft als Lebensform: Erotik und Moral bei Max Weber und im Kreis um Otto Gross, in: Mommsen und Schwentker 1988 [= 一九九四 厚東洋輔・森田数実訳「生活形式としての情熱——オットー・グロースをめぐるサークルとマックス・ヴェーバーにおける性愛と道徳」].

Scott, Joan Wallach, 2007, *The Politics of the Veil*, Princeton: Princeton University Press [= 二〇一二 李孝徳訳『ヴェールの政治学』みすず書房].

Sombart, Nicolaus, 1976, Gruppenbild mit zwei Damen: Zum Verhältnis von Wissenschaft, Politik und Eros im wilhelminischen Zeitalter, in: *Merkur: Deutsche Zeitschrift für europäisches Denken*, 30 Jg., Heft 341.

Spöttel, Michael, 1997, *Max Weber und die jüdische Ethik: Die Beziehung zwischen politischer Philosophie und Interpretation der jüdischen Kultur*, Frankfurt am Main: Peter Lang.

Stammer, Otto, hrsg., 1965, *Max Weber und die Soziologie heute: Verhandlungen des 15. Deutschen Soziologentages*, Tübingen: J. C. B. Mohr（Paul Siebeck）〔＝一九七六 出口勇蔵監訳・服部平治・筒井清忠・溝部明男訳『ウェーバーと現代社会学――第一五回ドイツ社会学会大会議事録（上）』木鐸社〕.

Stepun, Fedor, 1961, *Das Antlitz Rußlands und das Gesicht der Revolution: aus meinem Leben 1884-1922*, München: Kösel.

――― 2004, *Russische Demokratie als Projekt, Schriften im Exil 1924-1936*, hrsg., Chrisian Hufen, Berlin: Basisdruck.

Sterbling, Anton and Zipprian, Heinz, hrsg., 1997, *Max Weber und Osteuropa*, Hamburg: Krämer.

Strauss, Leo, 1953, *Natural Right and History*, Chicago & London: The University of Chicago Press〔＝一九八八 塚崎智・石崎嘉彦訳『自然権と歴史』昭和堂〕.

Treiber, Hubert und Sauerland, Karol, hrsg., 1995, *Heidelberg im Schnittpunkt intellektueller Kreise: Zur Topographie der "geistigen Geselligkeit" eines "Weltdorfes": 1850-1950*, Opladen: Westdeutscher Verlag.

Turner, Charles, 1999, Weber and Dostoyevsky on Church, Sect and Democracy, in: Whimster 1999.

Tyrell, Hartmann, 1997, Intellektuellenreligiosität, "Sinn"-Semantik, Brüderlichkeitsethik: Max Weber im Verhältnis zu Tolstoi und Dostojewski, in: Sterbling und Zipprian 1997.

――― 2001, Antagonismus der Werte – ethisch, in: Kippenberg und Riesebrodt 2001.

Ulbricht, Justus H., 2013, Mystik und Deutschtumsmetaphysik: Martin Buber, Eugen Diederichs und die religiöse Renaissance um 1900, in: *Zeitschrift für Religions- und Geistesgeschichte*, 65 Jg., Heft 2.

Üner, Elfriede, 1981, Jugendbewegung und Soziologie: Wissenschaftssoziologische Skizzen zu Hans Freyers Werk und Wissenschaftsgemeinschaft bis 1933, in: Lepsius 1981b.

Vivas, Eliseo, 1962, The two Dimensions of Reality in *The Brothers Karamazov*, in: Wellek 1962.

Waas, Lothar, 1994, *Max Weber und die Folgen: Die Krise der Moderne und der moralisch-politische Dualismus des 20.*

Jahrhunderts, Frankfurt am Main: Campus.
Warner, Daniel, 1991, *An Ethic of Responsibility in International Relations*, Boulder: Lynne Rienner Publischers.
Weber, Marianne, 1916, Der Krieg als ethisches Problem, in: *Die Frau*, 23 Jg., Heft 12.
――― 1919, Der Krieg als ethisches Problem, in: *Frauenfrage und Frauengedanken*, Tübingen: J. C. B. Mohr (Paul Siebeck).
Weiller, Edith, 1994, *Max Weber und die literarische Moderne: ambivalente Begegnungen zweier Kulturen*, Stuttgart: Metzler.
Weiß, Johannes, 1997, Max Weber in Rußland: Einige Überlegungen aus Anlaß der Max Weber-Vorlesungen von J. N. Davydov und P. P. Gaidenko, in: Sterbling und Zipprian 1997.
Wellek, René, ed., 1962, *Dostoevsky: A Collection of Critical Essays*, Englewood Cliffs: Prentice Hall.
Whimster, Sam, ed., 1999, *Max Weber and the Culture of Anarchy*, London: Macmillan Press.
Williams, Robert C., 1966, Russians in Germany: 1900-1914, in: *Journal of Contemporary History*, Vol. 1-4.
――― 1972, *Culture in Exile: Russian Emigrés in Germany 1881-1941*, New York: Cornell University Press.
Young, Iris Marion, 2011, *Responsibility for Justice*, Oxford: Oxford University Press [＝二〇一四 岡野八代・池田直子訳『正義への責任』岩波書店].

【邦文文献】

安藤英治 一九七二『ウェーバーと近代――一つの社会科学入門』創文社。
――― 二〇〇三『マックス・ウェーバー』講談社学術文庫（講談社）。
安藤英治［聞き手］・亀嶋庸一編・今野元訳 二〇〇五『回想のマックス・ウェーバー――同時代人の証言』岩波書店。
K－O・アーペル 一九八六「科学時代における責任倫理の合理的基礎づけ」丸山高司・北尾宏之訳『思想』第七三九号。
荒川敏彦 二〇〇七「殻の中に住むものは誰か――「鉄の檻」的ヴェーバー像からの解放」『現代思想』第三五巻第一五号。
――― 二〇一三「マックス・ヴェーバーにおける理解社会学と神義論問題――先行研究とその批判」『千葉商大紀要』第五〇巻（二）。
有福孝岳編 一九九九『エチカとは何か――現代倫理学入門』ナカニシヤ出版。
アリストテレス 一九七一『ニコマコス倫理学（上）』高田三郎訳、岩波文庫（岩波書店）。

N・A・ベルジャーエフ 一九九二「ロシア革命の精神」長縄光男・御子柴道夫監訳『深き淵より――ロシア革命批判論文集2』現代企画室。
D・ボンヘッファー 一九六二「歴史と善」森野善右衛門訳『ボンヘッファー選集Ⅳ 現代キリスト教倫理』新教出版社。
ブルガコフ/ストルーヴェ他 一九七〇『道標――ロシア・インテリゲンチャ批判論集』小西善次訳、現代思潮社。
J・バトラー 二〇一二『権力の心的な生――主体化=服従化に関する諸理論』佐藤嘉幸・清水知子訳、月曜社。
ドストエーフスキイ[一九二八]一九九八『カラマーゾフの兄弟 第二巻』米川正夫訳、岩波文庫(岩波書店)。
F・M・ドストエフスキー 一九八六『ドストエフスキーの手紙』中村健之介編訳、北海道大学図書刊行会。
F・W・フェルスター 一九一八『少年と道徳』大日本文明協會事務所。
藤本龍児 二〇一四「二つの世俗主義――公共宗教論の更新」、島薗・磯前二〇一四。
深井智朗 二〇〇九『十九世紀のドイツ・プロテスタンティズム――ヴィルヘルム帝政期における神学の社会的機能についての研究』教文館。
―――― 二〇一二『ヴァイマールの聖なる政治的精神――ドイツ・ナショナリズムとプロテスタンティズム』岩波書店。
深澤助雄 一九九五「コスモスを無みする愛」『人文科學研究』新潟大学人文学部、第八九号。
―――― 一九九八「「大審問官」伝説の思想史」『人文科學研究』新潟大学人文学部、第九七号。
Я・Э・ゴロソフケル 一九八八『ドストエフスキーとカント――『カラマーゾフの兄弟』を読む』木下豊房訳、みすず書房。
J・ハーバーマス 二〇一〇『ああ、ヨーロッパ』三島憲一・鈴木直・大貫敦子訳、岩波書店。
J・ハーバーマス/J・ラッツィンガー 二〇〇七『ポスト世俗化時代の哲学と宗教』F・シュラー編、三島憲一訳、岩波書店。
袴田茂樹 一九九八「ロシアにおける「マックス・ウェーバー・ルネッサンス」をめぐって」『ロシア・東欧学会年報』第一九九八巻第二七号。
橋本努・橋本直人・矢野善郎編 二〇〇〇『マックス・ヴェーバーの新世紀――変容する日本社会と認識の転回』未來社。
橋本努・矢野善郎編 二〇〇八『日本マックス・ウェーバー論争――「プロ倫」読解の現在』ナカニシヤ出版。
初見基 一九九八『ルカーチ――物象化』講談社。
林健太郎 一九九七『バイエルン革命史――一九一八―一九年』山川出版社。
ヘーゲル[一九五二]二〇〇五『小論理学(下)』松村一人訳、岩波文庫(岩波書店)。

樋口辰雄 一九九八『逆説の歴史社会学——ニーチェとヴェーバーへ』向学社。
肥前栄一 一九九九「マックス・ウェーバーのロシア革命論——ロシアにおける国家と市民」『聖学院大学総合研究所紀要』聖学院大学総合研究所、No. 17。
L・ヘルシア 二〇一四「世俗化時代のヨーロッパ」苅田真司訳、島薗・磯前編 二〇一四。
茨木竹二 二〇〇八『「倫理」論文の解釈問題——M・ヴェーバーの方法適用論も顧慮して』理想社。
池田浩士 一九七二『初期ルカーチ研究』合同出版。
—— 一九七五『ルカーチとこの時代』平凡社。
生松敬三 一九七七『現代思想の源流——一九二〇年代への照射』河出書房新社。
—— 二〇〇〇『二十世紀思想渉猟』岩波現代文庫（岩波書店）。
石川光庸 二〇一二『ドイツ語「語史・語誌」閑話』現代書館。
磯前順一・山本達也編 二〇一一『宗教概念の彼方へ』法藏館。
K・ヤスパース 一九九八『戦争の罪を問う』橋本文夫訳、平凡社。
姜尚中 一九八六『マックス・ウェーバーと近代——合理化論のプロブレマティーク』御茶の水書房。
加納格 二〇〇一『ロシア帝国の民主化と国家統合——二十世紀初頭の改革と革命』御茶の水書房。
小林敏明 二〇一〇『〈主体〉のゆくえ——日本近代思想史への一視角』講談社。
古賀敬太 二〇〇七『シュミット・ルネッサンス——カール・シュミットの概念的思考に即して』風行社。
小島定 一九九八a「マックス・ウェーバーとロシア（1）——ロシアにおけるウェーバー」『行政社会論集』福島大学行政社会学会、第一〇巻第三号。
—— 一九九八b「マックス・ウェーバーとロシア（2）——ロシアにおけるウェーバー」『行政社会論集』福島大学行政社会学会、第一一巻第一号。
—— 一九九九「マックス・ウェーバーとロシア（3）——ロシアにおけるウェーバー」『行政社会論集』福島大学行政社会学会、第一二巻第二号。
—— 二〇〇〇a「マックス・ウェーバーとロシア（4）——ロシアにおけるウェーバー」『行政社会論集』福島大学行政社会学会、第一三巻第一号。

――――二〇〇〇b「二〇世紀初頭のロシアにおけるマックス・ウェーバーの受容――現代ロシアの「ウェーバー・ルネサンス」との関連において」『情況』七月号、情況出版。
――――二〇〇二「マックス・ウェーバーとロシア（5・完）――ロシアにおけるウェーバー」『行政社会論集』福島大学行政社会学会、第一四巻第四号。
小島修一 一九九九「ロシア農民認識におけるウェーバーとネオ・ナロードニキ」『甲南経済学論集』第四〇巻第二号。
――――二〇〇八『二十世紀初頭ロシアの経済学者群像――リヴァイアサンと格闘する知性』ミネルヴァ書房。
黒川康 一九七七「ミュンヒェン革命とクルト・アイスナー」柴田三千雄・成瀬治編『近代史における政治と思想』山川出版社。
S・レヴィーツキイ 一九九四『ロシア精神史――哲学と社会思想の流れ』高野雅之訳、早稲田大学出版部。
K・レヴィット 一九七一「マックス・ヴェーバーとカール・シュミット」田中浩・五十嵐一郎訳、シュミット『政治神学』一九七一。
G・ルカーチ 一九七五「スタヴローギンの告白」池田浩士編訳『ルカーチ初期著作集 第二巻』三一書房。
牧野雅彦 一九九三『ウェーバーの政治理論』日本評論社。
――――二〇〇〇『責任倫理の系譜学――ウェーバーにおける政治と学問』日本評論社。
――――二〇〇七「支配」古賀敬太編著『政治概念の歴史的展開 第二巻』晃洋書房。
丸山眞男 一九九五「権力と道徳――近代国家におけるその思想史的前提」『丸山眞男集 第四巻』岩波書店。
枡形公也 一九九九「倫理の基礎――エートスとは何か」、有福 一九九九。
G・ミノワ 二〇一四『無神論の歴史――始原から今日にいたるヨーロッパ世界の信仰を持たざる人々』石川光一訳、法政大学出版局。
三島憲一 二〇〇七「変貌するカトリック教会とディスクルス倫理」（訳者解説）、ハーバーマス／ラッツィンガー 二〇〇七。
宮田光雄 一九八八「論争の中の《山上の説教》――解釈の歴史とその諸類型」『法学』東北大学法学会、第五一巻第六号。
――――一九九六a「《山上の説教》の問いかけるもの」『宮田光雄集〈聖書の信仰〉V――平和の福音』岩波書店。
――――一九九六b「兵役拒否のキリスト教精神史」『宮田光雄集〈聖書の信仰〉V――平和の福音』岩波書店。
内藤葉子 二〇〇二「マックス・ヴェーバーにおける責任倫理と政治的心情倫理――ドストエフスキー『カラマーゾフの兄弟』を手がかりに」『政治思想研究』第二号。

――― 二〇〇三「公共性論からみた責任倫理の可能性――ヴェーバーにおける〈愛の無差別主義〉の再解釈を通じて」仲正昌樹編『脱構築のポリティクス』御茶の水書房。
――― 二〇〇九「茨木竹二著『「倫理」論文の解釈問題――M・ヴェーバーの方法適用論も顧慮して』」（書評）『図書新聞』第二九一二号。
中井晶夫 一九九五『ドイツ人とスイス人の戦争と平和――ミヒャエーリスとニッポルト』南窓社。
中村貞二 一九八六「「国際協調会」（ドイツ・1911～1914年）について――ヴィルヘルム時代の平和主義および平和運動（一）」『東京経大学会誌』第一四六号。
――― 一九八七a「A・H・フリート（1864-1921）とその平和論――ヴィルヘルム時代の平和主義および平和運動（二）」『東京経大学会誌』第一五三号。
――― 一九八七b『ヴェーバーとその現代』世界書院。
――― 二〇〇三「「二国論」と負の遺産――ルター『お上について』を読む」『東京経大学会誌』第二三三号。
――― 二〇〇五「マックス・ヴェーバー夫妻の「二つの掟」問題――ドイツ思想史の一齣」『成城大學經濟研究』第一六七号。
仲内英三 一九九八「マックス・ヴェーバーにおける政治的なものと倫理的なもの」飯島昇藏編『両大戦間期の政治思想』新評論。
根村亮 一九九二「『道標』について」『スラブ研究』北海道大学、第三九号。
F・ニーチェ 一九九三『ニーチェ全集九　ツァラトゥストラ（上）』吉沢伝三郎訳、ちくま学芸文庫（筑摩書房）。
西永亮 二〇〇一「罪業が完成した時代の政治の悲劇性――ルカーチにおける政治と倫理」千葉眞・佐藤正志・飯島昇藏編『政治と倫理のあいだ』昭和堂。
――― 二〇一四『初期ルカーチ政治思想の形成――文化・形式・政治』小樽商科大学出版会。
野崎敏郎 二〇一一『大学人ヴェーバーの軌跡――闘う社会科学者』晃洋書房。
――― 二〇一六『ヴェーバー『職業としての学問』の研究（完全版）』晃洋書房。
大林信治 一九九三『マックス・ウェーバーと同時代人たち――ドラマとしての思想史』岩波書店。
――― 一九九四「宗教と科学――魔術からの解放」大林信治・森田敏照編著『科学思想の系譜学』ミネルヴァ書房。
大西勝也 一九九六「F・W・フェルスターの公民教育論」『人文研究』神奈川大学人文学会、第一二八号。
大塚久雄 一九六五『マックス・ヴェーバー研究』東京大学出版会。

――一九六六『社会科学の方法――ヴェーバーとマルクス』岩波新書（岩波書店）。
――一九六九『近代化の人間的基礎』岩波書店。
――一九七七『社会科学における人間』岩波新書（岩波書店）。
プラトン［一九七九］二〇〇一『国家（下）』藤沢令夫訳、岩波文庫（岩波書店）。
佐野誠 一九九三『ヴェーバーとナチズムの間――近代ドイツの法・国家・宗教』名古屋大学出版会。
――二〇〇三『近代啓蒙批判とナチズムの病理――カール・シュミットにおける法・国家・ユダヤ人』創文社。
――二〇〇七『ヴェーバーとリベラリズム――自由の精神と国家の形』勁草書房。
雀部幸隆 一九九七「ウェーバーのロシア革命論について」『ロシア革命論Ⅰ』名古屋大学出版会。
――二〇〇七『公共善の政治学――ウェーバー政治思想の原理論的再構成』未來社。
笹倉秀夫 二〇一二『政治の覚醒――マキャヴェッリ・ヘーゲル・ヴェーバー』東京大学出版会。
関根正雄 一九七一『旧約聖書 ヨブ記』（解説）、岩波文庫（岩波書店）。
島薗進・磯前順一編 二〇一四『宗教と公共空間――見直される宗教の役割』東京大学出版会。
清水孝純 一九九四『道化の風景――ドストエフスキーを読む』九州大学出版会。
E・ソロヴィヨフ 一九八〇「イワン・カラマーゾフの信仰と神」U・グラーリニク編・村手義治訳・北垣信行監修『ドストエフスキーと現代』モスクワプログレス出版所。
V・S・ソロヴィヨフ 一九八二『ソロヴィヨフ著作集5――三つの会話 戦争・平和・終末』御子柴道夫訳、刀水書房。
菅野礼司 一九九七「力学的自然観」『物理教育』日本物理教育学会、第四五巻第三号。
住谷一彦 一九七〇『マックス・ヴェーバー――現代への思想的視座』NHKブックス。
――二〇〇〇「エッセイ「マックス・ヴェーバー研究」――歴史は社会科学的認識の本質的基礎である（ホーニクスハイム）」橋本努・橋本直人・矢野編 二〇〇〇。
住谷一彦・小林純・山田正範 一九八七『マックス＝ヴェーバー』清水書院。
武田昌之 一九九九「第1次大戦初期のドイツの平和主義者」『北海道東海大学紀要 人文社会科学系』第一二号。
田中真晴 二〇〇一『ウェーバー研究の諸論点――経済学史との関連で』未來社。
K・トマス 一九九三『宗教と魔術の衰退』荒木正純訳、法政大学出版局。

徳永恂 二〇〇九『現代思想の断層――「神なき時代」の模索』岩波新書（岩波書店）。
トルストイ［一九三五］一九六一『懺悔』原久一郎訳、岩波文庫（岩波書店）。
上山安敏 一九七八『ウェーバーとその社会――知識社会と権力』ミネルヴァ書房。
―――― 一九九八『魔女とキリスト教――ヨーロッパ学再考』講談社学術文庫（講談社）。
―――― 二〇〇五『宗教と科学――ユダヤ教とキリスト教の間』岩波書店。
脇圭平 一九七三『知識人と政治――ドイツ・1914～1933』岩波新書（岩波書店）。
W・ヴェイドレ 一九七二『ロシア文化の運命』山本俊朗・野村文保・田代裕訳、冬樹社。
矢田俊隆・田口晃 一九八四『オーストリア・スイス現代史』山川出版社。
柳父圀近 二〇一〇『政治と宗教――ウェーバー研究者の視座から』創文社。
山田高生 一九七〇「マックス・ウェーバーのキリスト教平和主義批判――「二つの律法のあいだ」論争によせて」『成城大学経済学部創立二十周年記念論文集』成城大学経済学会。
山之内靖 一九九七『マックス・ヴェーバー入門』岩波新書（岩波書店）。
横田理博 二〇一一『ウェーバーの倫理思想――比較宗教社会学に込められた倫理観』未來社。

C. その他

『聖書 新共同訳』日本聖書協会、［一九八七］二〇〇一。

『キリスト教大事典 改訂新版』教文館、［一九六三］一九七三。

『キリスト教神学事典』教文館、一九九五。

Max Weber im Kontext: Gesammelte Schriften, Aufsätze und Vorträge, Literatur im Kontext auf CD-ROM7, Berlin: Karsten Worm, InfoSoftWare, 1. Aufl, 1999.

［初出一覧］

◉第一部

第一章

「近代政治秩序の形成とその変容――ヴェーバー、シュミット」中村健吾編著『古典から読み解く社会思想史』ミネルヴァ書房、二〇〇九年一〇月、一四四―一六四頁。

第二章

「マックス・ヴェーバーにおける国家観の変化――暴力と無暴力の狭間（一）」大阪市立大学法学会『法学雑誌』第四七巻第一号、二〇〇〇年八月、一一六―一五八頁。

「マックス・ヴェーバーにおける国家観の変化――暴力と無暴力の狭間（二・完）」大阪市立大学法学会『法学雑誌』第四七巻第二号、二〇〇〇年一一月、三四〇―三六五頁。

◉第二部

第三章

「マックス・ヴェーバーにおける近代的主体の形成とその特質――心情倫理と「世界の脱魔術化」との関連から」政治思想学会『政治思想研究』第一五号、風行社、二〇一五年五月、二一八―二四七頁。

第四章
「神なき罪の感情」と心情倫理——マックス・ヴェーバーにおける政治と倫理の相克」大阪市立大学法学会『法学雑誌』第五〇巻第四号、二〇〇四年三月、八九五—九三三頁。

第五章
「マックス・ヴェーバーにおける責任倫理と政治的心情倫理——ドストエフスキー『カラマーゾフの兄弟』を手がかりに」政治思想学会『政治思想研究』第二号、二〇〇二年五月、九五—一一二頁。

第六章
「神々の闘争」は「ヴェーバーの遺した悪夢」か？——シュミットの「価値の専制」論に照らして」『現代思想』第三五巻第一五号、青土社、二〇〇七年一一月、九八—一一六頁。

補論
「世俗化」は「脱魔術化」なのか？——公共圏と宗教をめぐる問題領域へのヴェーバーからのアプローチ」宇都宮京子・小林純・中野敏男・水林彪編『マックス・ヴェーバー研究の現在——資本主義・民主主義・福祉国家の変容の中で』創文社、二〇一六年一一月、一一九—一三二頁。

あとがき

ドイツの現代美術家ゲルハルト・リヒターの抽象画に強い感銘を受けたことがある。その絵は、絵具が板か何かで横に引きずられて何層にも塗り重ねられているのだが、塗りこめられなかったか、あるいは削り取られたかして、下の層の色があちらこちらから露出しているというものである。覆い隠されなかった下の色は、何かの痕跡のように生々しく表面に浮かび上がる。多彩で複雑な模様は多様性の表現といえば聞こえはいいが、むしろ、混沌として不穏で不調和で不可解な世界が出現しているように見えた。当時、マックス・ヴェーバーの心情倫理について考えていた私は、その絵を前にして、政治や経済のシステムの力はこうしたベタ塗りの上書きの力のようなものではないかという感想を抱いた。そうした上書きの力のもと塗りこめられ押しつぶされていくと同時に、軋轢や摩擦のなか、その力に抵抗しようと現れ出る在り方こそが、心情倫理によって表現される近代的主体の姿ではないのか、と。

歴史と地理的空間を縦横無尽に行き来して思考するヴェーバーの知的世界を見通すのは到底無理で、自らの問題関心から局所的に彼の思想に接近してきたにすぎない。私の場合、それは一貫して政治と倫理の緊張関係という問題関心であった。とくに『職業としての政治』に登場する心情倫理は、ヴェーバーを研究対象とした当初から関心を寄せていたものだった。『職業としての学問』と『職業としての政治』の講演がなされた一九一七年および一九一九年から、現在ほぼ百年の時間が経った。この一世紀の間に行使された上書きの力と抵抗の主体が織りなした軋轢と混沌はどのような色彩として表現できるのだろうか。二〇一八年八月ミュンヒェンにて、ヴェーバーの仮住まいだった家からすぐ傍にある英国庭園の小道へと辿り、また両講演がなされたシュタイニッケ書店のあったアーダルベルト通りを歩きながら、リヒターの描く世界こそがそれをもっとも表現しているのではないかと思えた。もちろん、彼の作品がひとつの解釈に収まりきらない迫力と奥行をもつものであることは重々承知である。だからこれは、美学を専門とするわけではない者による単なる臆見にすぎない。

本書は博士論文をもとに加筆修正を加えたものである。研究は一人で為しうるものではないことを痛感している。本書を刊行できたのも、多くの人びととの交流と支援のおかげである。紙幅の都合上一人ひとりの名を挙げることは能わないが、研究会・学会・論文を通じて意見を寄せてくださり、また議論を交わすことのできたすべての方々に感謝を申し上げる。なかでも、幾人かの方々についてはお名前を挙げて謝意を表したい。

最初にお礼を申し上げたいのは、論文の束をかかえて迷走していたところに進むべき方向を明確に示してくださった奈良女子大学の三成美保先生である。先生はご多忙にもかかわらず博士論文審査の主査を務めてくださった。先生との出会いがなければ、そしてご厚情とご尽力がなければ、本書が陽の目を見ることはなかったであろう。指導を受けるたびに、先生の視野の広さや寛大さに尊敬の念を強くするばかりであった。同時に、中島道男先生と柳澤有吾先生にも、論文審査を通して傾聴に値するご意見を頂戴した。論文の内容をさらに熟考することができたのは、ひとえに先生方のおかげである。

大学院生時代からは野田昌吾先生に指導していただいた。面倒をおかけするばかりであったが、先生はいつも拙い原稿に目を通し多くのご教示をくださった。甲南大学マックス・ヴェーバー研究会を紹介してくださったのは故小笠原弘親先生である。当時、黒田忠史先生、安西敏三先生、藤本建夫先生、小島修一先生が会を率いておられた。この研究会を通じて、ヴェーバーの難解な『ロシア革命論』を読破できたことは多いに研究の糧となった。とくに翻訳者のお一人、小島先生の深い知識にもとづく解説によって、ロシアを中心に経済や政治や歴史に関して多くのことを学ぶことができた。その後先生は直接、研究の醍醐味は「人がしていないことをする」ことにあると教えてくださった。研究に対する情熱と知的誠実性とはいかなるものなのかを、先生を通して教わったように思う。

もう一人、大きな学恩を被ったのは佐野誠先生である。甲南大学の研究会で出会って以来、先生はマックス・ヴェーバーに関する最初の論文から博士論文にいたるまで目を通し、ご批判・ご教示をくださった。折あるごとに研究の進捗状況を気にかけ、相談にのってくださったばかりか、論文審査をも引き受けてくださった。法・歴史・政治・宗教への深い見識、そして人権への鋭い感性に裏打ちされた先生のご研究から学びえたことは計り知れない。とはいえ私は、先生を通じて、ヴェーバーやシュミットをめぐる知的世界の片鱗に触れたにすぎないのだろう。先生からさらに学びうる機会が訪れることを切望するとともに、本書がせめて先生のこれまでのご厚情とお力添えに応えるものとなればと願うばかりである。

それから、すでに一五年以上続いている橋本直人さんと池田太臣さんとのヴェーバー研究会では、おもにヴェーバーの方法論や社会学に関する文献を講読し議論を重ねてきた。思いつきのアイデアでも気軽に述べて意見を交わすことができる、気さくな雰囲気と風通しの良さが持ち味の研究会である。研究会を長く続けてこられたのもお二人の人柄のおかげであろう。また最初の学会報告を機に知り合った荒川敏彦さんからは、その後も折に触れてヴェーバー論執筆の機会を頂戴した。信をおくに足る同世代のヴェーバー研究者たちとめぐりあえたことは、すばらしい僥倖である。

本書は分野的には政治思想に位置づけられるだろうが、私の研究の軸足は政治思想のほかジェンダー論にもある。院生だったころに参加した南野佳代さん、岡野八代さんとの研究会や、お二人に加えて、澤敬子さん、手嶋昭子さん、三輪敦子さん、渡辺千原さんのおられる研究会（咲耶会）を通じて、フェミニズム・ジェンダー研究と法社会学・政治思想の接点で思考する方々から多くの知的刺激をいただいてきた。本書の内容についても何度も報告をし、そのたびにたくさんの意見と励ましを頂戴した。そこは今でも、女性研究者として研究をするさいの諸々の困難を相談し、それを乗り越えるための勇気を与えてくれる場でもある。ジェンダー研究者の方々は、研究を続けるための居場所を用意し、困難なときにはいつも手を差し伸べてくださった。振り返ってみれば、受けてきた支援の大きさに感謝の言葉が見つからないほどである。

風行社の犬塚満さんには出版に際して大変お世話になった。拙稿の出版を快く引き受け、親身になって相談にのってくださった。政治学や政治思想の専門書を多く扱ってこられた風行社より本書を刊行できるのは、望外の喜びというほかはない。

最後に私事になるが、研究を曲がりなりにも続けてこられたのは、やはり両親と家族の応援があったからである。とくに夫はその柔軟な考え方と態度によって支えてくれた。ずいぶん前に始めた試みにやっと終止符を打つことになり、一番安堵しているのは彼かもしれない。

感謝の意をこめて。

二〇一八年九月

内藤葉子

[事項索引]

（項目名とまったく同じではないが、語の意味を考慮して採択した頁もある。）

《ナ行》

《ハ行》

《マ行》

《ヤ行》

《ラ行》

[人名索引]

《ア行》

《カ行》

《サ行》

《タ行》

《ナ行》

《ハ行》

《マ行》

《ヤ行》

《ラ行》

《ワ行》

【著者略歴】
内藤葉子（ないとう ようこ）

1970年生
大阪市立大学大学院法学研究科後期博士課程単位取得退学
博士（社会科学）
現在　大阪府立大学准教授

［主要業績］
『政治の発見①　生きる――間で育まれる生』（風行社、2010年、共著）
『政治概念の歴史的展開　第五巻』（晃洋書房、2013年、共著）
『マックス・ヴェーバー研究の現在』（創文社、2016年、共著）
「マリアンネ・ヴェーバーにおける「新しい倫理」批判と倫理的主体の構築――性をめぐる倫理／法／自然の関係」（『政治思想研究』第17号、2017年）

ヴェーバーの心情倫理――国家の暴力と抵抗の主体

2019年1月15日　初版第1刷発行

著　者　内　藤　葉　子
発行者　犬　塚　　満
発行所　株式会社 風　行　社
〒101-0064 東京都千代田区神田猿楽町1－3－2
Tel. & Fax. 03-6672-4001
振替 00190-1-537252
印刷・製本　中央精版印刷株式会社
装丁　　安藤剛史

ISBN978-4-86258-123-5